U0914437

反垄断法教程

阮赞林 主编　于杨曜 副主编

上海人民出版社

前言

我们给法学专业本科的高年级学生开设《竞争法》选修课，给法学专业硕士研究生开设《反垄断法专题研究》课程。无论是本科生还是研究生，都希望有一本既容易理解，也不要太厚的教材。由于反垄断法本身的复杂性、技术性、学科交叉性等特点，所以要向学生们推荐一本容易理解且不太厚的教科书，确实不容易。所以，我们在讲课的时候，多从某个具体问题出发，介绍反垄断法的内容，然后再总结梳理反垄断法的整体结构内容。经过尝试，证明学生不仅比较容易掌握专业知识，而且还有助于培养学生的学习。经多次课堂教学的实践，并将每次课堂教学中碰到的新问题进行不断的修改，逐渐地完善讲稿，从而形成了相对而言，比较适合于本科生和研究生学习的讲义，在讲义的基础上进一步修改成目前出版的《反垄断法教程》。

本教程在编写内容上，遵照学生学习新知识的循序渐进的规律，由浅入深，并将经济学的基础知识结合到内容中去。反垄断法所调整的是市场经济关系，所以经济学基础理论是反垄断法的重要知识构成部分。与以往反垄断法教材不同的是，我们在内容安排上，用专门的章节介绍相关的经济学基础理论，而这些经济学基础理论对学生们来说，也是比较容易理解的。在经济全球化背景下，市场竞争活动已经在全球范围内展开，垄断与反垄断也已经超出了一国主权范围。因此，国际反垄断也成为各国十分关注的新问题，而我们的教程比较系统地介绍了反垄断法的国际化问题。另外，市场竞争文化建设对市场竞争秩序的维护、对反垄断法的实施都有重大的影响，我们在教程中编入市场竞争文化的内容，也是其他教材中比较少见的。知识产权领域的竞争问题是各国反垄断法规制的难点问题之一，如何在法律保护的知识产权垄断权与知识产权的权利滥用之间划定合理的边界，确实需要发挥反垄断立法者、执法者的智慧。我们在教程中对知识产权的反垄断问题也进行了深层次的讨论。除了上述内容上的一些特点外，我们在编写体例、整体结构方面也有一些创新。

因为是日常课堂教学积累起来的讲义，其内容多为参照、引用、编辑各位学者已经比较成熟的成果，至于具体参照、引用、编辑了哪位学者的成果，已经不容易明确区别了，所以，只能在最后的参考文献中列出各位学者的成果。尽管如此，仍然还有很多学者的成果，我们在此教程中也参照引用了，但在参考文献中可能有所遗漏，我们在此表示感谢并敬请谅解。

阮赞林、于杨曜

2011 年 8 月于上海华东理工大学

目　　录

第二编 反垄断法的实体规范

第三编 反垄断法的实施

第四编 反垄断法的国际化

第一编

反垄断法基础

第一章　竞争与垄断

第一节　竞争与经济效率

一、竞争概述

1. 竞争的含义

竞争一词在我国古代就有过记载:《诗经·商颂·长发》上讲:"不竞不求",郑玄笺:"竞,逐也。"毛传:"求,急也。"《庄子·齐物论》曰:"有竞有争。"郭象注为:"并逐曰竞,对辩曰争。"可见,在我国古代社会,竞和争是两个单音节字。这两个字含义相近,但又有区别,"竞"重在同向和行为,"争"重在相向和言辞。随着历史的发展,竞和争两个字逐渐趋于一致。在近代,竞争就是指相互争胜。[①]在西方古希腊时期,也出现了"竞争"一词,亚里士多德在其《政治学》一书中使用了"竞争和垄断"这对范畴,并且提出"垄断"就是由于没有人"去同他竞争"。[②]

竞争的含义虽然可以从不同的角度进行分析,但是在讨论与垄断有关的问题时,人们主要地是从经济学角度入手。如牛津英语字典对竞争的定义为:"(1)努力地去获得其他努力者在同时也想获得的;两个或更多的人为了同一个目标而做的努力;(2)在市场上的竞争,对有相同的商品的对手为争夺顾客所使用的方法。"[③]MACMILLAN英语字典对竞争的定义为:"(1)公司的积极行为,以努力实现比其他公司更为成功。(2)是那些努力获得别人也想获的事物的人们的积极的行动;(3)是人们为了获得奖励而进行的一种努力。"[④]D. Goyder教

---

① 《辞海》,缩印本,上海辞书出版社,1980年版,第1788页。

② 亚里士多德:《政治学》,商务印书馆,1965年版,第35页和第16页,转引自包锡妹:《反垄断法的经济分析》,中国社会科学出版社,2002年版,第43页。

③ The Oxford English Dictionary, 1989, pp. 604—605.

④ Macmillan English Dictionary, for advanced learners, 2002, pp. 281—282.

授认为“竞争最基本的是多个经营者之间在同时向消费者销售相同类型的商品或提供同类服务时的一种相互关系。”①

一般来说，作为经济学范畴的竞争是指两个或者两个以上的经营者在特定的地域市场范围，通过提供同类或类似的商品或劳务，为实现自身的经济利益而实施的争夺市场地位而不断进行的较量过程。早在 1907 年德国法学家罗伯在其著作中对竞争作过这样的解释：竞争是各方通过一定的活动来施展自己的能力，为达到各方共同的目的而各自所作的努力，而且竞争行为仅存在于同类商品的供应之间。竞争是经营者之间所形成的一种基本的关系，即他们在提供同类商品或服务给确定的消费者群体中形成的一种关系。每个经营者都可以做出一个商业上的决定来确定其向市场上提供的商品或服务，利用自身的生产和经营设施，让自己进入一种关系：即与其他经营者间在同一地域市场范围内存在着潜在的竞争关系。这种地域范围可以是一个城市，一个地区，一个国家，一些国家或者是像欧共体，甚至是全世界。竞争的主要构成要素包括：同时存在着一个过程和一种关系；以自由市场为基础；存在着大量的供应商和消费者；有一些相同的目标或者目的；限定于特定的范围。

竞争虽然是经营者之间的一种相互排斥或相互反对的关系，但是这种排斥或者反对是其实现最终经济目标的手段，而不是目标本身。竞争必须按照有序的社会规范进行。为了预防竞争发展成为经营者之间的一种相互排斥或反对关系，社会规则制定者也必须为各经营者制订一定的规则，从而强制各方只能在不违反规则的前提下才能相互角逐。市场自由经济发展的历史事实已经证明，涉及经济领域的竞争需要法律、制度来维持，否则就会变成危机，进而导致社会动荡。

2. 竞争的基本特征

(1) 竞争必须发生在两个或两个以上的经营者之间。如果在市场里只有一个经营者，没有对手则不成其为竞争。在市场里虽然有两个或两个以上经营者，但是如果其中一个主体的实力非常强大，其他主体也就无法与之角逐。这两种情形下的市场结构，我们可以称之为垄断市场。

(2) 竞争必须发生在相同或者是相似行业经营者之间。相同行业或者相似行业，就是人们一般所提到的相关商品市场或者相关服务市场范围。竞争只能在这样的相关市场范围内开展。在相关市场范围内的资源是限定的，不同的经

① See D. G. Goyder, EC Competition Law, Oxford University Press, Oxford, 4th edition. 2003, p. 8.

营者为了实现自己的目标，必然要争夺共同需要的资源。竞争是经营者在市场经济活动中的争夺过程。

(3) 竞争必须建立在特定的地域范围内。自由市场的地域范围决定着经营者之间是否形成竞争关系。即经营者只能在相关地域市场范围内的竞争才是有意义的。虽然地域市场的范围可大可小，但是市场机会和市场资源仍然依托于特定的地域范围。

(4) 竞争必须在规则指引下进行。从表面上看，竞争似乎是自由的。但是，完全自由的竞争往往导致限制竞争和不公平竞争。而限制竞争和不公平竞争都是对竞争的破坏，其结果是没有了竞争。所以，只有在法律、规则、制度约束下，竞争才能有序进行并得以持续下去。

3. 竞争应遵循的基本原则

竞争的基本原则是指市场竞争的参与者在争夺市场资源、实现自己目标过程中必须遵循的基本准则。竞争必须在法律规则制度的指引下才能顺利进行。指引竞争的法律规则制度虽然是多种多样的，但是其中有体现竞争价值的最核心精神，也就是竞争的基本原则，它适用于一切市场中的交易行为，适用于一切市场经济的主体，既是衡量市场经营者交易行为的善恶、是非、美丑的道德标准，也是带有法律强制性的法律准则。只有遵循这些基本原则的市场行为，法律才予以保护。

在法律规则制度指引下的竞争，其基本原则首先应符合一般的法律价值理念，如效率、秩序、公平、平等、诚实信用等。同时，由于自由市场竞争活动也具有其自身的一些特殊性，因此，体现在基本原则方面也有些侧重。根据我国《反不正当竞争法》和《反垄断法》的规定，我们认为竞争的基本原则包括：

(1) 效率优先原则。

(2) 维护市场整体秩序原则。

(3) 机会平等原则。

(4) 实质公平原则。

二、经济效率的含义

一般理解经济效率是指用时间来衡量的经济活动的效果。它用单位时间内所完成的某种经济工作的数量和质量来表示。单位时间完成的经济任务越多，经济效率就越高；反之，经济效率就越低。当然，如果我们仅仅用"时间"来衡量经济效率是不完整的。"时间"只是经济成本的一个方面或一部分，而不是经济成本的全部。我们在完成一项经济活动时除了要考虑它的“时间成本”以外，还要考虑其他成本。在西方经济学中，经济效率还可表示一种状态，即帕累托最优状态。[①]在这一状态下，所有的帕累托改进都不存在，即在该状态上，任何改变都不可能使至少一个人的状况变好而又不使其他人的状况变坏。

在竞争领域我们往往会提到资源配置的效率。我们知道社会整体资源并不是无限的，经济活动的基本功能之一就是如何将给定的资源在不同的经营者之间进行分配，从而使其效用最大化，也即使消费者福利最大。衡量资源配置好坏的是经济效率问题，经济效率的本质含义是“不浪费资源”。

人类配置资源的经济活动有两种基本模式：市场和计划。这两种模式曾经长期以来受到意识形态的影响而被割裂。在经济活动的形式上存在着要么是自由竞争的市场经济，要么是严格计划和管理的计划经济。随着我国改革开放三十多年的实践活动，我们已经创造性地结合了计划和市场这两种经济活动模式，市场经济活动中可以有计划，计划经济活动中也应有市场。实践证明，通过市场经济活动，经济效率比计划经济的效率要高；而在市场经济活动中适当地加入计划经济的成分，则效率更高。

三、竞争促进效率

经济效率就是市场效率，两者没有什么不一样。西方经济学研究的是用市场调控来使经济效率提高，市场效率高了，经济效率就高。自由竞争是经济效率、创新和经济增长的根本基础。竞争理论主要表现为对通过市场作为配置资源的基础机制的理论阐述，竞争传递了效率目标。美国波斯纳认为：“效率是反托拉斯的终极目标，竞争只是一个中间目标，只不过这个目标常常离终极目标足够的近，使得法院不必看得更远。”竞争促进效率是一个中间环节，表现在为使经济活动的效率最大化，经营者会努力高效率地配置生产要素，最有价值地利用资源。竞争过程就是实现较高效率的过程（相比较于计划配置资源过程）。当资源在自由市场竞争机制的运作过程中得以优化配置，并实现了帕累托最优，经营者

---

① 帕累托最优(Pareto Optimality)，也称为帕累托效率(Pareto Efficiency)、帕累托改善、帕累托最佳配置，是博弈论中的重要概念，并且在经济学、工程学和社会科学中有着广泛的应用。帕累托最优是指资源分配的一种理想状态，即假定固有的一群人和可分配的资源，从一种分配状态到另一种状态的变化中，在没有使任何人境况变坏的前提下，也不可能再使某些人的处境变好。换句话说，就是不可能再改善某些人的境况，而不使任何其他人受损。

剩余和消费者剩余之和达到最大，社会财富也达到了最大。如果市场是竞争性的，市场竞争的压力就会迫使这种结果出现。

第二节　竞争的市场条件

从市场与竞争的相关性视角，可以将市场分为完全竞争市场、完全垄断市场、垄断竞争市场和寡头垄断市场。但是，并非在所有市场类型下都具备市场竞争环境的。只有在特定的市场环境下，才能开展有效的市场竞争。市场需要竞争的理念依据是“垄断有害”。在垄断市场下，资源配置是无效率的。①

一、完全竞争市场的条件

完全竞争又称纯粹竞争，是一种不受任何阻碍和干扰的市场结构，指那些不存在足以影响价格的经营者或消费者的市场。这是一个理想中的市场，这个市场中有无数个经营者和消费者，双方信息完全对称，商品完全一致，经营者的利润率趋于零，进入退出市场无壁垒。这种情况是经济学认为最有效率的市场，是所有经济学家希望的目标。完全竞争市场的条件包括：

(1) 市场上有许多经营者，且每一主体规模又很小。任何一个经营者都无法通过买卖行为来影响市场上的供求关系，也无法影响市场价格，每个经营者都是市场价格的被动接受者。任何单个经营主体对整个市场的影响减少至可以忽略不计的程度。

(2) 商品是同质的，即任何一个经营者的商品都是无差别的。个别经营者的商品和他的竞争者完全一样，就使他不能以任何方法控制其价格。

(3) 各种资源都可以完全自由流动而不受任何限制。包括劳动力可以毫无障碍地在不同地区、不同部门、不同行业、不同企业之间无障碍流动；任何一个生产要素的所有者都不能垄断要素的投入；新资本可以毫无障碍地进入，存量资本可以毫无障碍地退出。

---

① 详细论证可参见马西莫·莫塔：《竞争政策——理论与实践》，沈国华译，上海财经大学出版社，2006年版，第32—46页。

(4) 市场信息是完全的和对称的。经营者与消费者都可以获得完备的市场信息,双方不存在相互的欺骗。

完全竞争市场的这些条件是非常苛刻的。现实经济活动中的完全竞争市场比较罕见,比较接近这种市场条件的是农产品市场。市场中是否存在着真正意义上的完全竞争市场并不重要,重要的是说明在假设的完全竞争条件之下,市场机制如何调节经济,有了完全竞争的市场,我们就有了“一把尺子,一面镜子,一个目标”。

二、垄断市场的条件

垄断市场是指由一个经营者完全垄断的市场,没有竞争者,信息完全不对称,价格偏离价值,消费者只能接受。经营者完全占据市场,新进入者无法与之抗衡,这是最没有效率的市场。这类市场也没有进步和研发的动力,不利于社会生产力的提高。

三、垄断竞争市场的条件

垄断竞争市场是目前大多数商品市场的表现,即众多经营者间展开竞争,各经营者和消费者之间彼此有信息的不对称,有取得额外利润的机会。商品有差异,经营者因各自不同的商品差异和地域差异而在各个细分市场中占据些许的垄断。进入和退出这些市场都有一些壁垒。这个市场类型的经济效率不如完全竞争市场,但在现实生活中比比皆是。垄断竞争市场也称为不完全竞争市场,其存在的条件是:

(1) 市场上生产和出售的商品都具有差别。商品有了差异,就不能彼此完全替代,所以形成垄断,即每个经营者对自己商品的价格都具有一定的垄断力量,从而使市场带有垄断的因素。商品的差别越大,经营者的垄断程度就越高。另一方面,由于有差别的商品又同属一类商品,每一种商品都会遇到大量的其他相似商品的竞争,因此,市场又具有竞争因素。商品的差别越小,替代性就越强,竞争程度就越高。如此,便构成了垄断因素和竞争因素并存的垄断竞争市场的基本特征。

(2) 市场上经营同类商品的企业很多。经营同类商品的企业数量很多,以至于每个经营者都认为自己的行为影响很小,不会引起竞争对手的注意和反应,因而自己也不会受到竞争对手的任何报复措施影响。因此,各个经营者的行为对市场的影响很有限度。

(3) 经营者进入和退出某一类商品市场虽然有些壁垒,但与垄断市场相比还是较为容易。尤其是经营者的生产规模比较小,进退自如。

垄断竞争是以商品的差异性为基础而形成的市场结构,在实际经济运行中具有较为普遍的意义。

四、寡头垄断市场的条件

寡头市场是一种仅存在少数经营者的垄断市场。整个市场只有几家大的经营者存在,各经营者间为了共同生存而需要制订价格同盟、策略同盟。寡头市场早期以托拉斯、辛迪加联盟为主要表现。经营者联盟会一起排挤新竞争者,维护自己的垄断利润,消费者只能接受其指定的垄断价格。这是一种没有效率的市场。寡头垄断的形成往往是由某些商品的生产与技术特点所决定的。在生产高度集中的行业,如钢铁、汽车、石油等行业容易产生寡头市场。寡头垄断市场是同时包含垄断因素和竞争因素而更接近于完全垄断的一种市场结构。其生存的条件包括:

(1) 寡头垄断市场是由极少数几家企业控制整个同类商品市场的一种组织。这不同于垄断市场,也不同于垄断竞争市场。垄断市场只有一个经营者,它的供给与需求就是一个行业的供给与需求。垄断竞争市场则有较多的经营者,每个经营者只是行业中的一个小分子。而寡头垄断市场中,这种相互依存关系是明确的,某一经营者降低价格或扩大销售量,其他经营者都会受到显著影响,从而作出相应的对策。这就使得任何一个经营者作出某项决策的时候,都必须考虑其竞争对手的反应,并对这种反应作出估计。

(2) 寡头垄断是一种由少数卖方(寡头)主导市场的市场状态。寡头垄断的形成首先是由某些商品的生产与技术特点所决定的,寡头垄断行业往往是生产高度集中的行业。其次,寡头经营者为保持自身地位而采取的种种排他性措施,以及政府对某些寡头经营者的扶持政策等,也可促进寡头垄断市场的形成。

寡头垄断市场可以是由自然原因,如经营者为追求规模经济而形成;也可以是由制度原因,如通过对资源、专利、市场的控制而形成。

第三节 垄断及其社会成本

一、垄断的含义

汉语中的垄断一词源于孟子“必求垄断而登之,以左右望而网市利”。这里的垄断是指站在市集的高地上操纵贸易，后来泛指把持和独占。现代资本主义经济中的垄断概念则是指少数资本主义大企业，为了获得高额利润，通过相互协议或联合，形成对一个或几个部门商品的生产、销售和价格进行的操纵和控制。结合各国反垄断法的规定，一般认为垄断是指排除、限制竞争以及可能排除、限制竞争的市场地位和市场行为。

垄断是从资本主义的自由市场竞争中产生和成长起来的。在以自由竞争为基本特征的资本主义发展阶段，资本主义企业为了攫取更多的剩余价值，必然会采取先进的生产技术和科学的管理方法，实行生产的专业化和协作，提高劳动生产率；在激烈的竞争中，大企业往往凭借自己在经济上的优势，不断排挤和吞并中小企业，使生产资料、劳动力和劳动商品的生产日益集中于自己手中。同时，资本主义信用制度和股份公司的发展，突破了单个资本的局限，加速了资本集中的发展，从而也推动了生产集中的发展。生产和资本的集中发展到一定程度，则意味着企业数目减少，它们之间比较容易达成协议，共同操纵生产和销售，从而使垄断的产生具有可能；由于少数大企业的存在，使中小企业处于受市场优势地位，少数大企业之间为了避免在竞争中两败俱伤，保证彼此都有利可图，也会谋求暂时的妥协，达成一定的协议，从而使垄断的产生具有必要性。自由竞争引起生产集中，生产集中发展到一定程度必然走向垄断，这也是自由竞争的资本主义发展到垄断资本主义阶段一般的、基本的规律。19 世纪末 20 世纪初，垄断已成为资本主义全部经济生活的基础。

二、垄断的类型

1. 依具体组织形式划分，可以将垄断分为短期价格协定、卡特尔、辛迪加、托拉斯、康采恩和其他组织形式的垄断

（1）短期价格协定。它是垄断组织的最简单形式，大企业之间通过口头或书面形式，规定在一定时间内共同控制某类商品价格，从而获取高额利润的垄断形式。这种垄断不具有长期性和稳定性。

（2）卡特尔。它是指生产同类商品的经营者，为了获取高额利润，在划分市场、规定商品产量、确定商品价格等一个或几个方面达成协议而形成的垄断性联合。卡特尔的各成员在生产、销售、财务和法律上均保持自身的独立。根据协议的内容，可以将卡特尔分为：规定销售条件的卡特尔、规定销售范围的卡特尔、限定产量的卡特尔、分配利润的卡特尔等。卡特尔成立时，一般都要签订正式的书面协议，并由成员选出委员会，监督协议的执行并保管和使用共同基金，其主要

特点在于比短期价格协定的内容更广，也较为稳定。

(3) 辛迪加。它是同一行业的经营者之间为了获取高额垄断利润，通过签订协议，共同采购原料和销售商品，而形成的垄断性联合。参加辛迪加的经营者在生产和法律上仍保持独立，但在购销领域已失去独立地位，所有购销业务均由辛迪加的总办事机构统一办理，参加辛迪加的经营者不再与市场直接发生联系，很难脱离辛迪加的约束，因而它比卡特尔更集中，更具有稳定性。

(4) 托拉斯。它是垄断组织的一种高级形式，通常指生产经营同类商品或在生产经营上有密切联系的经营者，为了获取高额利润，从生产到销售全面合并，而形成的垄断联合。托拉斯的参加者本身虽然是独立的经营者，但在法律上和产销上均失去独立性，由托拉斯董事会集中掌握全部业务和财务活动。原来的经营者成为托拉斯的股东，按股权分配利润。托拉斯组织具有全部联合公司或集团公司的功能，因此它是一种比卡特尔和辛迪加更高级的垄断形式，具有相当的紧密性和稳定性。

(5) 康采恩。它是分属于不同行业的经营者，以实力最为雄厚的经营者为核心而结成的垄断联合，是一种高级而复杂的垄断组织。这种垄断组织的参加者并不限于某一行业或某一生产部门的企业。生产、服务、运输、金融等不同部门的经营者均可成为该组织的成员。康采恩是比卡特尔、辛迪加和托拉斯更为高级的垄断组织形式，是工业垄断资本和银行垄断资本相融合的产物。

(6) 其他组织形式的垄断。主要指混合联合公司、联合制以及包括国际卡特尔、国际辛迪加、国际托拉斯在内的国际垄断组织等。

2. 依垄断发生的地域划分，可以将垄断分为国内垄断和国际垄断

(1) 国内垄断是指仅在一国境内发生作用的垄断。传统的反垄断法主要对国内垄断进行规制，但是随着各国经济的相互融合、经济全球化不断的发展，跨国公司、多国公司等垄断组织相继产生，原本局限于一国境内的垄断逐渐威胁到国际贸易的健康发展，引起了学者们的关注。

(2) 国际垄断是指在国际范围内的商品、资本、劳务、技术交易过程中，所形成的超越一国国界的垄断。

3. 依垄断的立法价值取向划分，可以将垄断分为合法垄断和非法垄断

(1) 合法垄断是国家为了特定目的，如维护社会稳定和促进宏观经济协调发展，在反垄断法中明确规定，经有关反垄断主管机构许可而豁免的垄断。通常规定于各国反垄断法的除外条款之中，主要有两种情况：一是对某些特定部门垄断行为的豁免，包括具有自然垄断性质的公用事业，如供水、供电、供热、供气、铁路等部

门;与国计民生有关的经济部门,如银行和保险业等;某些自然资源开采业,如石油、煤炭等;国家指定专营行业;关系国民经济发展的某些重要原材料生产和关系国家安全的国防科研领域。二是在特定时期、特定情况下,对某些垄断行为的豁免,如行使知识产权权利的行为、经反垄断主管机构许可的联合限制竞争行为等。

(2) 非法垄断是指除合法垄断之外,具有社会危害性、应受反垄断法禁止的垄断。合法垄断与非法垄断之间并没有绝对界限。合法垄断也有可能发展为非法垄断。例如,知识产权权利的行使实质上是属于合法垄断,而一旦知识产权权利人滥用其垄断地位,损害消费者的利益,就会发展为非法垄断;在一定时期被认为是合法垄断的,随着社会经济形势的变化,也可能被认定为需要适度竞争,从而应防止非法垄断。

4. 依垄断产生的原因,可以将垄断分为经济垄断、自然垄断、国家垄断、权利垄断和行政垄断

(1) 经济垄断是指市场主体凭借经济优势,排斥或限制竞争的行为,包括滥用经济优势和联合限制竞争两种形式。

(2) 自然垄断是指某一商品或服务由一个经营者提供比多个经营者共同提供成本较低的情形,如我国的电网、铁路、供气等行业都属于自然垄断行业。由于自然垄断的形成不是主要靠行政权力推动,也可以说自然垄断是一种特殊形式的经济垄断。

(3) 国家垄断是指为了保障国家安全、增加国家财政收入或促进社会整体利益,国家依法对特定领域的商品或服务进行排他性控制。对于关系国计民生或国家安全的事业,许多国家都以特别法的形式明确规定,实行中央政府专营,例如,邮政、枪支弹药、黄金等商品与服务。为了增加财政收入国家也可能对特定领域实行专营,例如中国古代的"盐铁专卖",现代的烟草专卖等。

(4) 权利垄断主要是指知识产权法所赋予的垄断,包括商标权、专利权、著作权等。其权利人在一定时间内、在一定区域内享有一定排除他人参与竞争的合法权利。

(5) 行政垄断是指地方政府、政府的经济行业主管部门或其他政府职能部门凭借行政权力排斥、限制或妨碍市场竞争的行为,包括地区垄断、行业垄断、强制联合、行政强制交易行为等形式。

5. 依市场结构,可以将经济垄断分为独占垄断、寡头垄断和联合垄断

(1) 独占垄断是指一个经营者对整个行业的生产、销售进行完全排他性控制。简言之,在该行业只有一个经营者从事生产或经营活动,不存在任何竞争。

独占垄断也被称为完全垄断。

（2）寡头垄断是指在特定市场上只有为数不多的几个经营者生产、销售某种特定的商品或者提供某项服务，每个经营者都在市场上占有一定的份额，都能对商品或服务的价格实施一定排他性控制，不过，这些经营者之间又存在一定的竞争。

（3）联合垄断是指两个或两个以上经营者或经营者联合组织，通过明示、默示垄断协议或共同一致的行为，联合控制某一产业的生产或销售。它是垄断竞争的重要表现形式。

三、垄断与竞争的关系

自由竞争是产生垄断的内因，垄断是市场竞争结果的必然反映。市场经济的根本属性就是竞争，所以市场经济也被认为是竞争性经济。从自由竞争中成长起来的垄断并未消除竞争，而是凌驾于自由竞争之上与之并存，垄断本身还必然产生出新的更为激烈的竞争。竞争是市场经济的永恒主题，没有了竞争也就没有了市场经济的根基。而竞争的孪生兄弟就是垄断。所以竞争和垄断是一对始终存在于市场经济中的矛盾体。它们既彼消此长，又相辅相成。在现实世界中不存在完全竞争的自由市场，也不存在完全垄断的市场。

在各垄断组织之间、垄断组织内部各参加者之间，以及垄断组织同非垄断企业之间，都存在着尖锐复杂的竞争。在垄断组织内部，参加卡特尔、辛迪加的经营者为了争夺有利的销售市场，占有更大的产销份额，必然引起竞争；参加托拉斯、康采恩的经营者为了争夺对垄断组织的控制权，同样要展开激烈的竞争。各个垄断组织之间，彼此为了巩固自己的经济地位，争夺销售市场、原料来源和投资场所，也存在着激烈的竞争。同时，垄断组织总想控制、排挤和扼杀局外经营者，局外经营者为了自己的生存，也要同垄断组织斗争。它们相互之间也同样存在着竞争。垄断组织只有不断地投入到竞争中去并取得胜利，才能维持和加强自己的地位。反过来，竞争也继续产生出新的垄断组织，加强垄断资本的实力，扩大着垄断统治的范围。

随着资本主义自由市场经济的不断发展，垄断和竞争本身在各方面都在不断发展。当代经济全球化，更激发了垄断和竞争在全球市场范围内的发展。“从政治版图上看，国家与国家间的疆界清晰依旧；但是从经济竞争意义上说，在一个反映金融和工业活动的地图上，那种边界已经消失殆尽了。”①

---

① D. D. 埃利斯：《美国反托拉斯法刑事制裁的域外适用》，转引自王晓晔、依从宽主编：《竞争法与经济发展》，中国社会科学文献出版社，2003 年版，第 204 页。

四、垄断——社会财富的损失

从垄断可能产生的危害、对经济活动产生的消极影响等角度考察，其中经济垄断和行政垄断是主要关注对象。其他如自然垄断、国家垄断、权利垄断，其存在自有合理性或者法律依据。

经济垄断产生的最大危害是经济效率的损失，导致全社会经济成本的提高。而行政垄断产生的危害往往比经济垄断还要大，它不仅导致经济效率低下，社会经济成本的增加，还会导致社会其他成本的增加。

1. 经济垄断的危害

经济垄断主要表现是经营者之间的垄断协议行为和滥用市场优势地位的行为。日常生活中常见的打压价格、排挤竞争对手、欺行霸市、强买强卖等也都是经济垄断的表现。经济垄断极大地削弱了市场自身的调控能力，削弱了竞争活力和效率，加剧了社会财富和收入分配的不平等，妨碍了资源的优化配置，阻碍了社会主义市场经济的正常发展，具有严重的社会危害性。

(1) 垄断破坏了人类进步与生存的竞争机制。垄断与竞争天生是一对矛盾，由于缺少竞争压力和发展动力，加之缺乏有力的外部制约监督机制，垄断者所提供的商品或者服务往往难以令人满意，经常会违背市场法则、侵犯消费者公平交易权和选择权。垄断导致低效，造成了经营者利润反映不出真实的利润状况，成为极大的浪费，同时也会极大地挫伤资本的投资热情，造成所谓的“资本罢工”，强化了投资市场低迷。

(2) 垄断拉高整个社会成本。垄断性行业所从事的一般都是与大多数人、行业息息相关的公共事业，例如电信、邮政、自来水、电力、煤气、铁路、航空等等。因为这些行业渗透到社会的方方面面，所以这些行业服务价格的高低便关系到整个社会的成本。这些行业的整体效率直接关系到其他产业参与国际竞争的能力。

2. 行政垄断的危害

行政垄断是指政府及其经济行政主管部门或其他政府职能部门以及被政府部门授予行政管理权的经营者凭借行政权力排斥、限制或妨碍市场竞争的行为。行政垄断是一种比较特殊的垄断现象，行政垄断的危害主要表现：

(1) 行政垄断阻碍了全国统一市场的形成。

(2) 行政垄断由于公权力的介入，公平的竞争秩序被破坏。

(3) 行政垄断获得垄断利润，必然损害其他合法经营者和消费者的权益。

(4) 行政垄断往往成为官商勾结、权钱交易的"合法外衣",容易导致政治腐败。

第四节 规模经济与垄断

一、规模经济概述

规模经济又称"规模利益",是指在给定技术的条件下(指没有技术变化),对于某一商品(无论是单一商品还是复合商品),如果在某些产量范围内平均成本是下降的话,我们就认为存在着规模经济。规模经济是通过扩大规模来表现的,经过生产要素的合理配置使经营者获得最佳的经济效益。经营者的规模经济应通过对企业规模的分析,确定它的最佳经济规模,并按照这个经济规模组织生产经营活动,以使经营者获得最高经济效益。当经济效益达到最佳状态时所对应的经济规模,即为规模经济。

初始阶段经营者由于扩大生产规模而使经济效益得到提高,形成规模经济;而当生产扩张到一定规模以后,经营者继续扩大生产规模,会导致经济效益下降,这叫规模不经济。这里的规模指的是生产量,具体有两种情况,一种是生产设备条件不变,即生产能力不变情况下的生产量变化;另一种是生产设备条件,即生产能力变化时的生产量变化。规模经济概念中的规模指的是后者,即伴随着生产能力扩大而出现的生产批量的扩大。

根据规模经济理论,大规模生产通常具有优越性。在一定限度内,企业的规模越大,其单位商品的生产成本越低,因为较大的企业可以达到较高程度的分工和专业化,可以采用高效率的大型设备。所以,随着社会生产力的不断发展,生产社会化程度逐步提高,生产规模会越来越大,生产逐步由分散走向集中,其趋势是大企业战胜小企业。国民经济中大企业的比率越来越大。规模经济的概念为大企业的迅速发展和成为经济中的主宰提供了强有力的理论支持。在20世纪漫长的工业发展过程中,几乎在所有发达国家和发展中国家里,规模经济成为追求经济效益的唯一手段,也成为政府用来制定产业政策的基本依据。

二、竞争与规模经济

规模经济应产生于公平竞争的基础上。企业规模的扩大是经济发展的需要,是竞争的结果,是市场选择的结果,而不是违反客观经济规律单凭主观意志的结果。也就是说,企业规模的扩大应当是在市场竞争中自然形成的。规模经济的产生确实须依托企业规模的扩大,没有规模较大的企业就没有规模经济。但是,大企业并不等同于规模经济。例如,靠行政手段搞"拉郎配"、"均贫富",七拼八凑搞起来的大企业或大企业集团往往会因缺乏统一协调的科学管理变得尾大不掉甚至一盘散沙,这种大企业是一种病态的"大",不仅不会产生规模经济,反而会降低劳动生产率,呈现一种规模不经济的现象。

规模经济效益需要在市场竞争中形成。企业的规模与效益并非永远呈正比例关系,企业的经营规模并不等于企业的竞争力。竞争不仅是提高企业经济效益的手段,而且也是优化企业规模的有效手段。诚然,一国企业的平均规模与外国一些大企业相比可能比较小。但是如何形成规模性企业,仍然应当坚持自由市场竞争规律。因为在市场竞争的条件下,为了减少市场竞争的压力,经营者在本能上存在着扩大市场份额的欲望。为了扩大生产和经营规模,它们一方面通过内部积累的方式扩大投资,另一方面也会通过企业并购的方式实施外部扩张。市场经济是竞争的经济,在优胜劣汰的机制下,劣质商品和经济效益不好的企业自然会被淘汰出去。因此,在市场经济条件下,企业并购和企业破产一样,是企业实现优胜劣汰的一种方式,是竞争的结果。

竞争是市场经济的主旋律,而市场经济运行的主体是经营者。经营者的竞争力是其在经济竞争中比竞争对手更有效地获取资源和市场的能力,是其综合素质在市场上的体现。具有规模经济的经营者不仅可以降低成本,提升成本优势,同时也为建立差异优势奠定了基础。因为只有一定的资产规模才能保证企业研发、服务、广告等的费用投入,并且只有较大的生产规模和市场规模才能分摊、消化这些费用,从而降低商品的单位成本。尤其是面对越来越昂贵的高新技术商品研发费用,迅速缩短的商品寿命周期,要求更高的商品特色与服务等,都使得经营者在建立成本优势和差异优势的各种价值活动中必须通过内部规模经济和外部规模经济获得支持。换言之,规模经济使经营者竞争优势获得多种驱动因素的支撑,从而使竞争优势更强、更持久,为迅速提升并维持经营者的综合竞争力提供必要条件。

三、垄断与规模经济的对立统一

规模经济提高了经营者的规模和效益水平。在充分竞争的市场上,市场优势地位的经营者可以实施各种策略,使企业规模扩大,市场占有率提高,利润率提升，竞争力增强，实现资源的优化配置。但是，随着企业规模的不断扩大，当生产集中到少数规模巨大的经营者后，就必然会导致垄断的情形，进而阻碍竞争机制在资源配置过程中的作用，导致资源配置的低效率。这样，规模经济与垄断之间就产生了矛盾。规模经济与垄断之间存在矛盾，应该是对立统一的。其对立性表现在规模导致垄断，从而使社会整体效率损失；其统一则表现在规模扩大产生的垄断能够促进一国经济竞争力的加强，经济效率的提高。

反垄断与防止过度竞争，或者说竞争效益与规模效益的争论由来已久。早在19世纪末，西方著名经济学家、“新古典学派”和“剑桥学派”的创始人马歇尔在观察大机器工业时就发现，机器的使用带来的生产规模扩大既可以使单位成本降低，提高生产效率，但同时又可能导致垄断。马歇尔在《经济学原理》一书中提出：“大规模生产的利益在工业上表现得最为清楚。大工厂的利益在于：专门机构的使用与改革、采购与销售、专门技术和经营管理工作的进一步划分。”马歇尔还论述了规模经济形成的两种途径，即依赖于个别企业对资源的充分有效利用、组织和经营效率的提高而形成的“内部规模经济”和依赖于多个企业之间因合理的分工与联合、合理的地区布局等所形成的“外部规模经济”。他进一步研究了规模经济报酬的变化规律，即随着生产规模的不断扩大，规模报酬将依次经过规模报酬递增、规模报酬不变和规模报酬递减三个阶段。马歇尔还发现了由“大规模”而带来的垄断问题，以及垄断对市场价格机制的破坏作用。后人把这一矛盾称作“马歇尔猜想”或“马歇尔两难”。

规模经济的形成虽然是以经营者的规模为条件，但并不意味着规模和效率始终成正比。即使在特定的行业和确定的优化企业规模的条件下，企业规模的形成除考虑规模经济的因素外，还要考虑企业的一系列条件，如市场的需求和成熟程度，特别是经济和技术进步条件，如专业化生产和基础设施状况。如果能够合理地协调规模经济与垄断之间的关系，那么就能够有效地发挥规模经济的效率。例如在审查经营者集中时，就要根据不同市场主体的行业特点，做出是否准许集中的决定。

第二章　竞争法与反垄断法

第一节　竞争法的主要内容

一、竞争法的含义

竞争法是指市场经济国家规范市场行为，保护和促进市场竞争的法律规范的总称。竞争法调整的社会关系是商品竞争关系。按照一般理解，竞争法包括反不正当竞争法和反垄断法。不正当竞争和垄断都是市场竞争过程中出现的违反公平竞争规则的行为，都会给市场竞争秩序带来危害。竞争法就是要通过规范这些行为，使市场主体的竞争活动符合一定的规则，从而创造一个自由、公平的竞争环境。竞争法最本质的特征和最基本的任务是规制市场主体的竞争行为，维护正常的竞争秩序。因此，我们可以将竞争法定义为是维护正常的竞争秩序而对市场主体的竞争行为进行规制的法律规范的总称。或者按照传统的以调整对象作为法律部门划分标准的方式来定义，竞争法是调整市场活动中经营者之间的竞争关系以及管理者与经营者之间的竞争调节关系的法律规范的总称。

法律是社会关系的调节器，任何法律都调整着一定的社会关系。法律的调整对象就是指法律规范效力所及的社会关系的范围。竞争法是规制市场主体竞争行为的法律规范，因此竞争法的调整对象就是竞争关系和竞争调节关系。竞争关系是平等的竞争主体之间形成的一种社会关系，它是竞争法所调整的基础性的社会关系，不仅具有广泛性，而且也是竞争调节关系发生的前提和基础。

竞争调节关系是为维持公平竞争秩序而在发挥政府管理市场职能过程中发生的关系。没有竞争关系，就不可能有竞争调节关系。竞争关系包括合法的竞争关系和违法的竞争关系，都是竞争法调整的对象。有学者指出，市场关系有两种表现形式：一是符合竞争机制的；二是侵害竞争机制的。认为“当市场主体追求个体利益最大化时所选择的行为侵害了竞争机制，违反了社会整体利益”，才是“竞争法的内在价值所否定和禁止”的行为。也即只有在一个行为同时具备“不当地追求个体利益”和“破坏竞争机制从而违背社会整体利益”这两个特征时，才能认为是竞争法应当规制的行为已经出现，进而认为竞争法只调整违法的竞争关系，而不调整合法的竞争关系。合法的竞争行为和竞争关系可由民法、行政法等部门的法律加以调整。

如果从各国竞争法规范的条款数量和内容考察，上述这种观点有其合理之处。因为在各国的竞争法中，对垄断和不正当等非法竞争行为的规制的内容确实占有绝对的优势，给人们的初步印象是其调整对象仅限于非法竞争关系。然而，竞争关系中的合法竞争关系与违法竞争关系是一个问题的两个方面，它们在各国竞争法中只有文字多寡的不同，而没有主次轻重的区别。竞争法对违法竞争行为的界定以及相应法律责任的规定，实际上也就是规定了对合法竞争行为的认定和保护。当某一竞争行为被认定为符合竞争法的基本原则，不构成垄断或不正当竞争的时候，也即得到了竞争法的保护。

竞争法从一开始便作为经济法的一个组成部分而存在和发展。现代意义的经济法起源于国家对竞争的规制，即作为一个独立法律部门的经济法，首先在实行市场经济的资本主义国家产生。19 世纪末 20 世纪初，西方主要发达国家相继完成工业革命，资本主义由自由竞争阶段进入垄断阶段。在垄断资本主义条件下，垄断组织利用其拥有的市场优势地位操纵价格，控制市场，排斥和限制其他竞争者参与竞争，从而严重破坏竞争，窒息生产力发展，并由此引发一系列的社会问题，加深了各种社会矛盾和经济危机，直接威胁到资本主义国家利益。在自由资本主义条件下被奉为万能的市场调节，此时则表现出严重的缺陷与不足。面对市场失灵的严重现实，单纯依靠“看不见的手”即市场调节已无能为力，个别市场经营主体之间的妥协也无济于事，因此必须伸出另一只“看得见的手”即国家之手来调节经济。国家调节经济主要是通过制定经济政策和经济法律、法规来实现的。正是在这种历史条件下，当时的西方发达资本主义国家纷纷根据本国垄断的危害情况，制定了大量的保护有序竞争的法律、法规，用于规范社会经济活动和经济关系，巩固和维护垄断资本主义社会的经济秩序。如 1890 年美国国会通过的第一个反托拉斯法案即《保护贸易和商业不受非法限制与垄断之害法》(简称《谢尔曼法》)；1896 年德国制定了世界上第一部《反不正当竞争法》等。这些体现国家调节经济、保护和促进竞争的法律、法规，已大大突破了传统民法、商法的范围，标志着现代意义经济法的产生。正如有的学者指出：经济法是规制以垄断资本主义国家的垄断为中心的经济从属关系的法。国家为了维护竞争秩序而介入市场的法，就是本来意义的经济法。因此，以竞争立法为契机，以竞争法为基本内容激发了经济法的产生和发展。

二、竞争法的基本特点

人们可以从多维的角度来考察竞争法在不同方面所具有的特点。如从调整对象上看，竞争法既调整平等关系（如经营者之间的竞争关系），又调整调节关系（如国家与经营者之间的竞争调节关系）；从性质上看，竞争法以保护公共利益、经营者利益和消费者利益为己任，具有公私兼容的性质；从调整方法上看，竞争法既注重市场调节，又进行政府管制，强调二者的有机结合；从基本原则上看竞争法既要求公平，又注重效率，实行效率优先兼顾公平的原则等。

按照资本主义国家公法和私法划分的理论，民商法是调整平等主体之间的关系、保护私人利益的法，属典型的私法，其奉行权利本位、意思自治等原则；而竞争法的主旨在于为保障和促进公平竞争而由国家对竞争主体的竞争行为进行干预或规制，这种干预或规制集中体现为对竞争主体意思自治的限制，具有很强的公法性。虽然竞争法基于规制竞争的需要而综合运用了多种法律规范，即不仅有经济法规范，而且还有民商法规范、行政法规范及刑事法律规范等。竞争法的这种多种属性规范的综合并用恰恰体现了经济法的综合调整特点以及民事责任、行政责任、刑事责任三种责任并用的制度，表明了竞争法在经济法体系中的特殊地位。基于竞争法的这些属性，可以归纳竞争法的如下特点：

(1) 适用对象的多样性。竞争是一种市场行为，是经营者之间所发生的以实现利益最大化为目的而进行的行为。竞争关系是作为平等的市场主体的经营者之间基于竞争而形成的权利义务关系。因此，竞争法的适用对象主要是经营者。同时，竞争法也赋予政府调节市场的权力，以及规定政府竞争管理机关的权利义务。

(2) 调整方法的复杂性。调整方法是特殊法律部门特殊原则的集中体现。竞争法调整的对象包括了竞争关系和竞争调节关系两个方面，而这两种关系中，前者属于平等主体之间的关系，后者属于不平等主体之间的关系，如果用简单的一种方法来调整这两种完全不同的关系，显然是不可能的。竞争法既用自愿平等的方法调整着横向的关系，又用命令和服从等方法调整着纵向的竞争调节关系，竞争性调整正是这种被动性适应和主动性竞争的混合。

(3) 法律内容的交叉性。竞争法有其特定的调整对象。竞争关系作为一种经济关系，其涉及面相当广泛，与其他经济关系有着十分密切的联系。这就导致了竞争法在内容上相对独立的同时，又形成了与其他法律的相互交叉与相互渗透。例如，不正当竞争行为典型表现形式之一的假冒他人注册商标行为，既为竞争法所禁止，也为商标法所禁止。从各国竞争立法的内容上看，一般都会出现与民法、商标法、专利法、广告法、价格法、商品质量法、公司法等相关法律的交叉性。

(4) 法律责任的综合性。建立有效的竞争机制，为市场经营者创造一个公平竞争的环境，是竞争得以发挥积极作用的前提条件。而通过制定相应的法律，追究违法竞争行为人的法律责任，是保护合法的竞争行为，维护正常的竞争秩序的有效保证。因此，法律责任是竞争法最重要的组成部分。违反竞争法应承担的法律责任是一种综合性的责任，包括民事责任、行政责任和刑事责任。

三、竞争法的作用

竞争法应起何种作用及其主要作用是什么，对此学术界一向有不同的观点。其中代表性的观点有：

(1) 政治权利分散论。持这一观点的学者认为，经济权利的集中与政治权利的集中有着密切的联系，竞争法特别是反垄断法防止经济权利的过分集中，犹如一个“社会安全阀”，使得民主及民主政体永久生存，竞争法的主要目的是为了保护市场竞争的状态。

(2) 经济效益论。美国学术界大多持这种观点，他们认为竞争法是为了维护市场中的竞争，以达到发挥经济效益的目的，甚至认为经济效益是竞争法的唯一目的。美国法院亦受这种观点的影响，近年来在处理反垄断法案件时日益加重经济分析的比重，且在做出判决时经济效益往往是一个重要的标准。

(3) 所得重新分配论。这种观点认为，竞争法的主要功能在于避免消费者所得或财富的减少及经营者或销售者所得或财富的增加，以及通过法律来干预或影响所得或财富的分配和再分配。

(4) 保护中小企业说。这种观点认为，竞争法的目的在于通过抑制大企业，避免产业集中等方法保护中小型企业，也即是为了保护竞争者。

从以上几种观点可以看出，法学界对竞争法目的和作用的研究都是从某一方面入手，站在某一特定角度进行考察的。从总体上看，涵盖领域如此广泛、涉及内容如此丰富的竞争法，其目的和作用不可能是单一的。

德国的《反对限制竞争法》就明显地揭示了其具有多重目标和作用的特点。

依德国学者的见解，德国反限制竞争法至少具有三种功能：一是保障契约自由的法律功能；二是保障市场开放的经济功能；三是保障所得或财富合理分配的社会功能。

日本《关于禁止私人垄断及确保公正交易的法律》第1条规定："本法的目的是通过禁止私人垄断、不当的限制交易和不公正的交易方法，防止事业支配力的过分集中，排除用结合、协定等方法，对生产、销售、价格和技术等的不当限制以及其他一切对事业活动的不当约束，从而促进公正而自由的竞争。发挥事业者的创造性，繁荣事业活动，提高雇佣和国民收入的实际水平，以确保一般消费者的利益和促进国民经济健康的发展。"

韩国的《限制垄断及公平交易法》第1条也规定："本法的宗旨是防止事业者市场优势地位滥用和经济力量的过分集中，限制不正当的共同行为及不公平交易行为，促进公平而自由的竞争，以鼓励创造性的企业活动，保护消费者及推动国民经济的均衡发展。"

我国《反不正当竞争法》第1条规定："为保障社会主义市场经济健康发展，鼓励和保护公平竞争，制止不正当竞争行为，保护经营者和消费者的合法权益，制定本法。"我国台湾地区的"公平交易法"第1条规定："为维护交易和消费者利益，确保公平竞争，促进经济之安定与繁荣，特制本法。"

可见，各国或地区竞争法的宗旨和作用都不是单一的，而是多元的。由此，我们可从以下几个方面来概括竞争法的作用。

1. 鼓励与保护公平竞争

鼓励与保护公平竞争是竞争法的宗旨和基本任务，它主要通过以下途径来实现这一任务。

(1) 创制、完善公平竞争的社会条件。市场经济的发展具有不平衡性，不同国家、不同地区以及不同时期的市场经济，由于社会环境、历史文化等的不同而各有特点。这些特点可能有利于市场竞争的开展，也可能不利于市场竞争的开展。因此，立法者总是试图通过竞争立法，扬长避短，不断创新，完善市场竞争条件，以此促进和保护公平竞争。

(2) 确立公平竞争的原则和制度。竞争法建立包括主体地位平等、自愿竞争、公平竞争等原则和制度，为具体竞争行为提供模式，以规范、引导竞争者公平竞争，在制度方面为公平竞争提供保障。

(3) 保护竞争者的竞争权。一方面由竞争法明确规定竞争者的正当竞争权，界定竞争权的内容和范围，即予以授权；另一方面，具体规定竞争者的公平竞争权受到侵犯时的救济措施与制度。

2. 制裁反竞争行为

竞争法在正面鼓励和保护竞争的同时，还从反面对包括非法垄断、限制竞争行为、不正当竞争行为在内的各种反竞争行为予以制裁和打击，净化公平竞争的外部环境，以充分实现其促进竞争的价值与功能。竞争法明确规定各种反竞争行为的性质、特征、表现形式及法律责任，综合运用民事责任、行政责任、刑事责任三种方法对各种反竞争行为予以严厉打击。

3. 保护经营者的合法权益

反竞争行为的客观存在，直接增加了正当经营者的竞争风险和成本。尤其是一些具体的不正当竞争行为如侵犯商业秘密、商业诽谤、假冒注册商标等，往往是不正当行为人直接针对竞争对手实施的侵权行为，会对竞争对手的合法利益造成严重伤害。因此，竞争法制裁、打击各种反竞争行为，保护经营者的合法利益。

4. 提高消费者的福利

竞争法通过对竞争秩序的维护，发挥市场在资源配置中的作用，从而提高社会资源的利用效率。社会整体资源利用效率的提高进而有助于消费者福利水平的提高。因此，有学者将提高消费者福利视为竞争法的终极目标。

四、竞争法的体系结构

竞争法的体系结构取决于其调整的内容与范围。一般认为竞争法的基本内容应包括禁止垄断行为、禁止限制竞争行为、禁止不正当竞争行为、确定竞争管理制度、确定竞争规制程序制度等。因此，竞争法的体系由以下几部分组成：

1. 反垄断实体法

反垄断实体法是指通过规范垄断和限制竞争行为来调整经营者和经营者联合组织相互间竞争关系的实体法律规范的总和。主要内容包括：确定反垄断法的宗旨、原则与调整范围；确认垄断与非垄断的标准；明确垄断行为和限制竞争行为的表现形式和构成要件；确定非法垄断与限制竞争行为的法律责任；规定反垄断法适用的除外制度等。

2. 反不正当竞争实体法

反不正当竞争实体法是指通过控制不正当竞争行为来调整竞争关系的各种实体法律规范的总称。主要内容包括：确立反不正当竞争法的宗旨、原则和范围；确认正当竞争与不正当竞争的标准；明确不正当竞争的表现形式和构成要件;确立不正当竞争的法律责任等。

3. 竞争管理实体法

竞争管理实体法是指规定政府管理机关在调节市场主体的竞争活动中涉及的权利、义务及法律责任的实体法规范的总称。主要内容包括:确立竞争管理体制,赋予竞争管理部门管理职权,明确政府各竞争管理部门的职责与分工;规定竞争监督管理的对象、范围及方式;明确竞争管理的具体法律依据;确认市场主体在竞争管理体制中的义务及应享有的权利;规定违反竞争管理法的法律责任等。

4. 竞争规制程序法

竞争规制程序法是指为保证竞争实体法所规定的权利义务关系的实现而制定的各种程序性规范的总和。它包括反垄断程序法、反不正当竞争程序法和竞争管理程序法三方面内容。

五、竞争法的立法模式

竞争法的立法模式主要考察规制反垄断与反不正当竞争这两种主要的危害公平竞争行为的法律,是采取单独立法还是分立立法的问题。虽然竞争法的内容包括实体规范、程序规范以及竞争管理规范等,但我们可以将这些规范概括在竞争法中体现。各国或地区竞争立法的模式大致分为以下三种:

(1) 分立式立法模式。即将反垄断法和反不正当竞争法分别单独立法。这种立法模式以德国和日本为代表。

(2) 统一式立法模式。即将反垄断法和反不正当竞争法合并统一立法。选择这种竞争立法模式的有匈牙利、澳大利亚以及我国台湾地区等。

(3) 综合式立法模式。即将反垄断法和反不正当竞争法分别纳入若干单行法律、法规之中进行综合调整。美国和英国是这方面的典型代表。

观察各国或地区竞争立法模式,它们具有一些共同的特点,主要表现在:对垄断与不正当竞争均持反对态度;实体法与程序法相结合;专门立法与相关立法相结合;民事责任、行政责任、刑事责任并用;普遍禁止、限制与适用中的除外规定相结合。各国或地区的竞争立法模式之间也存在着一定的差异性。例如,竞争立法的形式灵活、各具特色;竞争立法重心不同;竞争立法内容不同。我国目前的竞争法立法采用的是《反不正当竞争法》与《反垄断法》分立的模式。

第二节 反垄断法的主要内容

一、反垄断法概述

反垄断法,顾名思义就是反对垄断和保护竞争的法律制度。它是市场经济国家基本的法律制度。

美国早在一百多年前就已经颁布了这类法律。1865 年美国南北战争结束后,随着全国铁路网的建立和扩大,原来地方性和区域性的市场迅速融为全国统一的大市场。大市场的建立一方面推动了美国经济的迅速发展,另一方面也推动了垄断组织即托拉斯的产生和发展。1879 年美孚石油公司即美国石油业第一个托拉斯的建立,标志着美国历史上第一次企业兼并浪潮的开始,托拉斯在美国成为不受控制的经济势力。过度的经济集中不仅使社会中下层人士饱受垄断组织滥用市场势力之苦,而且也使市场普遍失去了活力。这种背景下,美国在 19 世纪 80 年代爆发了抵制托拉斯的大规模群众运动,这种反托拉斯思潮导致 1890 年《谢尔曼法》的诞生。《谢尔曼法》也被称为世界各国反垄断法之母。美国最高法院在一个判决中指出:"谢尔曼法依据的前提是,自由竞争将产生最经济的资源配置、最低的价格、最高的质量和最大的物质进步,同时创造一个有助于维护民主的政治和社会制度的环境。"从《谢尔曼法》问世到第二次世界大战结束,这个期间除美国在 1914 年颁布了《克莱顿法》和《联邦贸易委员会法》作为对《谢尔曼法》的补充外,其他国家的反垄断立法几乎是空白。①

第二次世界大战一结束,形势产生了很大的变化。在美国的督促和引导下,日本在 1947 年颁布了《禁止私人垄断和确保公正交易法》,德国于 1957 年颁布了《反对限制竞争法》。1958 年生效的《欧洲经济共同体条约》第 85 条至第 90 条是欧共体重要的竞争规则。此外,欧共体理事会 1989 年还颁布了《欧共体经营者集中控制条例》,把控制经营者集中作为欧共体竞争法的重要内容。意大利在 1990 年颁布了反垄断法,它是发达市场经济国家中颁布反垄断法最晚的国家。现在,经济合作与发展组织②的所有成员国都有反垄断法。

---

① 当时仅有德国等少数国家制订有相关法律。

② 经济合作与发展组织(Organization for Economic Co-operation and Development,简称经合组织 OECD),是由三十多个市场经济国家组成的政府间国际经济组织,旨在共同应对全球化带来的经济、社会和政府治理等方面的挑战,并把握全球化带来的机遇。成立于 1961 年,目前成员国总数 34 个,总部设在巴黎。

发展中国家的反垄断立法步伐比较缓慢。直到20世纪80年代后期,尽管有联合国大会的号召,联合国贸发会还就管制限制性商业实践提供了技术援助,但是颁布了反垄断法的发展中国家仍然不足12个,其中包括亚洲的韩国、印度、巴基斯坦和斯里兰卡。发展中国家当时对反垄断法普遍不感兴趣的主要原因是,这些国家的许多产业部门或者主要产业部门是由国有企业经营的,为了维护国营企业的利益,国家自然就会在这些部门排除竞争。此外,当时所有的社会主义国家实行计划经济体制,不允许企业间开展竞争,这些国家自然也没有制定反垄断法的必要性。

80年代后期以来,随着世界各国经济政策总的导向是私有化、自由化、减少政府行政干预和反垄断,各国反垄断立法的步伐大大加快了。这一方面表现在亚洲、非洲和拉丁美洲的许多发展中国家纷纷制定或者强化了本国的反垄断法,另一方面表现在苏联和东欧集团的国家也都积极进行这方面的立法。到1991年,中欧和东欧地区的绝大多数国家包括保加利亚、罗马尼亚、克罗地亚、爱沙尼亚、哈萨克斯坦、立陶宛、波兰、俄罗斯、匈牙利等都颁布了反垄断法。近几年来,随着这些地区的许多国家积极地申请加入欧盟,它们又都根据欧共体竞争法进一步强化了自己的反垄断法。

现在,世界各国都已经普遍地认识到,垄断不仅会损害企业的效率,损害消费者的利益,而且还会遏制一个国家或者民族的竞争精神,而这种竞争精神才是一个国家经济和技术发展的真正动力。据有关学者统计,目前有101个国家颁布了反垄断法。

二、反垄断法的功能

反垄断法的功能就是防止市场上出现垄断,以及对合法产生的垄断企业进行监督,防止它们滥用市场优势地位。尽管各国反垄断法及其具体执法体制不尽相同,但其基本内容和法律框架具有高度的一致性。具体地说,反垄断法主要有以下功能:

1. 禁止卡特尔(限制性协议、垄断协议)

经济学家亚当·斯密曾经说过,生产同类商品的企业很少聚集在一起,如果它们聚集在一起,其目的便是商讨如何对付消费者。反垄断法上把经营者之间达成的限制竞争的协议称为“卡特尔”。

卡特尔对市场竞争的损害非常严重。以价格卡特尔为例[①]:因为被固定的

---

① 价格卡特尔,是指两个或两个以上具有竞争关系的经营者为牟取超额利润,以合同、协议或其他方式,共同商定商品或服务价格,从而限制市场竞争的一种垄断联合。

价格一般会大大超过有效竞争条件下的价格水平，这种卡特尔自然会严重损害消费者的利益。此外，在价格被固定的情况下，效益好的经营者因为不能随意降价，不能根据市场的情况扩大自己的生产规模，从而也就不能扩大自己的市场份额。分割销售市场也是对竞争的严重损害，因为在这种情况下，参加卡特尔的经营者各自在其销售地域都有着垄断地位，这一方面使消费者失去了选择商品的权利，另一方面使市场失去优胜劣汰的机制。效益差的经营者不能被淘汰，效益好的经营者不能扩大生产规模，这就会严重损害经营者的竞争力，使社会资源不能得到优化配置。

在各国反垄断法中，卡特尔协议一般适用"本身违法"的原则，即不管它们是在什么情况下订立的，都得被视为违法。有些国家，如美国的《谢尔曼法》规定这种行为属于"重罪"，可追究刑事责任。需要指出的是，经营者间订立限制竞争的协议有时对经济是有好处的。例如，统一商品规格或者型号的协议，适用统一的生产、交货以及支付条件的协议，中小企业间的合作协议，以及统一出口价格的协议。因为这些限制竞争有利于降低经营者的生产经营成本，改善商品质量，提高企业的生产率，它们一般被视为合理的限制。所以，现代各国的反垄断法中引入了"合理性原则"，即对垄断协议进行是否合理的审查；如果符合合理原则的，则可以获得反垄断法的豁免。

2. 控制经营者集中

市场经济下的经营者本身有着扩大规模和扩大市场份额的自然倾向，如果对合并不加控制，允许经营者无限制地购买或者兼并其他的经营者，不可避免地会消灭市场上的经营者(竞争者)数量，导致垄断性的市场结构。正是出于维护市场竞争的需要，各国反垄断法都有控制合并的规定。这种控制的目的不是限制经营者的绝对规模，而是保证市场上有竞争者。这方面的法律制度主要是合并的申报和审批制度，即达到一定规模的经营者集中需要向反垄断执法机构进行申报。

根据美国、德国、日本等国家的法律，只要合并会产生或者加强市场优势地位，反垄断法执法机关就可以禁止合并。当然，有些合并即便产生或者加强了市场优势地位，但是因为某些特殊的情况，政府也可能批准该合并申请。许多国家的反垄断法规定，如果合并有利于整体经济或者社会公共利益，政府应当批准合并。对是否允许经营者集中进行审查时，各国会从产业结构和经济效率等方面进行综合考虑。

3. 禁止市场优势地位滥用

市场优势地位是指经营者在特定的商品市场或者特定地域市场上所拥有的

一种能够对商品质量、价格和销售等实施控制而不受竞争者束缚的力量和地位。欧洲法院对市场优势地位的定义是:"市场优势地位……是一定企业享有的经济力地位,这种力量使其能够在相当程度上独立于其竞争者、客户,最终是独立于消费者而行为,在相关市场上阻碍有效竞争的维持。这种地位并不像在垄断或半垄断状况下那样排除竞争,而是使因此而受益的经营者,即使不能决定竞争条件,至少对竞争条件施加较大的影响,并且在任何情况下都可不顾及竞争的存在而行为,只要这类行为对其自己不致产生损害……市场优势地位可能由于多方面的因素而产生(这些因素个别地并不当然具有决定性),其中最重要的因素是拥有极大的市场份额。"①

实践中,经营者可以通过合法的方式取得市场优势地位,甚至垄断地位。例如,国家授权一个经营者在某个行业享有独家经营的权利,这个享有特权的经营者自然就是一个垄断企业。经营者也可以通过知识产权,如专利、版权等取得市场优势地位。例如,微软公司就是通过知识产权在全世界的软件市场上取得了市场优势地位。反垄断法虽然不反对合法的垄断,但因为合法的垄断者同样不受竞争的制约,它们就非常可能会滥用其市场优势地位,损害市场竞争,损害消费者的利益。因此,政府必须对那些在市场上已经取得了垄断地位或者市场优势地位的经营者加强监督。

4. 禁止行政垄断

行政垄断是指政府及其所属部门滥用行政权力限制竞争的行为。政府限制竞争是对竞争损害最甚的行为。行政垄断在我国当前主要表现为行业垄断和地方保护主义。行业垄断即是政府及其所属部门滥用行政权力,限制经营者的市场准入,排斥、限制或者妨碍市场竞争。地方保护主要表现为地方政府禁止外地商品进入本地市场,或者阻止本地原材料销往外地,由此使全国本应统一的市场分割为一个个狭小的地方市场。

行政性限制竞争行为不仅严重损害了消费者的利益,而且也严重损害了经营者的利益、损害政府的形象。因此,我们在研究反垄断问题时,就不能把目光仅仅投向经营者的限制竞争行为,而还应当注意政府的行为,防止它们滥用行政权力限制竞争。

三、我国反垄断法的主要内容

我国反垄断法律规范是由中华人民共和国第十届全国人民代表大会常务委

---

① 许光耀:《欧共体竞争法通论》,武汉大学出版社,2006年版,第376页。

员会第二十九次会议于2007年8月30日通过，自2008年8月1日起施行的《中华人民共和国反垄断法》以及其他的相关实施规范所组成的，如国务院反垄断委员会《关于相关市场界定的指南》、商务部反垄断局关于《经营者集中申报办法》和《经营者集中审查办法》等。从《反垄断法》的规定来看，我国反垄断法吸收了各国反垄断立法的先进理念，结合我国市场经济发展的阶段性特点，是一部既有国际性，又有自身特色的反垄断法律。

1. 反垄断法总则

我国《反垄断法》共8章57条。第1章总则除了规定反垄断法的目的、适用范围，界定各种垄断行为，反垄断执法机构外，还专门针对两个特殊的行业（第7条），即对"国有经济占控制地位的关系国民经济命脉和国家安全的行业"和"依法实行专营专卖的行业"就维护消费者利益，促进技术进步的目的所实施"保护"与"监控"的规定。同时，总则中（第8条）还针对行政垄断作了原则规定（本法第5章以专章篇幅的条款对行政垄断问题进行规范），即行政机关和法律、法规授权的具有管理公共事务职能的组织不得滥用行政权力，排除、限制竞争。关于反垄断法的执法体制，我国《反垄断法》在总则中的第9条和第10条分别规定，"国务院设立反垄断委员会，负责组织、协调、指导反垄断工作"，"国务院规定的承担反垄断执法职责的机构（以下统称国务院反垄断执法机构）依照本法规定，负责反垄断执法工作。国务院反垄断执法机构根据工作需要，可以授权省、自治区、直辖市人民政府相应的机构，依照本法规定负责有关反垄断执法工作"。我国目前的反垄断执法采用的是"双层次多机构"体制。这一体制虽然存在着"分权式"执法模式下可能存在的竞相执法和推诿执法的可能性，但是与我国现存体制比较吻合。

2. 规制垄断协议

我国《反垄断法》规定的垄断协议，是指排除、限制竞争的协议、决定或者其他协同行为。《反垄断法》同时涉及横向限制竞争的协议和纵向限制竞争的协议。其中第13条以列举和概括相结合的方法给出了具体应该禁止的横向垄断协议行为，即禁止具有竞争关系的经营者达成下列垄断协议：

(1) 固定或者变更商品价格；

(2) 限制商品的生产数量或者销售数量；

(3) 分割销售市场或者原材料采购市场；

(4) 限制购买新技术、新设备或者限制开发新技术、新商品；

(5) 联合抵制交易；

(6) 国务院反垄断执法机构认定的其他垄断协议。

对横向垄断协议一般采用“本身违法”原则。

我国《反垄断法》第14条对纵向垄断协议规定为禁止经营者与交易相对人达成下列垄断协议：

(1) 固定向第三人转售商品的价格；

(2) 限定向第三人转售商品的最低价格；

(3) 国务院反垄断执法机构认定的其他垄断协议。

对纵向垄断协议的反垄断审查一般采用“合理性原则”。

《反垄断法》同时规定对符合条件的垄断协议还可以适用反垄断豁免，即第15条规定经营者能够证明所达成的协议属于下列情形之一的，不适用本法第13条、第14条的规定：

(1) 为改进技术、研究开发新商品的；

(2) 为提高商品质量、降低成本、增进效率，统一商品规格、标准或者实行专业化分工的；

(3) 为提高中小经营者经营效率，增强中小经营者竞争力的；

(4) 为实现节约能源、保护环境、救灾救助等社会公共利益的；

(5) 因经济不景气，为缓解销售量严重下降或者生产明显过剩的；

(6) 为保障对外贸易和对外经济合作中的正当利益的；

(7) 法律和国务院规定的其他情形。

属于前面第1项至第5项情形，不适用《反垄断法》第13条、第14条规定的，经营者还应当证明所达成的协议不会严重限制相关市场的竞争，并且能够使消费者分享由此产生的利益。

3. 规制市场优势地位滥用

近代各国反垄断法已经形成了“大的并不一定是坏”的共识，即反垄断法并不是要反对大企业，反对具有市场优势地位的经营者，而是要反对市场优势地位的滥用行为。为此，我国《反垄断法》第17条规定禁止具有市场优势地位的经营者从事下列市场优势地位滥用的行为：

(1) 以不公平的高价销售商品或者以不公平的低价购买商品；

(2) 没有正当理由，以低于成本的价格销售商品；

(3) 没有正当理由，拒绝与交易相对人进行交易；

(4) 没有正当理由，限定交易相对人只能与其进行交易或者只能与其指定的经营者进行交易；

(5) 没有正当理由搭售商品，或者在交易时附加其他不合理的交易条件；

(6) 没有正当理由，对条件相同的交易相对人在交易价格等交易条件上实行差别待遇；

(7) 国务院反垄断执法机构认定的其他市场优势地位滥用的行为。

区别于一般经营者的上述行为，反垄断法规制的是占有市场优势地位的经营者。那么，什么样的企业具有了市场优势地位？《反垄断法》第 18 条和第 19 条分别规定，经营者是否具有市场优势地位，应当依据下列因素：

(1) 该经营者在相关市场的市场份额，以及相关市场的竞争状况；

(2) 该经营者控制销售市场或者原材料采购市场的能力；

(3) 该经营者的财力和技术条件；

(4) 其他经营者对该经营者在交易上的依赖程度；

(5) 其他经营者进入相关市场的难易程度；

(6) 与认定该经营者市场优势地位有关的其他因素。

有下列情形之一的，可以推定经营者具有市场优势地位：

(1) 一个经营者在相关市场的市场份额达到二分之一的；

(2) 两个经营者在相关市场的市场份额合计达到三分之二的；

(3) 三个经营者在相关市场的市场份额合计达到四分之三的。有第 2 项、第 3 项情形的，其中有的经营者市场份额不足十分之一的，不应当推定该经营者具有市场优势地位。被推定具有市场优势地位的经营者，有证据证明不具有市场优势地位的，不应当认定其具有市场优势地位。

4. 规制经营者集中

为加强对经营者集中的控制，各国反垄断法普遍规定了“经营者集中申报制度”。在立法上，可就如下四种制度安排中进行选择，即自愿的事先申报、强制的事先申报、自愿的事后申报、强制的事后申报。在历经演变和取舍之后，目前普遍采取了强制的事先申报制度。我国《反垄断法》顺应这一潮流，在第 21 条中规定：“经营者集中达到国务院规定的申报标准的，经营者应当事先向国务院反垄断执法机构申报，未申报的不得实施集中”的“强制事先申报制度”。同时，规定了可以不申报的经营者集中情形，以及申报集中所需要提供的资料文件要求；规定了经营者集中审查的程序和期限，是否同意集中的审查基本标准和做出决定的具体情形(同意集中、不同意集中或者是附加条件的同意集中)。

5. 规制行政垄断

我国《反垄断法》将行政垄断行为的制止扩展至抽象行政行为并在一定程度

上将行政垄断纳入了反垄断法的执法体系。行政权力有两种行使方式，即具体的行政行为和抽象的行政行为。行政权力的滥用也表现为这两种行为方式。在一定意义上讲，行政机关制定的含有排除、限制竞争内容的规定，由于在其辖区内具有普遍约束力，对市场竞争秩序的损害更为严重。《反垄断法》第 37 条明确规定，行政机关不得滥用行政权力，制定含有排除、限制竞争内容的规定。《反垄断法》第 51 条规定，行政机关和法律、法规授权的具有管理公共事务职能的组织滥用行政权力，实施排除、限制竞争行为的，由上级机关责令改正；对直接负责的主管人员和其他直接责任人员依法给予处分。该条最后针对行政垄断规定，“反垄断执法机构可以向有关上级机关提出依法处理的建议”。这一规定虽然没有赋予反垄断执法机构直接依法处理行政垄断行为的权力，但是，“建议”给了反垄断法执法机构介入行政垄断的空间。

6. 规制滥用知识产权行为

在知识经济的背景下，知识产权是竞争力的核心。鼓励创新和规范竞争秩序，是知识产权法和反垄断法的共同使命。两者既然不是形同水火，当然也就不应相互否定。保护合法的行为、禁止违法行为是构建相关制度的基本准则。对此，我国《反垄断法》第 55 条给出了较为明确的界限，即经营者依照有关知识产权的法律、行政法规规定行使知识产权的行为，不适用《反垄断法》；但是，经营者滥用知识产权，排除、限制竞争的行为，适用《反垄断法》。

7. 反垄断法的域外效力

《反垄断法》无疑属于国内法，其效力本应及于域内。因此，肇始于美国的反垄断法域外效力制度最初被视为“霸权主义”行径，受到了几乎来自全世界的抵制和抨击。进入 20 世纪后期，由于经济的全球化，竞争的国际化，垄断行为及其后果不再限于一个国家之内，宣称本国的反垄断法具有域外效力已是许多国家的选择。我国经过三十多年的改革开放，特别是在我国加入 WTO 之后，国内市场的国际化程度不断提升，参与国际经济竞争的范围不断扩大，许多跨国垄断行为的后果开始影响到我国域内的市场竞争。因此，我国《反垄断法》第 2 条明确规定，中华人民共和国境外的垄断行为，对境内市场竞争产生排除、限制影响的，适用本法。然而，反垄断法域外效力的实现必然要涉及反垄断执法的国际合作。或者说，离开了国际合作机制难以实现反垄断法的域外效力。因此，如何实现反垄断法的国际合作已经成为反垄断法领域的重点研究对象。

第三节　反不正当竞争法的主要内容

一、反不正当竞争法概述

反不正当竞争法是调整经营者不正当竞争行为的法律规范。“反不正当竞争法”这个概念，可以从不同的层面进行理解。从法律的形式渊源来看，反不正当竞争法有形式意义与实质意义之别。形式意义上的反不正当竞争法，是指以“反不正当竞争法”或类似名称命名的成文法律。从实质意义上的反不正当竞争法，是指所有规范有损于市场自由竞争、公平竞争、商业惯例的各种法律规范。

最早使用不正当竞争概念的是 1883 年《保护工业产权巴黎公约》，该公约第 10 条规定：“在工业或商业中任何违反诚实习惯的竞争行为都是不正当的竞争行为。”联系到这一历史发展，人们还应注意另一历史事实，即被许多民法学者奉为经典的《德国民法典》，与世界上第一部反不正当竞争法，亦即《德国反不正当竞争法》，是在同一个国家、同一年(1896 年)出台的。而在此近百年前出台拿破仑民法典的法国，则在超过百年之后，才有了反不正当竞争法。英美国家则早在 19 世纪 40 年代与 60 年代就分别有了反不正当竞争规范①。

自由竞争的正当性反映在竞争主体运用的竞争手段应符合最起码的商业精神，即买卖公平、诚实经营、恪守贾道的实诚精神。但是，当商业经济发展到自由资本主义时期，自由竞争的正当性受到了破坏，唯利是图的资本主义本性决定了各种不正当手段在商业活动中的不断使用。不正当竞争行为同样严重阻碍了社会的进步、生产力的发展。因此，各国纷纷开展反不正当竞争的立法，以保护公平竞争的市场环境。有些国家制定了反不正当竞争的特别法，如奥地利、比利时、丹麦、芬兰、德国、日本、卢森堡、秘鲁、西班牙、瑞典和瑞士；有些国家在基本法(如民法典)中规定了反不正当竞争的专门条款，如玻利维亚、巴西、保加利亚、加拿大、哥伦比亚、匈牙利、墨西哥、罗马尼亚、意大利。在奉行民法传统的国家，其遵循保护诚实商人的方法，通常在一般侵权行为法中制止不正当竞争行为；在

---

① 参见英国法院 1849 年的判例 Prince Albert V. Strange 及美国 1968 年的判例 Peabody V. Norfolk. 转引自 http://china.findlaw.cn/falvchangshi/fanbuzhengdangjingzheng/fbzdjz/fbzdjzflw/152961_5.html。访问时间：2011 年 8 月 2 日。

奉行普通法传统的国家中，其由法院发展起来的仿冒行为和侵犯商业秘密行为的诉讼，构成了保护竞争者的主要基础。至于消费者保护，其中有些国家另外制定了规范不正当市场行为（如误导广告、价格比较、抽奖、博彩等）的特别法律。发达国家在市场经济初期，仅仅强调"自由竞争"，只是在市场经济走向发达后，才导致在保护自由竞争的同时，还应该强调"竞争的公平性"。

我国自改革开放以后，商品经济得到了很大的发展。党的十四大又将建立社会主义市场经济体制确立为经济体制改革的目标。市场经济的最起码要求是有公平的市场机会和平等的竞争环境。早在1980年10月国务院就发布了《关于开展和保护社会主义竞争的暂行规定》；1984年12月中共中央、国务院又发布了《关于严禁党政机关和党政干部经商、办企业的决定》等保护市场公平的规章制度。此外，我国的《民法通则》、《刑法》、《商标法》、《产品质量法》、《消费者权益保护法》、《专利法》等等，都直接或间接地制定有反对不正当竞争的条款。80年代末，面对不正当竞争对市场秩序的严峻挑战，国务院开始提出要制定全国性的制止不正当竞争条例。1993年9月2日，全国人大常委会通过了《中华人民共和国反不正当竞争法》，并于1993年12月1日正式实施。这标志着我国不正当竞争法由分散走向了统一。

二、我国反不正当竞争法的主要内容

我国《反不正当竞争法》共设5章33条，主要内容包括：不正当竞争的概念；不正当竞争行为的法律界限；不正当竞争行为的监督检查；违法者应承担的法律责任。其中第2章共11条以列举的方式专门规定了各种形式的不正当竞争行为。具体规定如下：

（1）第5条规定经营者不得采用下列不正当手段从事市场交易，损害竞争对手：

其一，假冒他人的注册商标；

其二，擅自使用知名商品特有的名称、包装、装潢，或者使用与知名商品近似的名称、包装、装潢，造成和他人的知名商品相混淆，使购买者误认为是该知名商品；

其三，擅自使用他人的企业名称或者姓名，使人误认为是他人的商品；

其四，在商品上伪造或者冒用认证标志、名优标志等质量标志，伪造产地，对商品质量作使人误解的虚假表示。

（2）第6条规定公用企业或者其他依法具有独占地位的经营者，不得限定他人购买其指定的经营者的商品，以排挤其他经营者的公平竞争。

(3) 第 7 条规定政府及其所属部门不得滥用行政权力，限定他人购买其指定的经营者的商品，限制其他经营者正当的经营活动。政府及其所属部门不得滥用行政权力，限制外地商品进入本地市场，或者本地商品流向外地市场。

(4) 第 8 条规定经营者不得采用财物或者其他手段进行贿赂以销售或者购买商品。在账外暗中给予对方单位或者个人回扣的，以行贿论处；对方单位或者个人在账外暗中收受回扣的，以受贿论处。经营者销售或者购买商品，可以以明示方式给对方折扣，可以给中间人佣金。经营者给对方折扣、给中间人佣金的，必须如实入账。接受折扣、佣金的经营者必须如实入账。

(5) 第 9 规定经营者不得利用广告或者其他方法，对商品的质量、制作成分、性能、用途、经营者、有效期限、产地等作使人误解的虚假宣传。广告的经营者不得在明知或者应知的情况下，代理、设计、制作、发布虚假广告。

(6) 第 10 条规定商业秘密的侵权。商业秘密，是指不为公众所知悉、能为权利人带来经济利益、具有实用性并经权利人采取保密措施的技术信息和经营信息。经营者不得采用下列手段侵犯商业秘密：

其一，以盗窃、利诱、胁迫或者其他不正当手段获取权利人的商业秘密；

其二，披露、使用或者允许他人使用以前项手段获取权利人的商业秘密；

其三，违反约定或者违反权利人有关保守商业秘密的要求，披露、使用或者允许他人使用其所掌握的商业秘密。第三人明知或者应知前款所列违法行为，获取、使用或者披露他人的商业秘密，视为侵犯商业秘密。

(7) 第 11 条规定经营者不得以排挤对手为目的，以低于成本的价格销售商品。有下列情形之一的，不属于不正当行为：

其一，销售鲜活商品；

其二，处理有效期限即将到期的商品或者其他积压的商品；

其三，季节性降价；

其四，因清偿债务、转产、歇业降价销售商品。

(8) 第 12 条规定了经营者销售商品，不得违背购买者的意愿搭售商品或者附加其他不合理的条件。

(9) 第 13 条规定了经营者不得从事下列有奖销售：

其一，采用谎称有奖或者故意让内定人员中奖的欺骗方式进行有奖销售；

其二，利用有奖销售的手段推销质次价高的商品；

其三，抽奖式的有奖销售，最高奖的金额超过 5 000 元。

(10) 第 14 条规定了经营者不得捏造、散布虚伪事实,损害竞争对手的商业信誉、商品声誉。

(11) 第 15 条规定了投标者不得串通投标,抬高标价或者压低标价。投标者和招标者不得相互勾结,以排挤竞争对手的公平竞争。

三、反不正当竞争法与反垄断法的区别

反不正当竞争法与反垄断法均属竞争法之列,调整的都是竞争关系,其主体和客体也是相同的,规范的都是经营者在市场竞争中的竞争关系,两者有着密切的关系。同时,垄断和不正当竞争都是竞争机制的两种消极后果,竞争过滥引发不正当竞争,限制竞争引发垄断。有时候经营者的某些行为既含有垄断的性质,又有不正当竞争行为,两者很难截然分开。而且,两者都强调市场竞争应遵循平等、自愿、公平、诚信等原则,两者都禁止损害竞争对手和消费者的正当权益,保护社会经济的健康发展。

但是两者之间也存在着本质的区别。从各国反不正当竞争法与反垄断法规制的行为看,反不正当竞争法主要禁止不正当竞争行为,而反垄断法主要禁止垄断行为,有的国家也称之为限制竞争行为。学者们将两者之间的区别归纳为如下七个方面:

(1) 法律属性的区别。反不正当竞争法与民法有着非常密切的关系。因为该法的宗旨是制止商业交易中违背善良风俗的竞争行为,而善良风俗即诚实信用是一项民法原则,另外,市场竞争关系也是平等主体之间在市场交易中产生的,也是一种商品经济关系。反不正当竞争法属于私法范畴,主要维护个体商业经营者的利益,是从商业伦理道德入手保护经营者的合法权益,因而有学者将不正当竞争法视为民法的一个特别法。

反垄断法属于经济法范畴已经得到理论界的认同。西方国家的多数学者认为,"反垄断法"是"经济宪法"、"企业自由大宪章"等,将反垄断法放在经济法的核心地位上。从反垄断法的概念和基本内容看,反垄断法属于经济法体系的组成部分,是从社会整体利益出发,以维护整个市场的自由竞争结构和公平竞争的环境和机制为主要目的,是国家调节经济的重要法律手段。反不正当竞争立法与执法属于微观领域,限于经营者或消费者,而反垄断立法与执法是从国家的宏观调节角度,具有宏观特点和政策性。

(2) 立法理念的区别。反不正当竞争法的立法宗旨在于制止不正当竞争行为,维护正常的经济秩序,保护经营者和消费者的合法权益。而反垄断法则基于

经济自由主义和经济民主主义的理论出发，其目的在于保障经营自由，打击垄断，消除经营者间的差别待遇，实现经营者间的公正、自由和平等基础上的竞争。反不正当竞争法是一种“营业警察法”，旨在净化竞争秩序，主要涉及市场竞争结构以及竞争的充分有效性。而反垄断法则基于有效竞争的理论，力求产业组织的优化和市场结构的合理化，提高市场效率，保证经济资源的最佳配置、商品的最低价格和最佳质量、促进工业的最大进步。

（3）立法目的的区别。反不正当竞争法主要是反对经营者出于竞争的目的，违反市场交易中诚实信用的原则和公认的商业道德，通过不正当的手段攫取他人竞争优势的行为。因此，它首先保护的是受不正当竞争行为损害的善意的个别经营者的利益。从这个意义上说，反不正当竞争法所追求的价值理念是公平竞争。而反垄断法追求的价值理念主要是维护市场的竞争活力和整体市场的竞争秩序，保护的重点是整个市场竞争秩序而不是个别竞争者。

（4）内容的区别。反不正当竞争法与反垄断法所调整的法律关系主体及其权利义务内容并不一致。凡是参加市场竞争的经营者，无论经济实力强弱，市场份额多少都可能成为不正当竞争行为的主体，它们之间形成的竞争关系都是反不正当竞争法调整的关系。而反垄断法所调整的往往是经济实力强、市场份额大的经营者和以它们为中心，凭借其占据市场优势地位或交易优势地位与弱小经营者之间形成的不平等主体间的竞争关系。从某种程度当说，反不正当竞争法更多地保护名牌企业、大企业的利益，而反垄断法则体现着对中小企业的保护。

（5）调整对象的区别。反不正当竞争法是从规范形形色色的不正当竞争行为入手，通过制止不正当竞争行为，避免有失诚信的不正当竞争行为对经营者和消费者的危害。缔造自由、公正的竞争秩序，体现的是国家运用法律手段对市场进行微观调控。而反垄断法则是从规范限制竞争的状态和行为出发，通过对垄断和限制竞争的行为和状态进行规制，防止出现少数经营者控制和操纵市场，限制竞争，从而维护经济的自由、民主和公正的竞争秩序，体现的是国家对市场的宏观调控。

（6）行为方式及其救济方面的区别。对于哪些是不正当竞争行为，哪些是垄断行为，各国法律均给予了明确的界定。如我国《反不正当竞争法》所规定的11类不正当竞争行为。而反垄断法中则主要包括了垄断和限制竞争行为两项内容。从救济方面，违反反不正当竞争法主要采取民事救济方法；而违反反垄断法则主要采取行政手段获得救济。

(7) 正义性的区别。不正当竞争行为本身的违法性是永恒的，在人类法律哲学和道德规范中永远也不会有正名的时候。而某些垄断性行为往往会受到国家产业政策的变化，社会经济发展的水平、甚至经济危机的影响，导致反垄断法律制度和规制对象的相应变化。反垄断法也随之需要经常的修正或者推出实施的指南，以更好地实现特定情况下的反垄断法目的。

第三章　市场力量与市场界定

第一节　市场力量与市场界定的含义

一、市场力量的含义

市场力量是指一经营者成功将其价格提高到竞争水平以上同时具有不被竞争对手反击击垮的可能能力。在市场经济条件下，经营者的生存和发展越来越取决于自身驾驭市场的能力。这种能力集中地表现为市场力量的强弱。市场力量是由经营者市场行为所引致的影响经营者市场地位发生变化的各种因素所决定的。例如商品价格和产量的变化、商品性能改变、开发新商品、广告宣传方式、售后服务等，这些因素的变化与有效地实施均会引起经营者市场地位的变化。增强经营者市场力量，对于提高经营者竞争能力、开发市场、拓展市场、保持经营者在市场竞争中的优势地位和获得最大利润，都有十分重要的意义。

市场力量的大小主要反映在价格上。在市场经济条件下，商品的价格除自身的价值因素外，还受商品市场供求状况、市场竞争状况及其他因素的影响。当某种商品供给量大于需求量时，市场上该种商品的价格会下降。反之，当某种商品的供给量小于需求量时，则该种商品的价格会上升。在良好的市场竞争状态下，一种商品的卖方市场①是短暂的。随着价格的上升，其他经营者会将资金转向该种商品的生产，从而使该商品的市场供给量剧增。这样，卖方市场很快地转成买方市场。经营者除了采用价格竞争手段外，还可采用改变商品特征和销售费用等手段增强自己的市场力量，如扩大商品的差异性、通过服务质量的改进

---

①　卖方市场—买方市场的对称，是指供给小于需求、商品价格有上涨趋势，卖方在交易上处于有利地位的市场。在卖方市场上，商品供给量少，由于供不应求而不能满足市场的需求，即使商品质次价高也能被销售出去，商品价格呈上涨趋势。这时，买方对商品没有选择的主动权，卖方只关心产品数量，很少考虑市场需求，卖方在交易上处于主动地位。

等。我们将这种竞争称为非价格竞争。实行商品差异化战略，可以吸引更多的消费者。使这些商品在消费者心中产生特别的印象即具有差异性。这就是所谓的“有差异就会有垄断”，有垄断则产生超额利润。商品差异的竞争迫使经营者不断推出新商品，改进旧商品，以便获取更多利润。

经营者之间为增强市场力量而展开的竞争，除了可以通过上述提到的价格和非价格手段外，还可结合商品牌号、专利、宏观环境等因素。如随着人民生活水平的提高，人们对名牌商品的追求越来越强烈。有些商品虽然在品质上与其他同类商品投入没有多大差异，但由于品牌的不同，会使商品的价格相差悬殊。因此，经营者应有树立自己品牌的策略，形成自己的市场形象，来吸引更多的品牌忠诚者，以便更有效地增强市场控制能力。另外，通过专利、商业秘密来实现自己商品的垄断地位，也是竞争的有效手段。这在化学、电子、制药等行业尤为重要。经营环境也是决定经营者生存与发展的因素之一。经营环境受人口环境、经济环境、自然环境、政治环境和社会文化环境等宏观环境的影响，而且这些环境因素又处于变动之中。经营者应善于从中发现并抓住机遇发展自己，使之成为市场的“主宰者”。

二、市场界定的含义

市场界定是指定义一个市场，使得该市场中的商品或劳务具有较强的竞争性。市场界定应是确认相关市场范围的过程，因此又称为界定相关市场。

反垄断法的核心任务是制止和消除不合法的垄断，而判断一个经营者是否属于法律所禁止的垄断时，往往需要将该经营者置于一个具体的市场背景下才能做出科学的判断。这个市场背景就是反垄断法上所称的“相关市场”。因此，“在大多数场合，相关市场的界定实际上是竞争者出发点和基本前提，虽然其内容未必规定在反垄断法的具体条文里，但它却蕴含在反垄断法的各主要制度之中。”[①]“任何反垄断法都必须有界定相关市场的方法，否则很多案件就无法审理。”[②]在已建立起反垄断基本法律制度的国家和地区，都非常重视准确界定“相关市场”。为此，有些国家或地区在反垄断立法中对相关市场的概念做出了直接规定。例如，我国《反垄断法》第 12 条第 2 款规定：“本法所称相关市场，是指经营者在一定时期内就特定商品或者服务（以下统称商品）进行竞争的商品范围和

① 王先林：《论反垄断法实施中的相关市场界定》，《法律科学》2008 年第 1 期。

② 王晓晔：《举足轻重的前提——反垄断法中的相关市场界定》，《国际贸易》2004 年第 2 期。

地域范围”;我国台湾地区“公平交易法”第 5 条第 3 款规定:“第一项所称特定市场,系指事业就一定之商品或服务,从事竞争的区域或范围”。有些国家或地区还专门颁布了反垄断执法机构关于界定相关市场的程序以及界定市场的标准和证据,如欧共体委员会 1997 年 12 月发布的《欧共体竞争法中界定相关市场的通告》。

市场界定在反垄断分析中具有重要的地位,然而也往往最具有争议。在界定一个相关市场或者确定一个相关市场的范围时,需要考虑三个因素:一是相关商品市场,即经营者之间在商品或者服务是否存在竞争关系。二是相关地域市场,即经营者之间销售其商品或者服务的地理范围。也即是说,在这个地域范围内,相关的商品或者服务是否存在竞争关系。三是相关时间市场,即有些商品因为时间的差异所形成的市场需求可能出现的变化,呈现出高峰期和非高峰期两种局面。

我们知道,反垄断法通过禁止排除或者限制竞争的行为或状态,维护市场经济的有效竞争。然而,并非任何商品之间以及任何经营者之间均存在市场竞争关系。换言之,市场竞争是有一定范围的,只能发生在特定的商品之间或者经营者之间。通常执法机关和司法机关在判断特定行为是否违反反垄断法时,必须就该行为对市场竞争的影响做出判断。而市场竞争效果的判断则是在确定市场范围的基础上才能做出。例如对于市场优势地位滥用,执法机关和司法机关首先要判定经营者是否处于市场优势地位,且往往将市场份额作为首要考虑因素,而市场份额计算第一步就是界定相关市场。只有准确界定相关市场范围,才有可能对特定行为的市场竞争影响进行评价。

界定相关市场的目的在于描述经营者行使市场势力的背景。如果经营者为获利能将价格长时间地提高到竞争水平以上,就说明该经营者具有市场势力。而市场集中度,即市场份额,是衡量市场势力的重要标准。某一市场的集中度越高,经营者的市场份额越大,则该经营者具有市场势力的可能性也就越大。因此,确定该经营者所处的竞争市场的大小,即市场界定成为反垄断诉讼中重要的第一步。由于各国反垄断法条文简洁、实体条款少,市场界定往往成为司法实践中最具有争议的部分,原告与被告都试图借助于经济学工具证明自己的观点:原告试图证明相关市场是小的,这样足以表明被告具有市场势力,能够损害市场;而被告则要证明相关市场是大的,由于存在竞争、进入壁垒低等原因,被告不可能行使垄断权力,控制市场。随着反垄断司法实践的推进以及产业组织理论的发展,经济学家们越来越关注相关市场的研究,市场界定理论获得了显著的发展。

科学合理地界定相关市场，对识别竞争者和潜在竞争者、判定经营者市场份额和市场集中度、认定经营者的市场地位、分析经营者的行为对市场竞争的影响、判断经营者行为是否违法以及在违法情况下需承担的法律责任等关键问题，具有重要的作用。因此，相关市场的界定通常是对竞争行为进行分析的起点，是反垄断执法工作的重要步骤。只有准确界定“相关市场”，反垄断执法机构才能准确了解以下情况：在一个特定的市场范围内，到底有多少竞争者，其各自的市场份额有多大；涉嫌违法经营者究竟能在多大程度上行使其市场支配力，或者将来可能在多大程度上行使其市场支配力，导致其行为已经产生或者即将产生排除、限制竞争的违法效果。

需要指出的是，界定相关市场虽然是执行反垄断法的一个前提，是一个非常重要的问题，但并不是任何反垄断案件都需要界定相关市场。比如，欧共体条约第 81 条第 1 款规定，直接或者间接固定购买或者销售价格或者其他任何交易条件的行为是违法的。虽然这种违法行为必然发生在一个具体的市场上，而且必然对这个市场有着限制竞争的影响，但在认定这种行为的违法性时，一般不需要界定或者调查这一具体的市场。这即是说，对于某些违法性非常明显的限制竞争案件，如固定价格的行为，因为这种行为本身是违法的，从而不需要界定相关市场。

三、相关市场界定的方法

如何正确有效地界定相关市场，各国反垄断执法机构都进行了不懈的探索。作为反垄断法律制度发源地的美国经过了一百多年的实践和理论研究，在反垄断案件的审判中先后提出了多种界定相关市场的方法或者理论。这些方法和理论又不断地在各国的反垄断实践中得到应用和完善。我们从历史演进的视角，介绍各种相关市场界定的方法。

1. *需求交叉弹性法*

需求交叉弹性是一个经济学的概念。需求交叉弹性是需求交叉价格弹性的简称，它表示一种商品的需求量变动对另一种商品价格变动的反应程度。若以 X、Y 代表两种商品，Exy 表示需求交叉弹性系数，Py 表示 Y 商品的价格，ΔPy 表示 Y 商品价格的变动量，Qx 表示 X 商品原来的需求量，ΔQx 表示因 Y 商品价格的变动所引起的 X 商品需求量的变动量，则需求交叉弹性系数的一般表达式为：$Exy=(\Delta Qx/Qx)/(\Delta Py/Py)=$ x 商品需求量变化的百分比/y 商品价格变化的百分比。它反映了相应于其他商品价格的变动，消费者对某种商品需求量变动的敏感程度，其弹性系数定义为需求量变动的百分比除以另外商品价格变动的百分比。交叉弹性系数可以大于0、等于0或小于0，它表明两种商品之间分别呈替代、不相关或互补关系。根据这个理论，如果一种商品的价格稍稍发生变化，这个变化就会引起消费者对其他商品的需求。这种情况就可说明，这些商品之间存在很重要的竞争关系，从而可以被视为属于同一个商品市场。需求交叉弹性反映了消费者在选择商品或者服务时一种变化的可能性。因此，需求交叉弹性是合理可替代性的表现。美国法院的判决指出，“在评价合理的可替代性时，除了考虑商品的价格、用途以及商品的质量等因素外，一种商品和另一种商品之间的需求交叉弹性也可以说明合理的可替代性。”

2. 价格关连性检验法

如果商品X与商品Y同属于一个市场，那么它们的价格变化应该有着密切的联系。替代性商品在价格之间的关连性特征可以用来界定商品和地域市场。当然两种商品的价格变化即使存在某种数理关系，并不能当然得出两者间的竞争性结论。也就是说，关连性高并不一定表明商品属于同一市场；反过来，关连性低也不一定就表明两个商品不在同一市场。因此，有经济学家认为，最终确定两个经营者是否同属于一个市场，只有通过检验一个经营者对另一个经营者价格的变化反应程度才能确定，仅仅依靠它们之间价格的关连性是不够的。由于这种方法不需要建立复杂的结构模型，要比交叉价格弹性标准更实用。

3. 商品流检验法

也称E/H检验，是由Elainga and Hogarty提出的测定商品流来界定地理市场的一种方法。该检验需要计算两个比例，另一个是在本地消费的商品中由本地生产的比重；另一个是本地生产的该商品在本地的消费比重。如果两个比例都高的话，即使两个地区的价格交叉弹性很大，但由于并不存在商品贸易关系，仍然可以认定目标市场并不相关。该方法由于简便易行而被广泛应用于司法实践。

4. 因果关系检验法

1986年，Slade在他人的研究基础上提出了因果关系法界定相关市场。该方法认为在某地域范围内或某商品的价格变化将引起处于相关市场的其他地区或其他商品的价格变化。如果用X和Y代表在两个地区的商品或者是某地区的两种商品的价格，当将X包括在解释变量中比排除在外能更好地解释Y时，就说明X与Y之间存在因果关系。检验的过程就是对Y作两个独立的回归。一个解释变量包括X而另一个则不包括，如果发现X与Y之间有因果关系则说明两者属于同一市场。该方法的基础是构建数理模型，当模型遗漏了某项重要的变量时，会得到完全不同的结论，而由于统计数据的局限性，产生遗漏从而导致偏差的可能性非常大，因此被评价为比较差的一种检验方法。

很明显，上述界定相关市场的方法是以完全竞争为理论基础的。它们更强调商品价格之间的联系，本质上是新古典的交易市场。在这样的相关市场中存在一种趋势，就是在套利活动的影响下，这些商品的价格将趋于一致，而其中的经营者是否有市场势力并不能得到确切的结论。比如某些经营者因为生产能力的限制，在其竞争对手提高价格的情况下并不能增加产出，因而也就不是有效的竞争者。此时，反垄断市场的范围并不与交易市场一致。在某些情况下，反垄断市场要大于交易市场（比如存在价格歧视、套利限制或者多商品市场的寡占）；而在另一些情况下，反垄断市场小于交易市场。

5. *市场份额法*

由于界定相关市场很难达成一致意见，有学者提出放弃对相关市场的界定。因为在反托拉斯分析中，界定相关市场只是达到目的的一种手段，可以采取更为直接的方式，如估计剩余需求曲线的斜率直接测度市场势力。也有学者提出反垄断的核心在于竞争效果，所以市场势力、市场界定虽然在反垄断研究中有用，但是必须从属于市场的反竞争行为及其效果分析。因此，要进行正确的市场界定，必须与行为和绩效结合起来。还有学者认为，界定相关市场仍是法律实践的关键所在，并试图放宽商品同质性等传统经济学假设，寻找实用性更强的检验方法，使之更加符合反垄断精神。比如，William McElroy 在 1995 年提出等同效应法对 SSNIP 检验进行了修正。这种方法放宽了商品同质性假设，考虑了替代品具有多种用途，且只有部分用途具有替代性的情况，重点分析除替代品以外所有商品价格都保持不变的条件下，替代品每单位产量的变化对原商品剩余需求曲线的影响，进而判断两种商品是否构成相关市场。

6. SSNIP *检验法*

这是由美国司法部在 1982 年的合并指南中采用了一种新的界定相关市场的方法。SSNIP 检验法在市场的界定时从某商品的市场上存在一个假定的垄断者入手。如果假定的垄断者在非短暂的、连续的时期内将商品价格提高到小的但是很重要的程度（一般是一年以内，价格提高 5%），有足够多的消费者转向购买其他商品而使得假定的垄断者无利可图，那么就可以断定该经营者并不具备为获利而提高价格的市场势力，需要加进次优的替代商品或者地理区域进行进一步的检验，直到假定的垄断者可以获利为止，这些替代性商品或者地理区域就构成一个反托拉斯市场。

从理论上讲，SSNIP 检验是建立在对剩余需求曲线弹性进行测算基础上的，因此也可以理解为“需求弹性方法”。许多经济学家利用剩余需求曲线对相关市场及市场竞争行为进行了大量的研究。由于 SSNIP 排除了暂时的、通货膨胀性的价格上涨因素对消费者购买行为的影响，而小幅度但又重要的价格变动可以避免扩及到更远的替代物，因此，利用这种方法确定相关市场符合“最小市场”的原则，有实际意义。目前，此方法被加拿大竞争局以及欧盟委员会所采纳而广泛应用于反垄断诉讼中。

随着技术进步的不断加快以及新经济时代的到来，技术进步、创新及与此密切相关的动态竞争问题越来越引起经济学家们的关注，以新古典经济理论为基础，服务于垄断实践的市场界定理论也面临着越来越多的挑战。微软反垄断案的判决标志着反垄断法律及市场界定理论新时代的到来。人们已经意识到，不断的创新活动使得潜在的反竞争效果转瞬即逝，尤其是在某些技术进步相当快的行业中，市场结构对经营者行为及绩效而言并不是第一位的要素，而且传统的市场界定理论并不能反映动态竞争或者说创新对既存的市场结构带来的影响。由此，经济学家们开始放弃传统的“结构—行为—绩效”分析框架，在反垄断理论及实践中引入技术进步要素，形成了动态的技术进步标准。这一标准的采用意味着在界定相关市场的过程中要加入时间维度，从而更加关注长期性因素，或者采用更高的集中度标准，或者放弃需求价格弹性，而采用需求绩效弹性。当然，在这一领域中问题仍多于答案。从本质上讲，市场界定是一项艰巨的经济学任务。“正如美国著名大法官 Fortas 所说的那样，只有界定相关市场的任务完成了，关于法律是否被践踏的结论才能不再被扭曲。”①

第二节　相关商品市场

一、相关商品市场的含义

相关商品市场，是根据商品的特性、用途及价格等因素，由需求者认为具有较为紧密替代关系的一组或一类商品所构成的市场。这些商品表现出较强的竞

① 李晓蓉：《市场界定理论发展综述》，《经济学动态》，2003 年 1 月 18 日。

争关系，在反垄断执法中可以作为经营者进行竞争的商品范围。根据《欧共体竞争法中界定相关市场的通告》第 7 条，相关商品市场是指根据商品的性能、用途及其价格，从消费者的角度可以相互交换或者相互替代的所有商品或者服务。这一概念说明，认定两个或者两个以上的商品是否属于同一商品市场，决定于用户或者消费者的判断。对消费者来说，决定他们选择商品的因素有两个，一个是商品或者服务的性能和用途，另一个是商品的价格。

反垄断法中市场界定实际就是确定竞争关系存在的范围。商品是市场竞争关系的客体，因此确定存在竞争关系的商品就是界定相关市场的第一步。当然，商品市场中的"商品"并不仅仅包括有形商品，还应包括服务。具有竞争关系商品的总和构成相关商品市场。根据经济学原理，通常认为经营者面临的竞争约束包括需求替代性、供给替代性和潜在竞争。因为需求替代可以对一定商品的卖方构成最直接和最有效的制约力，特别是对他们的定价行为能够产生重大影响。因此，在界定市场的时候，需求替代是最重要的考虑因素。如果某个经营者的客户能够轻易转向其他生产商或者转向其他地域取得替代品，这个经营者就不可能对市场现有的销售条件特别在价格方面产生重大的影响。

二、商品的可替代性

商品的可替代性包括需求替代和供给替代。需求替代主要是指在购买者实际收入不变的情况下，某项商品价格的小幅度变动将会使其关联商品的需求量出现大幅度的变动。供给替代主要是指在相对价格发生较小而永久变化的情况下，供给者能够在短期内在不负担更多成本的前提下转向生产替代商品，并且在市场上销售。经营者作为商品的供给者，针对需求者的需求展开竞争，商品及其供给者之间之所以构成竞争，是因为这些商品都能满足需求者相同的需求和偏好，也就是说这些商品在满足需求者需求方面具有替代性。当然，这种替代性必须是现实的，也就是在现有条件尤其是收入条件下，需求者从这一商品转向另一商品是可行的、合理的。

国际竞争网络①在对 12 个主要国家及欧盟关于相关市场界定有关规定进行调查后认为，他们在界定相关市场时都会考虑需求替代性和供给替代性。但也有少数国家仅考虑需求替代性，如美国。但是，所有国家都对供给替代性的重要性形成了共识，所不同的是在哪个阶段分析供给替代性，是在市场界定阶段，

---

① International Competition Network，ICN. 详见本书第十五章。

还是市场准入阶段，抑或在竞争效果分析阶段，而潜在竞争的分析通常是作为供给替代性分析的一部分。

具体分析商品之间是否存在可替代性，主要考虑商品的性能用途和价格。

三、以欧盟相关市场界定为例

《欧共体竞争法中界定相关市场的通告》中运用 SSNIP 标准界定相关市场。根据这个通告，在界定一个相关市场时，"需回答的问题是，作为对一定商品或者一定地域内假设的一个数目不大(幅度 5%—10%)但长期性的相对价格上涨的反应，当事人的客户是否愿意转向购买可以得到的替代品，或者转向其他地区的供货商。因为涨价会减少销售数量，在替代程度足以大到使涨价行为无利可图的情况下，这些替代商品或者扩大了的地域就应当包括到相关市场之中。扩大相关商品市场或者相关地域市场的这个过程直至这个数额不大的和长期性的涨价可以使当事人无利可图为止。"这个标准也被称为认定需求替代的"5%标准"。

5%标准的分析方法涉及一系列经济学和计量经济学的问题。其中一个重要问题是，既然 5%的涨价是假设的，如何能够确定相关经营者的市场销售量会随着需求替代的出现而下降。欧共体委员会在这里主要采取两种证据法，①一种是可以提供证明的证据，另一种是数量证据。

1. 证明需求替代的证据

证明需求替代的证据是指不久前市场上出现了替代品的证据。这包括：

(1) 可以表明替代的突发事件。例如，市场上突然缺乏 X 商品，如果消费者在这个期间转向购买 Y 商品，那就可以证明，X 商品和 Y 商品处于同一相关市场。委员会指出，这种信息虽然一般可以作为界定市场的基础，但是也不能把这种做法简单化，因为某些不正常的情况也可能导致不正常的后果。例如，因为对疯牛病(BSE)恐慌的原因，市场上罐装狗食品突然严重匮乏。在这种情况下，饲养狗的客户可能就会购买猫食品。然而，我们不能由此推断，狗食品和猫食品处于同一个相关商品市场上。

(2) 因为相对价格在过去的变化，导致需求数量的变化。例如，因为竞争者 X 的商品价格上涨，引起人们对竞争者 Y 的商品需求的增长。委员会指出，这种证据在认定替代品的时候有着决定性的意义。这种方法实际是根据交叉需求

---

① 主要引自王晓晔：《反垄断法中的相关市场》，http://ielaw.uibe.edu.cn/html/wenku/guojijingji-fa/guojifanlongduanfa/20080417/670_11.html。访问日期：2011 年 8 月 2 日。

价格弹性测度商品相互替代的程度。

(3) 因为新商品的上市引起现有商品销量的减少。委员会指出，如果能够精确地分析，随着新商品的上市，那些商品的销售量将会减少，这个证据就是有用的。然而，与前面提出的被委员会视为是“基础性”或者“决定性”的证据比较起来，使用这种证据的情况比较少。因为这种证据存在两方面的问题：一是取得这种证据即使不是不可能，但在现实生活中，取得这种证据是非常难的。二是新商品上市一般都有一个促销活动或者广告宣传，在这种情况下，消费者购买新商品不是因为将新商品视为现有商品的替代品，而是尝试一下新商品。因此，仅当经过一个合理时期(合理期的长度取决于商品的性质)和待市场稳定之后，才能正确测度现有商品销量的减少程度。

2. 数量证据

如果能够获得上述这些可以提供证明的证据，它们毫无疑问很有助于说明市场对“一个假想的数额不大且长期性涨价的反应”。而且，这些证据比起纯理论的抗辩也可信得多，科学得多。然而，这些证据一般只是在偶然的情况下可以得到。因此，委员会在通告中建议使用数量证据。数量证据需要考虑的因素主要有两个：

(1) 需求价格弹性。需求价格弹性的目的是测度一种商品的数量需求对该商品价格变化的敏感程度。精确地说，它是指一种被需求商品的数量百分比变化除以其相应的价格百分比变化。例如，A 公司以 8 元的价格可以销售 X 商品 4 万件。如果该商品的价格提高到 10 元，A 公司只能销售商品 2 万件。根据这些数据，A 商品的需求价格弹性等于－4。因为一种商品随着价格上涨，它的销售数量会减少，因此，需求价格弹性总是等于一个负数。而且，这个带有负号的数字越大，该商品的需求价格弹性越高，即需求数量对商品价格的变化越敏感。如果需求价格弹性处于－1 和 0 之间，这说明市场对这种商品的需求是无弹性的，或者僵硬的。在这种情况下，商品的价格上涨可以导致经营者收益的增长。相反，在需求价格弹性很大的情况下，价格上涨则会导致经营者收益的减少。需求价格弹性只涉及一种商品，而不能涉及两种或者两种以上的商品。如果一种商品的价格是弹性的，可以说明该商品存在着替代品，但是不能说明那些商品是这种商品的替代品。相反，如果一种商品的价格是僵硬的，说明该商品和其他商品之间没有替代关系。

(2) 交叉需求价格弹性。这种方法是测度一种商品的数量需求对另一种商品价格变化的敏感性。举例说，价格为 8 元的 X 商品涨价为 10 元后，Y 商品的销售数量从1万件提高到1.5万件。这种情况说明,Y商品与X商品之间的交叉需求价格弹性等于2。如果随着X商品的涨价,Y商品的销售数量就会增大,Y商品与X商品之间的交叉价格弹性就是正数。而且,这个数据可以说明,Y商品与X商品之间存在着需求替代关系。这方面一个明显的例子是咖啡和茶叶之间的关系。如果交叉价格弹性是负数,这一般可以说明两个商品之间存在互补的关系,例如汽车和汽油之间的关系。

欧共体学者指出,测度交叉价格弹性虽然对于识别替代品是一种很有用的方法,但仍有许多理由说明,应当谨慎使用这种方法。这是因为,一是只要两种商品交叉价格弹性的数据是一个等于或者大于1的正数,这就可以说明这两种商品是替代品。但是,却没有一个绝对数据可以说明,这两种商品是有效的替代品。二是Y商品与X商品之间的交叉价格弹性也许与X商品与Y商品之间的交叉价格弹性不相等。这说明,选择作为参照点的商品不同,交叉价格弹性会有很大的差别。有些学者认为,仅当Y商品和X商品的交叉价格弹性与Y商品和X商品之间的交叉价格弹性是一致的情况下,这个交叉价格弹性才能作为一个证明数据来使用。三是交叉价格弹性只能用来确定某两个商品是否为替代品。然而,为什么要选择这两个商品来测度它们的交叉价格弹性,这必须通过其他的方法来识别它们。

(3) 以往的价格波动①。如果同一市场上的两个商品是可替代品,一个商品的价格变化势必会影响另一个商品的价格。因此,查明这两个商品的价格在以往的变动情况,可以确定它们相互替代的程度。如果它们价格变化的方向和程度是相同的或者平行的,这种相同的价格波动就可以说明它们之间存在着替代关系。在审查两种商品以往价格波动情况时,特别应当考虑价格水平的相似性和趋同性。如果两种商品在以往的价格相同或者非常相似,这说明消费者认为它们是有效的替代品。在这种情况下,一旦这两种商品产生了价格差异,消费者就可能从一种商品转向另一种商品。价格水平的趋同性是指在两种商品的最初价格不同的情况下,如果它们后来逐步趋同,这种现象说明,消费者越来越将这两种商品视为替代品,从而可以随意从一种商品转向另一种商品,最后导致它们在价格上趋向一致。

(4) 分析不同商品价格波动的因果关系。根据这种理论,如果可以根据X

---

① 以往价格波动的方法不仅可以界定相关的商品市场,尤其可以用来界定相关的地域市场。这里仅介绍界定商品市场。

商品的价格变化推断Y商品的价格变化，而且，这两种商品价格变化的因果关系越明显，就越可以证明X商品和Y商品是处于同一个市场上。当然，这种方法也不是绝对化的。因为根据两种商品价格波动的因果关系，有时也不能确定它们是否处于同一个相关商品市场上。例如，石油商品的价格变化和石油化工商品的价格变化存在着因果关系，石油价格上涨会导致石油化工商品价格的上涨。然而，由此不能得出结论说，石油商品和石油化工商品处于相同的商品市场上。从两种以上商品价格波动的因果关系来确定这些商品是否处于相同的商品市场，这种分析方法的最大好处是简单。因为这里需要的数据只是商品的价格，而且这种数据与需求价格弹性和交叉需求价格弹性相比也容易获得，这种分析方法的现实意义很大。

3. 欧共体委员会的实践活动

欧共体委员会在1991年的雷诺和沃尔沃一案中，将卡车分为运载量5—16吨和运载量16吨以上的两个产品市场。其理由是这两种卡车的技术性能差别很大，具有不同的用途。欧洲法院在1979年关于霍夫曼—拉罗赫(Hoffmann-La Roche)一案的判决中，从不同维他命的不同性能和用途出发，认定7种维他命属于7个不同的产品市场。欧洲法院1978年关于联合商标(United Brands)一案的判决也是关于认定商品市场的经典判例。法院认为，从香蕉的特性出发，如一年内在一定季节成熟，能够长期满足某些人的需求，且在上市高峰时期，也仅在有限程度上受其他新鲜水果的影响等，说明香蕉和其他水果不具有相互可替代性，从而说明香蕉构成一个产品市场。

欧共体委员会在其裁决中经常指出，如果两种产品在价格上有相当大的差异，它们不应被视为属同一产品市场。如一般市场上的便宜香水和高级化妆品店的高级香水，它们虽然有相同性能和用途，但由于价格上的巨大差异，不应被视为属于同一个产品市场。然而，有些价格的差异事实上反映了产品的不同质量，按照产品的绝对价格区分产品市场，有时会出现明显的错误。例如，X商品的价格是Y商品价格的两倍，X商品的质量也是Y商品质量的两倍，消费者可能就认为它们相互是可替代的产品。在这种情况下，如果X商品价格上涨，消费者可能因承受不起而转向购买Y商品；或者因为Y商品价格上涨，消费者可能认为其价格和质量不符而转向购买X商品。这说明，这两种商品尽管价格差异很大，但也具有一定的可替代性。欧共体委员会认为，在界定相关商品市场的时候，决定性的不是绝对的价格差异，而是一种商品的价格变化是否对另一种商品产生了竞争性的影响。

第三节　相关地域市场

一、地域市场的含义

地域市场是指需求者获取具有较为紧密替代关系商品的地理区域，是一种商品和其他所有具有替代性商品展开竞争的区域范围。欧盟《为执行共同体竞争法关于相关市场界定的委员会通知》规定，相关地域市场是指所涉及经营者进行商品或服务供求活动的地区，该地区的竞争条件是充分同质的，并在相邻地区的竞争条件明显不同，因而能将其与相邻地区区分开来，强调相关地域市场中竞争条件的同质性。与相关商品市场分析相同，对相关地域市场的分析也应该包括需求替代性分析和供给替代性分析。

经济学上一般假定各种商品能够在市场上自由流动，在全国范围甚至全球范围内展开竞争，但实际上由于特定条件的限制相关商品不可能在如此广泛的范围内展开竞争。地域市场划分以全国市场为原则，但特定商品或行业的地域市场可能是地区性的。相关地域市场的地区性主要受以下几个因素影响：

（1）商品本身的特性。一些商品本身特性决定了其不可能在较大地域市场范围展开竞争，某些商品本身不可能在不同地域市场进行运输如不动产，某些商品由于易于变质也不可能在全国范围内进行销售。

（2）运输成本与商品价格的关系。运输成本相对于商品价格越高，商品销售范围往往较小，其与相关商品展开竞争范围也较小，即使价格上升一定比例，也可能由于运输成本占商品价格很大比重，价格上升仍不足补偿运输成本，商品潜在供应者仍不会把商品销售范围扩大到该地域市场。最常见的例子是水泥、沥青等商品的地域市场。

（3）消费者的喜好。在某些情况下，尽管不同地区的商品功能上具有替代性，但是即使一种商品的价格上涨，消费者也不会从一个地区转向购买另一地区的商品。

（4）政府管制因素。从理论上讲政府可以基于保护健康、安全制度和特许制度对商品销售范围做出限制，相关商品的地域市场范围不应超过政府管制的范围。

（5）消费者的流动性。商品跨地域的竞争不但可以通过商品的流动实现，而且可以通过消费者流动的形式实现。在消费者能够快速地从一个地区流动到其他地区的情况下，上述地区应界定为一个地域市场。

随着世界经济一体化的发展和各国贸易壁垒的逐渐消除，许多商品都是在全球范围内展开竞争，因此地域市场范围可能扩展到全球。例如，部分国家法律已明确规定地域市场范围可以及于该国法律适用的范围。全球市场形成对地域市场的主要影响不是对需求替代性的影响，因为通常人们不会为了购买某种商品而进入外国市场；而是对供给替代性的影响，也就是国外的经营者面对一国国内商品价格数额不大可能上涨，且有能力在短期内进入国内市场并进行有效的竞争。此时地域市场的范围应该是全球，而且国内市场大量进口商品也可以作为认定全球市场的证据。当地域市场扩大到全球范围时，就牵涉到各国反垄断执法机构的合作。因为相关信息获得以及对相关行为的处理必须由各国执法机关的配合，并可以通过市场参与者和商品购买者来获得。

二、界定地域市场的相关因素

界定地域市场实际上同界定商品市场一样，也是考虑合理的可替代性和需求的交叉弹性。

1. 合理可替代性

界定地域市场时，除了考虑相关商品的性能和用途，首先应当考虑地区间的差异。欧共体委员会指出，地区间的差异是界定相关地域市场的基础。在这个方面，国家的外贸政策、现存的进口关税、进入一个国家或者地区销售所需要的条件以及销售设施、语言等常常使同一种商品的生产或销售处于不同的竞争条件，从而使它们处于不同的地域市场。

(1) 商品价格。从合理可替代性角度界定地域市场应当考虑商品的价格。如果两个地区属于同一个地域市场，一个地区的消费者应当可以非常方便地转向购买另一个地区的商品。在这种情况下，一个地区的商品价格就会影响另一个地区的商品价格。然而，这并不是说，这两个地区的商品价格必然是相同的。由于存在着地区间的运输成本，同一相关地域市场、来自不同地区的商品往往存在着一定的差异。但是，这个价格差别不能过大，否则消费者不会转向购买另一地区的商品。

(2) 消费者喜好。从合理可替代性角度，消费者的喜好也是界定地域市场的重要因素。有时候，尽管两个地区的商品在用途上是很好的替代品，但是随着一种商品的价格上涨，消费者却没有从一个地区转向购买另一地区的商品。例如，德国人喜好德国啤酒，即使这种啤酒比其他国家生产的啤酒价格高，德国人仍然喜好纯正的德国啤酒。在 1995 年的 Mercedes-Benz/Kaessbohrer 合并案中，欧共体委员会认为城市公共汽车作为一种商品，其地域市场只是德国。委员会指出，虽然德国的市场是开放的，但是由于外国进口车的质量差，德国政府在采购时又倾向于购买本国商品，这种车的地域市场就只是限于德国。

(3) 运输费用。从合理可替代性角度界定地域市场还应当考虑商品的运输费用。这里主要涉及商品运费和商品价值之间的关系。有些商品如水泥、平板玻璃和石膏板，它们相对来说分量重而单位价值轻，所以，这些商品的相关地域市场一般比较小。然而，欧共体委员会认为，运输费用不应作为界定地域市场的决定性条件。因为在任何案件中，还有其他许多因素说明，有些经营者尽管存在着运输成本的不利因素，但它们仍然愿意将其商品销往其他地区。例如，化肥是一种运输成本相对较高的商品，但英国至今从拉丁美洲的特里尼达进口化肥。

2. 需求交叉弹性

需求交叉弹性的理论也适用于相关地域市场。即当一个具体案件的被告提高其商品价格时，消费者能在多大程度上转向其他地区购买相似的商品或者服务。在 1999 年美国联邦贸易委员会诉 Tenet 保健公司一案中，美国第八巡回法院关注的问题是，如果合并后的医院出现涨价，是否会有其他地区的医疗机构为合并后医院的消费者提供医疗服务，从而将案件中地域市场扩大到那些潜在竞争者所在的地区。总之，界定相关地域市场也必须注重经济学和计量经济学。

从需求替代性方面分析，如果一个地区的消费者可以快速地转向购买临近地区商品，则上述两个地区构成同一个地域市场；从供给替代性方面分析，如果一个地区的经营者能够快速地进入临近地区，则上述两个地区也构成同一地域市场。

三、以美国商品地域市场界定为例

美国联邦贸易委员会和司法部发布的《1992 年横向合并指南》，对相关地域市场界定采用了与相关商品市场界定基本相同的方法，也是“SSNIP 测试法”。在无价格歧视的情况下，在假定的地域市场内，假定存在一个寻求利润最大化的垄断者，看其能否实施一个“数目不大但重要的非暂时的”涨价。如果垄断者实施上述涨价后不能盈利，说明假定的地域市场范围太窄，应将假定的地域市场予以扩展，直至在假定的地域市场内垄断者可以实施一个“数目不大但重要的非暂时的”涨价，则该假定的地域市场构成相关地域市场。对于存在价格歧视情况下，假定垄断者如果能对特定地域范围内购买者实施单独的“数目不大但重要的非暂时的”涨价，应将这一地域范围确定为单独的地域市场。

美国司法部曾在1982年出台的《合并指南》中提出了一套新的相关市场界定法，即SSNIP测试法。在相关市场的具体界定上，该指南采用了“5%测定法”，即假定存在着某个垄断的供给者，假设该供给者将其所供给商品的价格提高5%，然后讨论在这种情况下一年之内是否存在着一些需求以其他商品作为替代的可能性。1992年、1997年，美国司法部和联邦贸易委员会联合重新发布了《横向市场合并指南》，并指出：一个市场是指一种商品或者一组商品以及生产或者销售这种商品或者这组商品的一个地区范围。在该地区内“在一个地域内，一个假设无需服从价格管制并且追求利润最大化的企业，作为这些商品在当前和今后唯一的经营者或者销售者，在所有其他商品销售条件保持不变的情况下，它可能会进行一个数额不大但很重要且非临时性的涨价。一个相关商品市场就是一组商品和一个范围上刚好满足这一检验标准的地域”。SSNIP测试法在相关商品市场和相关地理市场中的基本操作是相同的。各国反垄断执法机构在界定相关市场时，一般是先界定商品市场，后界定地理市场。

美国在运用SSNIP测试法界定相关地理市场时，有学者将其归纳为以下四个步骤：

(1) 建立临时的相关地理市场。在一般情况下，临时的相关地理市场是依据涉案企业所经营的相关商品市场中的“相关商品”的销售区域来确定的；但是，如果涉案企业的“相关商品”销售区域存在于两个主权辖区时，此时的临时相关地理市场一般限于在反垄断执法机构主权辖区范围内。这样处理的理由在于：不同国家主权的存在客观上已经将市场人为地进行了分割，在没有对不同国家市场之间存在的贸易壁垒等因素进行综合分析前，没有理由将它们视为一个统一的市场。

(2) 进行假定的垄断者设定。在临时的相关地理市场中，“相关商品”的供给者往往是多个的，他们之间存在着一定程度的竞争，任何其中的一个供给者就“相关商品”的涨价行为都可能导致消费者转向临时的相关地理市场中的其他竞争对手或者其他地区的竞争对手购买商品。在这种情况下，临时相关地理市场中的单个经营者就“相关商品”涨价所引起的消费者转移并不能全面准确地反映出不同地区就“相关商品”方面存在的供给替代程度。为了保证能够准确地分析出不同地区就“相关商品”方面存在的供给替代，SSNIP测试法通过假定的垄断者这个技术处理来消除地区内部的供给替代，将临时的相关地理市场中所有提供“相关商品”的供给者视为一个统一的垄断者。

(3) 分析在合理期限内的有限涨价是否能够给假定的垄断者带来更多的利润。合理期限和有限涨价同前面相关商品市场界定中的一样。当临时的相关地理市场中的假定垄断者就“相关商品”进行涨价时，虽然每个单位商品的利润有所增加，但是由于供给替代也导致销售量的减少。因此，涨价是否能够给假定的垄断者带来更多的利润需要结合相关因素进行分析，如商品的保鲜性和易碎性、运输成本、关税等。

(4) 根据上述分析结果来决定是否需要对临时相关地理市场作合理放大。如果合理期限内的相应涨价行为能够给假定的垄断者带来更多的利润，则临时的相关地理市场就是涉案经营者所处的相关地理市场；反之，则需将较为临近的地理市场纳入到临时的相关地理市场中来，重新建立一个临时的相关地理市场，并按照上述步骤重新分析，直到在所建立的临时的相关地理市场上，假定的垄断者能够成功地实施涨价，此种情况下的相关地理市场就是涉案经营者的相关地理市场。

第四节　相关时间市场

一、相关时间市场的概述

在相关市场界定中，时间本身也是一个非常重要的因素。反垄断执法机构在反垄断法实施中往往会结合具体个案的相关情况来合理考虑相关商品在时间上的替代可能性，从而能够对个案的相关市场作出科学的界定。[①]我国《反垄断法》第 12 条明确规定：本法所称相关市场是指经营者在一定时期内就特定商品或者服务进行竞争的商品范围和地域范围。由此，我们可以看出，我国反垄断法上的相关市场是由相关商品市场、相关地理市场和相关时间市场三者组成的。

虽然目前大部分国家(地区)在界定相关市场时主要是从相关商品市场和相关地理市场角度进行的，但也有些国家与我国的反垄断法规定相同，还从相关时间市场角度进行相关市场界定。例如英国公平贸易局于 2004 年 4 月发布的《相

---

① 本部分内容主要参考徐士英主持的 2008 年司法部课题“反垄断法中的相关市场界定研究”的研究成果。

关市场界定——理解竞争法》就对相关时间市场的界定作了规定。该规则指出在三种情形下应当考虑时间因素在界定“相关市场”中的地位：

(1) 消费者的需求替代在时间周期上的无法实现。例如高峰期上下班的消费者通常不认为高峰期和非高峰期的火车票具有替代性。

(2) 供给者的供给在时间上无法替代。例如不同时期的水果生产能力是不同的，有的水果无法跨期存储。

(3) 商品升级或者换代。消费者因认为所拥有的商品早期版本与现行商品具有替代性或者认为新发明技术在不久即将能够生产出比现行商品更好的商品时，则可能会延缓相关方面的消费支出，此情形下的时间因素可能会产生影响。

二、界定相关时间市场的影响因素

在相关市场界定中，虽然“时间”因素不如“商品”因素和“地理”因素那么凸显，但是因为竞争的动态性、市场优势地位存续的临时性和成本核算的阶段性，反垄断执法机构仍有必要根据案件的具体情况，在界定相关市场时对时间因素给予足够的重视。

(1) 竞争的动态性。竞争是一个过程，具有动态性。竞争是经营者之间在市场上为实现自身的经济利益和既定目标而不断进行的角逐过程，始终处于动态之中。任何一个市场经营者为了自身的生存与发展，都必须不断地采取各种措施和手段来改善与巩固现有的地位。竞争的动态性意味着任何一个现行的市场竞争格局都不会长久性地保持不变。在这种情况下，反垄断执法机构在考察相关市场过程中必然需要合理地考虑时间因素问题。

(2) 市场的变动性。反垄断执法机构在审查经营者集中或者垄断协议的豁免时，也都将“时间”这一“不停的步伐”作为重要考虑因素。在经营者集中审查时，要考察某一集中行为是否会对市场竞争产生不利或者有利影响。而这种影响力是针对现有市场还是对未来市场，时间背景究竟以多长为合理，对不同的“相关时间市场”的界定必然会得出对市场竞争影响力的不同结论。在反垄断法豁免审查时，反垄断执法机构也往往将垄断协议置于特定的时间背景下。如我国《反垄断法》第 15 条规定：“因经济不景气，为缓解销售量严重下降或者生产明显过剩的”，则将获得反垄断豁免。这里进一层意思还传递出垄断协议的豁免期限与“相关时间市场”中的期限往往是一致的，例如“经济不景气”期间的界定。

(3) 市场地位的更替性。所谓的“三十年河东，三十年河西”，反映在市场上，则是经营者市场地位的更替变换。竞争导致经营者优胜劣汰，其市场地位具有变动性。在优胜劣汰规律的作用下，那些在市场竞争中获得成功的经营者将获得市场优势地位，但是这种市场优势地位并不是永恒的。根据乔治·S.戴伊和戴维·J.雷布斯坦的动态竞争理论，在动态竞争状态下，竞争优势都是暂时的，所有竞争优势都会受到侵蚀。这种侵蚀有时是因为竞争对手的模仿，有时是被竞争对手以智取之。一旦竞争优势没有意义就很可能成为负担，如果继续投入去保持过时的竞争优势将可能导致更大的灾难。市场优势地位的非永恒性要求反垄断执法机构在对个案的相关市场进行界定时需要合理考虑涉案经营者所处的时间背景。当相关的时间背景比较窄时，经营者被认定在相关市场上具有市场优势地位的可能性将相应增加。在现代市场经济中，时间背景的大小在相关市场界定中的影响越来越大。因为出现经营者获得市场优势地位的情形越来越少，而更多的只是相对的市场优势地位，在有些情况下，甚至可能只是具有季节性的优势地位。

第四章　反垄断法与相关政策

第一节　反垄断法与产业政策

一、产业政策概述

产业政策这个概念自 20 世纪中叶被提出来后，对于它的确切含义一直众说纷纭，莫衷一是。以日本的学者为例，贝冢启明认为产业政策是影响该国产业结构的所有政策；小宫隆太郎认为产业政策是政府为改变产业间的资源分配和各种产业中私营企业的某种活动而采取的政策；植草益认为产业政策是把有发展前途的产业作为出口产业，重点给予保护、培育所使用的各种各样的政策手段；下河边淳等认为产业政策是国家或政府为了实现某种经济和社会目的，以全产业为直接对象，通过对全产业的保护、扶植、调整和完善，积极或消极地参与某个产业或企业的生产、经营、交易活动以及直接或间接干预商品、服务、金融等市场形成和市场机制的政策总称；伊藤元重等人则认为产业政策是由于竞争性市场存在的缺陷（市场失灵），当自由竞争导致资源分配和收入分配出现问题时，一国政府为提高本国经济福利水平而实施的政策。由上可见，这些定义不仅宽窄程度不同，而且在本质上也有区别。

作为一个具体的、历史的范畴，产业政策的确切内涵需要结合特定国家特定时期的具体施政内容而定。当然，不同国家在不同时期的产业政策也有一些共通之处。一般来讲，人们往往将产业政策分为形式意义上的产业政策和实质意义上的产业政策。

形式意义上的产业政策是指制定经济政策的国家机关明确表述为“产业政策”的经济政策。例如，日本产业结构审议会在 1963 年 11 月发表的咨询报告中明确提出了“产业结构政策”概念。我国的“产业政策”概念则是在 1986 年制定的《国民经济和社会发展第七个五年计划》中首次提出，并在 1989 年国务院颁布的《中国产业政策大纲》和《关于当前产业政策要点的决定》等文件中得到明确界定。

实质意义上的产业政策，并不局限于特定经济政策是否被冠以“产业政策”的名称。从政策内容等方面考察，实质意义上的产业政策可以做进一步的划分。例如，按照所属经济体制的不同，可以分为计划经济体制下的产业政策和市场经济体制下的产业政策；按照构成内容的不同，可以分为产业结构、产业组织、产业技术、产业布局等政策。这也是我国政府于 1994 年颁布的《90 年代国家产业政策纲要》等文件中的正式分类。

产业政策如何影响反垄断法的实施取决于两者关系的性质。如果两者是相容关系，产业政策与反垄断法将服务于共同的目标，形成推动经济发展和社会进步的合力；如果两者是相斥关系，则可能发生冲突或作用力相互抵消等情形。因此，探讨产业政策与反垄断法的关系首先必须厘清两者各自的内涵、价值取向、施行措施和作用边界。

二、反垄断法的基本作用机制

对于反垄断法与竞争政策的关系，理论界虽然多有争议，但一致的看法是将其界定为交叉关系：一方面，竞争政策需要通过反垄断法来体现，反垄断法是竞争政策理念与内容的主要载体；另一方面，竞争政策的外延不限于反垄断法的调整范围，如竞争政策也包括反垄断法之外的其他建构竞争秩序的措施，反垄断法规则体系也不限于宣示竞争政策，它也能够在一定程度上回应产业政策的要求。

反垄断法的内涵和外延是比较确定的。如前面已经讨论的，反垄断法从调整对象看，各国都以经济垄断为主要规制对象，禁止垄断协议、控制经营者集中、市场优势地位滥用的规范构成了反垄断法规则体系的三大支柱。从反垄断法的立法目的看，促进经济发展和提高资源配置效率是当代各国反垄断法的主要目标。资源配置效率提高这个核心目标的确立既有经济发展、应对国际竞争的考虑，也是在经济学知识增进的助推下完成的。从反垄断法作用机制上看，反垄断法作为政府调节经济的重要形式之一，它是以“一般性规则”为适用依据的间接调节经济活动的方式。反垄断法虽然是政府调节经济的基本形式，但它倡导市场理性，要求政府仅在市场出现妨碍市场机制良性运行的垄断或限制竞争行为时才进行调节。

尽管反垄断法以恢复、维护市场机制良性运行为主要作用机制，但它也部分兼容了竞争政策以外的其他经济政策。例如，出口卡特尔豁免制度可以被认为是保护性贸易政策在反垄断法领域中的延伸;中小企业卡特尔豁免、适用除外等制度体现了产业政策的要求或者说是为产业政策适用预留的空间;等等。反垄断法对产业政策的回应是协调反垄断法与产业政策冲突的重要途径。

产业政策虽然是以政府运用"有形之手"调节市场经济活动,但是,立足于市场经济条件下的产业政策往往需要借助于竞争手段来最终落实。这是计划经济条件下的产业政策与市场经济条件下的产业政策本质区别之所在。甚至有人认为,竞争政策是产业政策的组成部分。基于产业政策与竞争政策之间的这种特殊关系,我们在讨论产业政策与反垄断法的相互关系时,自然就将竞争政策作为两者的联结点。

三、产业政策对反垄断法实施的影响

产业政策含义的多样性决定了产业政策的不同性质,进而对反垄断法的实施产生不同的影响。产业政策对反垄断法产生的影响不仅取决于产业政策自身的目的、功能和作用机制,也取决于产业政策所采取的具体措施。因此,探讨产业政策对反垄断法实施的影响需要从产业政策的不同性质入手,将不同类型的产业政策与其所可能运用的具体措施结合起来。产业政策和反垄断法都可能服务于多元的政策目标,但是这里仅从经济效益目标为出发点,选择几种特定的产业政策,讨论其与反垄断法之间的关系。

(1) 功能性产业政策。功能性产业政策通常指的是通过人力资源培训和研发补贴来提高产业部门国际竞争力的政策,其政策功能是弥补市场缺陷,通常没有特定的产业导向。功能性产业政策以存在市场失灵、成为政府调节产业发展为前提,总体上对反垄断法的实施应该起促进作用。其原因在于:功能性的产业政策与反垄断法的作用机制具有同质性,都是对市场失灵的矫正。其中,前者主要是对市场不普遍的矫正,即由政府对投资周期长、风险大、经营者可能不愿进入的行业如基础产业进行直接投资或以其他直接调节的方式促进这些产业发展。反垄断法主要是对市场不完全的矫正,即市场存在垄断或限制竞争行为时才进行调节。功能性产业政策与反垄断法的配合能起到互补和相得益彰的作用,特别是能够保证竞争性产业和自然垄断产业、基础产业之间协调、均衡发展,避免因基础设施等产业的发展不足对竞争性产业乃至整个国民经济发展的制约。

(2) 实现赶超目标的产业政策。赶超理论源于后发展国家的比较优势。该理论认为,后发展国家可以从发达国家直接取得现成的经济技术,学习发达国家

的先进经验,汲取发达国家的经验教训,通过制定产业发展的扶持政策和确定优先发展的产业,在短时期内赶超发达国家。为避免讨论问题的重复,这里将它限于不存在市场失灵但需要加快发展的产业,如政府扶持的某些支柱产业。政府为促进这些产业的发展可能采取诱导手段(诱导性产业政策),也可能采取强制手段(强制性产业政策)。前者如政府通过采取财政、税收、信贷、政府采购、股票、债券发行、外资引进等方面的优惠措施或便利等方式促进特定产业发展;后者如政府通过项目审批、行政命令、市场准入限制、价格管制等方式进行直接干预。反垄断法则可以通过对这些产业的集中等经济行为做出豁免的规定,从而推动产业政策目标的实现。

(3) 选择性产业政策。选择性产业政策也就是日本式的产业政策,其政策功能是主动扶持战略产业和新兴产业,缩短产业结构的演进过程,以实现经济赶超目标。对反垄断法实施的效用表现为:由于这种产业政策具有普适性,进入特定行业的经营者都可以享有同样的优惠措施。通过市场机制,经营者在新的激励条件下根据预期的盈利水平自主决定进入还是退出该产业。根据利润平均化的经济学原理,该产业最终将在一个比较高的水平上与其他产业形成新的均衡。因而,诱导性产业政策仅仅改变了不同产业之间的激励条件,市场机制仍是其发挥作用的基础机制。该产业政策必然同样要求营业自由、信息畅通、公平竞争,并且可以与反垄断法服务于统一的政策目标,如提升经济效益。但是,由于诱导性产业政策改变了不同产业间的资源配置状况,它的作用效果的好坏取决于对特定产业进行扶持的正确与否以及政府决策和执行过程中会不会产生寻租成本。在决策失误、管制俘获等情况下实施这一产业政策虽然并不会与反垄断法产生直接冲突,但由于其扭曲了市场价格、浪费了社会资源,从而会对反垄断法的实施效果产生减损效应。

在现实生活中,不同类型的产业政策可能混为一体,从而增加了考察其对反垄断法实施影响的难度。例如,在限制市场准入的同时实行诱导性产业政策的时候,政府的优惠措施可能就转化为少数经营者的"经济特权",从而必然鼓励这些经营者将滥用优势地位的可能转化为现实。

四、产业政策与反垄断法的互动

评价反垄断法与产业政策在国家经济政策中的相互关系时,既可以从市场经济发达国家的立场来看,也可以从转型和发展中国家的立场来看。如果从我国实际情况来看,那么我们应该承认目前产业政策的作用更胜于反垄断法的作用。这是因为反垄断法和产业政策这两项制度得以有效运作的基本条件存在落差。

反垄断法是成熟市场经济的产物，只是在资本主义从自由竞争进入到垄断阶段时才会有反垄断法存在的必要。反垄断法一般对应着比较高级的市场结构形式和成熟的法律制度环境。这也是为什么德国经济学家欧根认为建构竞争秩序必须同时具备开放的市场、契约自由、私人产权、责任等一系列构成性原则的原因。与之形成对比的是产业政策。只有经济上的后发展国家才会基于后发优势等理论真正重视产业政策，而在发达的资本主义国家，由于政府调节经济一直受到理论界的质疑，要么没有明确的产业政策（如美国），要么竞争政策优先于产业政策（如欧盟）。产业政策的制定、实施对市场结构形式和法律制度环境并没有特别的要求。

产业政策作为政府的政策工具能够比较方便地表达政府意志。政府实施产业政策的目标是多元的，如可能出于提高经营者国际竞争力的考虑而实施培植“冠军企业”等产业政策，也可能出于实现社会公平、经济民主的考虑而推行扶持中小企业的产业政策，还可能出于意识形态的考虑而对不同经济成分实行差别待遇等。产业政策具有很大的政府调节弹性，它既可以通过间接调节的方式而成为青木昌彦所说的增进市场机制的工具，也可以通过项目审批、价格管制等方式强制性地体现政府意志。因此，无论人们对产业政策的价值判断持何种态度，它都有可能被政府所接受。而反垄断法虽然也有针对提高民族企业的国际竞争力的出口卡特尔豁免制度，针对提高经营者规模经济的产业合理化的卡特尔豁免制度等内容，但规制经济垄断、恢复市场机制的有效运作、提高经济效益是该法的主要目标，不便掺入过多的政策考量。

反垄断法与产业政策在得以有效运行的基础条件上的落差，决定了作为发展和经济转型中国家的我国推行产业政策在短期内更为便利，也更容易收到成效。同时，转型国家的经济发展水平和制度现实决定了其与产业政策具有更大的亲和性。这不仅是由两项制度运作基本条件上的落差决定的，也是由制度变迁中的路径依赖因素决定的。我国政府在从计划经济体制下对企业的全面控制向市场经济体制下对经营者较少干预的转型过程中，行政管理的治理惯性很容易使得产业政策而不是反垄断法成为政府的优先选择。

为提高未来反垄断法在我国经济建设中的实际效用，必须对我国的产业政策与反垄断法进行协调。考虑到将市场经济体制作为我国的一项基本经济体制，以及经济全球化所产生的国际市场关系，从长远来看，我们更应该倚重于反垄断法而不是产业政策。其理由在于：

（1）我国既有产业政策并没有取得足够的成效。有经济学者认为：结果表明，除了基础设施建设领域以外，产业政策对竞争性产业成长的促进作用并不明显，并没有足够的证据表明产业政策重点扶持的竞争性产业获得长足的发展。而大量的事实从另外一个方面向人们展示了，得益于较为充分的市场竞争，一些并未纳入产业政策扶持范围之列的产业政策部门成长迅速。即使在基础设施建设领域或传统的自然垄断领域，产业政策的现有成效也未必完全达到人们的预期。有学者指出：中国公用事业的垄断既非行政垄断，又非自然垄断，我们只能将其看作为一种低效落后的制度安排。

（2）即使既有的产业政策已经取得一定成效，在新的经济、制度背景下，产业政策的作用空间已经被大大压缩了。从前面提及的实现赶超目标的产业政策的具体措施看，在世界贸易组织规则的约束下都受到了极大限制。财政补贴等诱导性的产业政策必然要受到反补贴规则的约束，而我国"入世"议定书中的一系列承诺使得政府不可能像以前那样随心所欲地确立市场准入的标准。

（3）我国目前市场上危害比较大的几种垄断形式如行政垄断、行业垄断与产业政策的实施都有着直接或间接的关联。行政垄断无不是打着实施产业政策、政府管制、发展地方经济等旗号下进行的，可以认为是政府运用宏观调控、产业政策或管制等调节经济手段产生的变体，其根源在于经济调控权力的滥用。行业垄断可以被认为是政府实施产业政策的直接结果，或者至少是在产业政策的名义下得以正当化。行政垄断和行业垄断的规制既有赖于我国产业政策目标、理念和具体措施的调整，更有赖于反垄断法实施、行政管理体制改革等综合治理措施。此外，我国市场范围的大小等因素也决定了我国不可能效仿日本、韩国，走政府组织经济、全面施行产业政策的老路。

另一方面，反垄断法对产业政策的制订和实施也会产生积极的影响。这些影响主要体现在以下三个方面：

（1）经济规模的控制。经济学上，在规模经济较为显著的产业中，出现过剩进入以及具有劣等成本条件的经营者虽然也能进行生产，但个别经营者的产量较小，由此难以利用规模的经济性。通过经营者集中而壮大经济规模，是实现规模经济的一种合理选择，并为规模经济提供基础条件。集中后经营者的成本条件优于集中前的经营者。此时，经营者集中减少了企业数目，但福利水平得到了改善。经营者集中是资本积累规律作用的结果。另外，经营者集中虽然不是开发技术的充分条件，但为开发技术提供了基本物质条件，因为经营者集中使承担风险的能力增大。西方大企业不依赖企业集中而自我创新提高竞争力的事例凤毛麟角。经济学上的“马歇尔困境”首先肯定经济规模，至于经济规模之上的垄断“困境”需要结合市场和经营者的主要活动范围来考察。在现代经济条件下，马歇尔所谓的“困境”虽没有完全消失，但市场的拓展使“困境”在很大程度上解困了。

经济全球化使越来越多国家的法律有意放任经营者集中，尤其是新加入全球竞争行列的发展中国家。已有数据显示，我国企业创新和企业规模是正相关关系。所以，进一步推进大公司战略，增强中国产业集群竞争力和自主创新能力是我国竞争行业的经营者面临的紧迫任务。在共同完成这一任务的诸法律中，反垄断法可以通过科学地划定垄断与非垄断的分界线，引导、规范经营者集中。

(2) 鼓励商品或者服务的创新。创新是经济发展的源泉。在经济全球化背景下的创新，往往不以垄断技术为主要手段，而是以不断推陈出新的标准和标准化为先导。“谁掌握了标准谁就掌握了经济活动中的话语权”。在日益增强的经济自由化，各种传统贸易壁垒的作用已经日益式微。发达国家在努力占领全球市场制高点时，寻找新的机会，而标准和标准化制订往往被用作限制他国经营者的市场准入乃至在内国相关市场竞争的重要技术措施。通过鼓励经营者创新标准和进行标准认证根本性地改善自由贸易中的被动性，进而在市场竞争中取得优势性地位。反垄断法可以防止多元化标准滥用，进而防止限制竞争行为，保障多元化标准制度的可行性。反垄断法对利用标准限制竞争的规制主要体现在，禁止以标准化的名义实行价格联盟、以标准化为由进行联合抵制等。严格并不断升级的产业标准会促进经营者提高商品或服务的竞争力。一个国家的产业规范不能合理调节经济结构时，这类产业规范就会伤害产业的竞争优势。原因是它们会延缓创新速度，或引导本国经营者走向错误的创新发展方向。而一味地根据本国特色制定足以保障本国产业的产业规格，也将使得产业只能在国内享有竞争优势。

(3) 辅助建立产业损害预警机制。产业损害预警机制在日本被称为“重要产业安定机制”。建立和完善产业损害预警机制是运用国际通行规则，维护国内产业安全的产业信息收集、评价和制定应对措施的总和。该机制主要通过对国际经济发展变化、货物进出口、技术进出口和国际服务贸易异常情况的连续性监测，分析其对国内产业已造成及可能造成的影响，及时发布相关预警信息，制定应对预案。产业损害预警体系与反垄断法的关系密切。对预警产业采取的法律手段主要是进入管制并垄断经营。与关税政策相比较，战略性产业政策能在一定的时间内保护性地阻断外部不安全因素进入，符合 WTO 国际经济秩序的要求。当然，确定保护——损害预警体系的统计、评估工作更具有客观性和说服力。在产业政策法于各国不具有普遍性的情况下，产业保护的通用规则落在了反垄断法适用除外上。因此，反垄断法为产业损害预警提供法律保障手段。所以，在我国反垄断法中也同样确立了"国家安全"的评价要求。

第二节 反垄断政策与贸易政策

一、贸易政策概述

贸易政策是指一国政府根据本国的政治经济利益和发展目标而制定的在一定时期内的进出口贸易活动的准则。它集中体现为一国在一定时期内对进出口贸易所实行的法律、规章、条例及措施等。它既是一国总经济政策的一个重要组成部分，又是一国对外政策的一个重要组成部分。贸易政策的目的是为了保护本国的市场；扩大本国商品的出口市场；促进本国产业结构的改善；积累资本或资金；维护本国对外的经济、政治关系；促进经济发展与稳定。

从贸易政策的内部构成看应包括以下三个层次：

(1) 对外贸易总政策，其中包括进口总政策和出口总政策；

(2) 对外贸易国别(或地区)政策；

(3) 对外贸易具体政策，又称进出口商品政策。

在对外贸易政策的执行和贯彻方面，国家一般设立一系列专门机构，按照对外贸易政策的规定对进出口商品进行管理。例如，在政府中设立外贸部或商业部作为对外贸易的行政管理机构；在对外开放的口岸地点设立海关作为进出口商品的通道，对商品进行监督查验、征收关税、查禁走私；设立进出口银行，从金融上支持商品的进出口，发放出口信贷、办理国际支付结算；设立商品检验局和卫生检疫机构，从进出口商品的质量、卫生和技术标准等方面进行把关。

从国际贸易的历史考察，以国家对外贸的干预与否为标准，可以把对外贸易政策归纳为三种基本类型：自由贸易政策、保护贸易政策和管理贸易政策。

(1) 自由贸易政策。自由贸易政策是指国家对商品进出口不加干预，对进口商品不加限制，不设障碍；对出口商品也不给以特权和优惠，放任自由，使商品在国内外市场上自由竞争。自由贸易政策产生的历史背景是资本主义自由竞争时期(18 世纪至 19 世纪),主要在英国、荷兰等首先进入资本主义,且在经济上和竞争上占据优势的国家实行。

(2) 保护贸易政策。保护贸易政策是指国家对商品进出口积极加以干预,利用各种措施限制商品进口,保护国内市场和国内生产,使之免受国外商品竞争;对本国出口商品给予优待和补贴,鼓励扩大出口。保护贸易政策,在不同的历史阶段,由于其所保护的对象、目的和手段不同,可以分为重商主义、幼稚工业保护政策、超保护贸易政策和新贸易保护主义。

(3) 管理贸易政策。管理贸易政策,又称协调贸易政策,是指国家对内制定一系列的贸易政策、法规,加强对外贸易的管理,实现一国对外贸易的有秩序、健康的发展;对外通过谈判签订双边、区域及多边贸易条约或协定,协调与其他贸易伙伴在经济贸易方面的权利与义务。管理贸易政策是 20 世纪 80 年代以来,在国际经济联系日益加强而新贸易保护主义重新抬头的双重背景下逐步形成的。在这种背景下,为了既保护本国市场,又不伤害国际贸易秩序,保证世界经济的正常发展,各国政府纷纷加强了对外贸易的管理和协调,从而逐步形成了管理贸易政策或者说协调贸易政策。管理贸易是介于自由贸易和保护贸易之间的一种对外贸易政策,是一种协调和管理兼顾的国际贸易体制,是各国对外贸易政策发展的方向。

二、贸易政策的影响因素

各国选择何种贸易政策受到一系列因素的影响。这些因素包括:

(1) 经济发展水平及其在世界市场上的地位和力量对比。这一点包含两个方面的含义:一方面是指一个国家在经济发展的不同阶段,其国内的生产力水平和发展目标不同,制约着对外贸易政策。一般来说,处于工业经济发展初期阶段的国家,采取保护贸易政策;而处于工业经济发达阶段的国家,采取自由贸易政策。另一方面是指一个国家在世界市场上的地位和力量对比制约着对外贸易政策。一般来说,处于劣势地位,商品竞争力弱的国家,采取保护贸易政策;而处于优势地位,商品竞争力强的国家,采取自由贸易政策。上述两个方面互相联系,但不完全一致。第一方面仅从自身发展所处的阶段考察,第二方面强调的是国与国之间的实力对比。由于经济发展不平衡规律的作用,各国的对外贸易政策会随着各国的经济实力地位和力量对比的变化而调整变化。20 世纪 70 年代,美国经济虽然处于发达阶段,且仍为世界头号经济强国,但由于面临日本和欧共体国家日益赶上的强有力的竞争,转向采取保护贸易政策就是证明。

(2) 国内经济状况和经济政策。从资本主义经济发展的规律来看，资本主义各国的经济发展总是呈周期性变化、波浪式前进的。资本主义经济发展的周期性变化，在不同阶段，其国内经济状况不同，总经济政策不同，必然引起对外贸易政策的调整。一般来说，在资本主义经济发展的繁荣阶段，各国经济普遍高涨，如19世纪中叶和20世纪中叶，贸易自由化倾向就占上风；在资本主义经济发展的危机、萧条阶段，如20世纪30年代和20世纪70年代，保护贸易倾向就会蔓延和加强。同样，在2007年开始爆发的全球金融危机，已经在一些国家表现出了强烈的贸易保护主义倾向。

(3) 统治集团内部的矛盾和斗争。一个国家的对外贸易政策是代表统治阶级中占上风的利益集团的利益的。因此，统治集团内部的矛盾和斗争、政权的更迭，也会带来对外贸易政策的变化。一般说来，商品市场主要在国外的一些资产阶级利益集团主张贸易自由化；相反，商品市场主要在国内，并受到进口商品激烈竞争的资产阶级利益集团，则主张限制进口，实行保护贸易政策。

(4) 本国的资源状况，商品，产业结构，市场经济地位。本国对外贸易政策应总是要与国内经济政策相适应。

(5) 国家之间因政治环境变化，经济和外交关系发生重大改变时，也可引能起一国对贸易政策的局部或重大调整。

三、贸易政策的实施措施

各国的对外贸易政策是通过实施具体的措施实现的。这些具体措施主要包括关税措施、非关税措施、出口管理措施等。

(1) 关税措施。关税是进出口商品经过一国关境时，由海关对进出口商品所征收的一种税。关税的纳税人虽然是进出口经营者，但是经营者可用增加商品价格的方法，将关税负担转嫁到消费者身上，所以说消费者是关税的直接承担者。

(2) 非关税措施。非关税措施是指关税以外的一切限制进口的措施。在全球化背景下，强调贸易自由化。因此，传统的贸易保护措施，即关税保护措施已经日益衰微，而非关税保护则日益受到青睐。特别是在服务贸易及知识产权领域，各国政府采取了积极的贸易干预政策。

(3) 出口管理措施。出口鼓励措施：主要有出口信贷、出口信贷国家担保、出口补贴、商品倾销、外汇倾销等。

四、反垄断法在国际贸易中的作用

世界贸易组织的建立和其成员国相互大幅度减让关税虽然标志着世界贸易朝着自由化的方向迈进一大步，但我们还远不能说，世界贸易已经实现了自由化。这是因为在国际贸易中，除了政府间的关税和非关税壁垒继续存在外，尤其还存在着私人经营者间限制竞争的行为，例如订立价格卡特尔，分割销售市场，或者市场优势地位滥用。私人间的限制竞争一般是由反垄断法调整的。反垄断法的特点是，它适用于所有的对国内市场起着限制竞争效果的行为，而不管这种行为发生在国内还是国外。反垄断法不仅是各国保护竞争，维护竞争性市场结构的有力武器，而且还与国际经济贸易有着密切的联系。

反垄断法与对外经济贸易发生联系，这首先是因为跨国公司的活动引起的。第二次世界大战之后，随着国际经济关系的发展，商品、资本、技术和劳务的跨国流动成为国际上普遍的现象，跨国公司随之也成为国际经济活动中十分活跃的经济组织。由于跨国公司在财力上可以得到母公司的帮助，在生产技术和商品销售方面与国际市场有着广泛和深厚的联系，所以，与一般的企业相比，跨国公司在东道国的市场竞争中常常占据优势地位。跨国公司对东道国的经济和竞争可以起到积极的作用，特别是在东道国的市场结构处于垄断或寡头垄断的状况下，外国企业技术先进和价格低廉的商品无疑会给死气沉沉的市场注入新的竞争活力。例如，美国的轮胎、洗涤剂以及家用电器企业在欧洲的投资就打破了这些市场在当时的垄断局面，推动了市场的竞争。然而，跨国公司的活动也可能给东道国的经济和竞争带来不利的影响。这是因为，跨国公司极易利用其经济优势在东道国的市场上取得垄断地位，成为限制竞争的势力，进而会影响到东道国的经济和技术的发展。为了扼制跨国公司的垄断势力，保护本国竞争性的市场结构，市场经济国家一般将反垄断法无例外地适用于在本国活动的外国企业和跨国公司，甚至还适用于它们在国外产生的但对国内有影响的限制竞争行为。具体说来，反垄断法的这种作用主要包括以下三个方面：

(1) 限制跨国公司的外部扩张。经营者集中虽然是市场竞争和优胜劣汰的结果，但是过度的合并则会引起经济集中，集中则会导致市场的垄断。因此，控制经营者集中是反垄断法的主要内容。跨国公司在国外直接投资时，一般不是自己创建新企业，而是通过购买当地企业或者通过与当地企业的联合来进入东道国的市场。从竞争的角度看，这种方式一般也不会受到东道国反垄断法的干预，因为它们一般也不会提高东道国市场的集中度。然而，如果跨国公司在进入市场时或在进入市场后，以某种方式破坏了东道国竞争性的市场结构，即由此产生或加强市场优势地位时，那就会受到反垄断法的干预。

(2) 禁止跨国公司市场优势地位滥用。经营者一旦被认定为具有市场优势地位，就得承担特殊的责任，即不得滥用其市场优势地位。一般来说，外国企业或者跨国公司在东道国不容易取得市场优势地位，因为东道国政府可以通过其经济或竞争政策来防止这样的事实发生。而且，一旦有这样的事实发生，东道国政府一般也会通过推动国内企业的联合来抗衡跨国公司事实上或潜在的竞争优势。但是，在国际贸易领域，一些跨国公司滥用市场优势地位的案例并不少见。因此，各国的反垄断法中关于对市场优势地位滥用的监督也同样适用于跨国公司，同样对它们的市场行为起到规范和约束的作用。

(3) 禁止影响国内市场的国际垄断协议行为。垄断协议行为一般与跨国公司关系不大。因为大多数国际垄断协议是由单纯的国内出口企业组成的，它们在国外一般没有子公司。为了保证和推动商品在国外的销售，这些经营者就相互订立协议，商定商品价格，或者分割在进口国的销售市场。但是，跨国公司参加国际垄断协议行为的情况也是有的，为了扩大销售自己的商品，它们有时就与生产同类商品的其他国家的经营者在销售方面达成某些协议。当有外国企业参与的国际垄断协议行为影响到国内市场的时候，各国的反垄断执行机构也会毫不留情地采取反垄断措施。

五、贸易政策与反垄断法的互动性

跨国公司一方面希望各国政府在WTO框架下履行贸易自由化的承诺，允许其进入各国市场而没有受到任何形式的阻止(包括准入国的进口卡特尔，或者是当地垄断企业的掠夺性价格行为。因为这些行为即使是在没有关税壁垒的情况下，也可能会阻止进口商在内国销售他们的产品)。但另一方面，这些跨国公司却可以采取措施(例如出口卡特尔或者国际卡特尔，它虽然不能完全阻止国际贸易的发生，但可以从进口商中获取垄断租金，从而能抵御国际贸易的目的)，促使本国政府违背市场进入无阻碍的承诺。一旦跨国公司实现了这一表面矛盾而实质上是为了垄断市场的目的，那么，我们可以判断某一国的贸易政策和反垄断法律产生了冲突。如果贸易政策是有效的，市场就会开放；如果反垄断法律是有效的，市场也会开放。虽然两者产生的效果并不相同，但是结果都是积极的。只有当两者的目的产生矛盾时，跨国公司才有“空子”可钻。因此，保证国内的反垄断法与国际贸易规则的同步，以及保证国内反垄断执行机构的行动与政府的国际贸易承诺同步显得尤其重要。

市场的国际化允许经营者的经营活动在不同的市场内展开,从而为跨国公司实施限制性竞争行为提供了便利。特别是当跨国公司在本国实施的限制性竞争行为,不是影响本国的市场,而是影响了其他国家的市场时,这些跨国公司往往有可能逃避本国反垄断法的惩罚;或者通过转移经营活动而逃避相对更严厉的反垄断法的惩罚(即某些国家可能成为跨国公司的反垄断"避风港")。但是,受到这些跨国公司的限制性竞争行为影响国家的反垄断执法机构(如果这类机关存在的话)却不能在其行为实施地国家行使调查权来搜集这些跨国公司实施的限制性竞争行为的证据,从而对跨国公司提起诉讼。另一方面,如果某一跨国公司的限制性竞争行为并没有对国内市场产生影响的话,行为所在国的反垄断执法机构可能不会直接地行使反垄断案件的管辖权。因此,在市场全球化环境下,必须建立一个可以用来处理由国际性限制竞争行为而引起的外部性问题的机制,否则,这些跨国公司的侵害行为就得不到惩罚。对各国的反垄断执法机构来说,它们实施反垄断法的权力就会受到藐视。如何发挥反垄断法与贸易政策在处理各种类型下市场进入障碍行为的作用,已经在国际层面进行了积极的努力。如 WTO,根据 1996 年 12 月确立的新加坡工作议题,专门成立了贸易政策与反垄断政策法律互动工作小组。这个小组的设立,反映了贸易政策与反垄断政策法律之间的密切关系。WTO 努力的目标在于调整改革,以便于培育更加开放、更加具有竞争性和可竞争的市场,并使外国经营者享有与本国经营者同样的市场竞争权利。同时,在 WTO 下的反垄断政策法律的讨论也反映了一个长期的共识,即私人企业限制对贸易自由谈判所取得的利益产生消极的影响,减少了贸易自由化所带来的利益。并潜在地阻碍了国家间在消除贸易和投资障碍方面所作出的努力。

同样,经济发展与合作组织(OECD)在最近十多年来也就反垄断政策法律和贸易政策问题进行了讨论,并出台了一些报告,这些报告就贸易政策与反垄断政策法律的相互关系覆盖了很广泛的主题。其中特别强调了这两个政策的一致性和不一致性。报告强调了这两个政策的视角和途径方面所存在的较大差异。特别值得人们注意的是,这些报告已经得出了一个重要的结论,即尽管它们在实践中仍然存在着重要的区别,但是这两个政策之间仍具有很广泛的兼容性。也就是说,这两个政策是建立在同样的基础之上——自由贸易和自由竞争是互相支持的,从而使这两个政策之间实质上起着相互补充的作用。加强国内反垄断法的实施,有利于减少或者减轻由于私人企业实施的市场进入障碍的限制性竞争行为而引起的贸易政策的争端。同时，各国加强国内反垄断法的实施有利于减少反垄断法的域外效力的适用，更有利于贸易政策与反垄断法的协调，并共同为全球市场的自由竞争秩序而发挥积极的作用。

第三节　反垄断政策与管制政策

一、管制政策概述

政府管制是指政府为达到一定的目的，凭借其法定的权力对社会经济主体的经济活动所施加的某种限制和约束，其宗旨是为市场运行及企业行为建立相应的规则，以弥补市场失灵，确保微观经济的有序运行，实现社会福利的最大化。政府管制起源于西方，是西方各国在二战后为克服市场失灵给社会和经济带来的不良影响而采取的宏观调控手段而发展起来的。

政府管制是一种复杂的社会现象，作为一种经济政策，它通常采用法律的形式和程序，而具有公共政策的特性，又使得每一项管制措施的出台都是各种政治压力相互调和及平衡的结果。在对管制本身的必要性进行分析的经济学家中，美国著名经济学家、诺贝尔经济学奖获得者施蒂格勒最为著名。他于1962年发表了一篇名为《管制者能管制什么》的文章。在这篇文章中，施蒂格勒就提出了管制经济学的根本性问题：管制者能够管制什么？他认为，应将政府管制目标与管制实际效果分开，管制者的愿望和制定管制规则是一回事，而管制能否对被管制产业产生预期效果则是另一回事。在该文中，他还对作为典型自然垄断产业的电力供给部门的管制效率进行了研究，结果发现政府对自然垄断产业的管制并没有降低收费标准，也没有解决价格歧视问题，对利润的提高也没有显著影响。他进而分析，既然管制不能取得预期的实施效果，那么除了保护公共利益动机之外，必然存在着进行管制的其他原因。为此，他提出管制"商品"的需求——供给论。他将管制视作由管制者所产生的一种"商品"，并提出管制是利益集团对管制"商品"的需求与管制者对管制"商品"供给之间的结合，目的是实现利益的再分配。政府官员通过提供管制"商品"可以获得选票，以实现留任的目的或是取得其他形式的回报，而被管制者则可通过游说或贿赂来左右政府的管制政策，以谋取自己的利益。

1971年，施蒂格勒在《经济管制论》一文中进一步对政府管制的动机进行分析。他首先提出了两个分析的前提假设。第一个前提是,政府的基本资源是强制力,各利益集团通过说服政府使用其强制力,来增加自己的福利。第二个前提是各个组织在选择效用最大化的行动过程中都是理性的。以这两个前提为基础,施蒂格勒提出了以下理论假说,即管制是响应利益集团最大化其收益的需要而产生的。一个利益集团可以通过说服政府实施有利于自己的管制政策,而把社会上其他成员的福利转移到自己的利益集团中来。他还明确指出,政府进行管制的公共利益动机只是一种理想主义观念,而真正目的是政治家对管制的"供给"与产业部门对管制的"需求"相结合,以谋求各自的利益,这才是政府管制的真正动机所在。

正是根据施蒂格勒的研究,经济学家们逐渐认识到,政府管制并不一定有利于公众利益,而是有利于经营者,因为政府所采取的管制政策往往倾向于提高行业利润。事实上,一些经济学家通过对电力等自然垄断行业的实证研究证明,管制使经营者可以获得高于正常水平的利润。

二、管制的类型

政府管制由政府行政机构依据法律授权,通过制定规章、设定许可、监督检查、行政处罚和行政裁决等行政处理行为,对构成特定社会的个人和构成特定经济的经济主体的活动进行限制和控制的行为。史普博(1989)把管制分为以下三种类型:

(1) 直接干预市场配置机制的管制;

(2) 通过影响消费者决策而影响市场均衡的管制;

(3) 通过干扰经营者决策从而影响市场均衡的管制。

管制是政府调节市场活动的一种政策手段。在市场经济体制中,政府从微观上调节经营者经济活动的方式主要有以下几种:利用普通法、反托拉斯法规范调节经营者的经济活动;利用宏观调控手段通过市场间接调节经营者的经济活动;通过国有化直接调节经营者的经济活动;通过管制机构直接调节微观经营者活动。

从历史上看,政府管制是伴随着产业革命的发生而出现的。在产业革命中,随着新技术的发明和应用,传统的自由放任思想面临很大的挑战,政府在经济中的作用逐渐凸显。尤其是铁路运输的发展需要大量固定资本投资,而单靠自由竞争市场难以迅速聚集所需的大量资金。为此,英、美等国政府成立了政府管制部门,以解决铁路运输中的资金问题、固定成本和沉淀成本问题。对管制部门实施管制的经济效果,包括对经营者福利和消费者福利所造成的影响等问题的分析研究,成为早期政府管制理论的主要内容。新古典经济学的代表人物马歇尔提出了"外部效应"思想,以此为基础,庇古提出了以税收或补贴形式进行政府干预的思想等,都为政府管制问题的研究提供了重要的理论基础。进入20世纪,政府管制理论与实践得到进一步的发展。20世纪30年代,以美国为首的西方国家在经济大危机期间,对具有自然垄断特征的公用事业部门进行了政府管制。如罗斯福新政之前,电力、铁路等大型垄断公司为获得高额垄断利润,人为制定过高的垄断价格,损害了消费者福利,阻碍了经济发展。"新政"颁布法令,对交通运输和公用事业实行联邦管制,并成立了各种委员会,如铁路管理委员会、电力管理委员会等,来管制相应的自然垄断部门,特别是对运费、电价等实行联邦管制价格。正是在这种经济背景下,政府管制理论的研究得到进一步发展。

三、经济管制

经济管制是指对价格、市场进入和退出条件、特殊行业服务标准的控制。经济管制是针对商品的价格、商品的种类、加入或退出的条件或某个行业服务标准的控制。早期的政府管制理论主要是经济性管制,集中考察对某些特殊产业,主要是公用事业(如电力、自来水和管道运输业、交通运输业、通信业和金融业等)的价格和进入的控制上。施蒂格勒在《经济管制论》一文中列举了四种产业所谋求的政府管制手段:(1)政府对特定产业的税收优惠和直接货币补贴;(2)在容易进入的行业实行职业特许,例如律师等;(3)控制替代品和互补品的生产;(4)固定价格。

经济管制的主要原因是国家防范经济危机或应对战争的需要。一般来说,是对某一个特定行业、特定产业进行的一种纵向性管制。这些行业往往具有一些特点,如自然垄断性。像电信中的本地网络、电力中的配电和输送、铁路的轨道传输网络等,这些环节获得合法垄断,有合理意义和社会效应。如果它们的服务质量和价格不合理,很可能危及到购买并使用这些商品的人的利益,在这个时候,政府要在准入管制的同时进行价格管制。对这些产业的管制一般与两个因素有关:一是自然垄断;二是信息不对称。由于很大一部分行业的管制与自然垄断有关,因此,人们一般将经济性管制看作是对自然垄断行业的管制。此外,对运输、金融证券、电台电视台等媒体的管制也属于经济管制。

自然垄断往往属于反垄断法豁免领域，[①]虽然自然垄断有其存在的合法性和一定程度上的合理性，但是，并不是说自然垄断可以没有任何约束，特别是在自然垄断行业的价格层面，需要实施有效的监管。对自然垄断的管制就自然落到政府的头上。由于自然垄断行业涉及领域的广泛性和利益的多方面性，因此对自然垄断行业依法进行监管的具体政府部门就不可能单一化。从维护和保证自然垄断行业健康发展以及增进消费者福利所需要的资源角度来看，自然垄断行业的管理主体主要涉及反垄断主管机关、产业主管者，其他的有关政府职能部门如反不正当竞争机关、价格部门等则在各自的权限范围依法履行相应的管理职责，配合前面主要的自然垄断产业主管者做好对自然垄断行业的管理工作。

政府经济性管制的主要对象是自然垄断行业，因此，在讨论反垄断法与政府管制问题时，也主要立足于自然垄断现象。

由于自然垄断行业对日常生活具有举足轻重的影响，因此在较早时期，各国对自然垄断行业多采取国有化的办法并将其置于政府的严格管制之下。管制方式主要是进入管制和价格管制。由于政府管制措施的失灵以及技术发展等因素的作用，自20世纪70年代中期以来，西方国家开始了一场声势浩大的自然垄断产业改革，逐步趋于放松管制并适当的引进竞争。单一化的投资格局被打破，自然垄断行业经营呈现多元化格局。与此相适应，自然垄断行业管制方式也发生了巨大的变化。管制手段趋于多元化与更为科学化。

自然垄断行业历来是多事之秋的领域，如果没有健全法律监督制度对其加以监督管理，难以避免出现很多问题。对自然垄断行业的监督管理主要包括以下三个方面：

（1）法定的管理机关对自然垄断行业经营者的监管；

（2）社会对自然垄断行业经营者的监督；

（3）社会对法定管理机关的监督。

四、政府管制与市场机制

如何发挥政府对市场的监管作用与市场自我修正、完善的作用，其本质就是政府与市场的关系问题。政府管制发生的原因是存在市场失灵。涉及自然垄断、外部性和信息不对称，在这种情况下，政府对市场管制具有经济学上的合理性。因此，政府管制是源于公共利益出发而制定的规则，目的是防止和控制受管

---

① 关于自然垄断的豁免问题，将在本书的第十一章做专门介绍。

制的经营者对价格进行垄断或者对消费者滥用权力，并假定在这一过程中，政府可以代表公众对市场作出无成本的、有效的计算，使市场管制过程符合帕累托最优原则。

如何有效地发挥政府在市场活动中的作用，首先需要科学而严格界定政府的职能范围，政府权力的边界问题往往可归结为经济自由和市场秩序的关系问题。界定政府管制和发挥市场机制各自作用的领域，明确加强管制的重点和放松管制的重点。同时在政府管制实施的程序上需做到程序合法、决策科学、监督有效。政府管制决策不仅需要具有合理性和合法性，而且还需要遵循法定的程序、确保有效地公众参与和信息公开，实现决策的合法化、民主化和透明化。

在我国市场形成发展过程中政府的角色定位应是一个不断变化的过程，也即政府与市场关系在不同经济发展阶段调整的过程，实质是市场形成和发展过程中政府转型的过程。在转轨改革进程中，政府角色实际上是从承认市场、培育市场、开放市场，不断地实行角色转换。在市场经济体制框架基本形成后，政府需要及时地从市场培育角色向市场监管角色的转变，承担市场监管者的职能。通过政府监管者这只有形的手，实现以市场捍卫市场的目标。

在中国从计划经济转变为市场经济过程中，我们可以同时看到两方面问题：一方面缺乏经济自由，国家控制太多，民营经济只有极少的自由；另一方面，中国的市场秩序并不是很理想。这就需要从一个由行政权威控制的计划经济转变成一个自由交换的经济；需要从行政命令支配的经济，政府机关和党政官员的自由裁量权特别大的命令经济，转变为一个规则透明、公正执法的法治经济。

我国目前的管制实践中，既存在管制严重过度的问题，也存在管制严重不足的问题。因此，科学的界定政府和市场的各自作用空间就成为有效管制的前提。既不能人为地扩大管制范围，抑制市场的竞争活力，忽视私人诉讼的作用；也不能无视政府管制在解决市场失灵方面蕴藏的巨大优势，轻言放松管制，导致社会的无序。经济是配置稀缺资源的体系，光靠它自己不足以自行，需要其他方面制度的配合和支撑；否则，市场自由交换秩序得不到保证，就会出现混乱，权力的介入还会造成“丛林法则”支配市场，使整个经济变成一个寻租场。本来在市场经济条件下，如果交易主体自由而平等，且不存在外部性，不存在“信息不对称”现象，通过交易达成的价格，就能够有效地把资源配置到应该到的地方去。但是，交换是需要秩序的，是需要透明的规则和公正执法来保障的。

有学者认为，管制是竞争的剩余和替代，凡是能够展开竞争的领域都要放开竞争，只有在市场竞争不起作用的条件下，才可以考虑政府管制。但即便是所谓

“市场失灵”的领域，也不一定意味着管制的必然和必要，市场失灵是政府调节的必要条件而非充分条件，因为同样存在“管制失灵”问题，即管制得不偿失，管制成本大于收益。在某些情况下，管制失灵加剧了市场失灵，尤其是政府可能会以加剧市场缺陷而不是减轻这些缺陷的方式推动无效率结果的产生。国内外的管制实践显示，在政府管制过程中，政府管制机构并不是理想的公共利益政府，政府失灵是导致管制失灵的根本原因。

五、反垄断法与政府管制的互动

反垄断法与政府管制都作用于特定经济领域。反垄断法在规范市场垄断行为时也存在不这完善之处，如对某些行业不适用反垄断法，在具体反垄断审查时，反垄断执法机构享有强大的自由裁量权，反垄断法本身一些概念、定义的模糊性，都需要运用其他的政策措施来共同维护市场的有效竞争状态。但是，相比较之下，政府管制的弊端更为明显。这些弊端主要体现在：

(1) 管制的成本可能大于收益而增加社会成本；

(2) 管制可能因妨碍市场机制有效作用的发挥而降低资源配置的效率，束缚技术和商业创新；

(3) 管制可能因管制迟滞而对经济和社会发展造成消极影响；

(4) 可能因管制过程存在多方博弈的复杂性而导致管制结果背离管制目标；

(5) 管制可能因管制权力的专横而滋生腐败与寻租；

(6) 管制可能会导致过度扩大管制范围；

(7) 管制可能因权力集中、自我膨胀而阻碍了社会自主监管力量的形成。

正是因为反垄断法与政府管制之间存在着这些带有互补性的不足，就为反垄断法与政府管制的互动提供了逻辑上的可能性。政府与市场的关系不是一成不变的，政府管制与市场机制的相互替代是一个动态过程。所以，在政府管制中，对于政府管制的选择，不是用理想的政府去代替不完善的市场，也不是要用理想的市场去代替不完善的政府，而是要在不完善的现实政府和不完善的现实市场之间，建立一种有效的选择和协调机制，使人们能够根据资源优化配置的经济合理性原则和交易成本最小化原则，努力探寻政府与市场的均衡点。①

---

① 本部分内容主要依据唐要家：《反垄断与政府管制理论与政策研究新进展——“反垄断与政府管制：理论与政策”国际研讨会观点综述》，《中国工业经济》，2008年1月。

政府管制涉及的主要对象是自然垄断行业。虽然自然垄断行业的改革可以有多种路径选择，但是理想的自然垄断行业改革路径应当是：竞争模式和运营模式改革——产权模式改革和治理模式改革——价格模式改革和管制模式改革。我国自然垄断行业放松管制最主要的并不是放松价格管制与投资管制，而是要首先放松进入管制。只有放松进入管制才能有效遏制管制机构与在位国有企业的合谋，建立公平、公正、科学、高效的管制体系。放松进入管制要求重点改革行政审批制度，包括投资项目审批、许可认可制度、资格制度、标准检查制度等。

在重新管制阶段强调的是管制与竞争关系的相互依赖性，重新管制的目标是建立更有竞争力的环境，而不是替代竞争。西方国家在重新管制阶段所采取的措施有以下四个方面的主要内容。一是对残存的自然垄断领域实施激励性管制。二是对自然垄断与竞争的界面或在从自然垄断向充分竞争过渡过程中实现以保护有效竞争为目的的管制。三是在充分竞争实现后健全反垄断管制。四是在推行上述经济性管制的同时，完善社会性管制。西方国家的重新管制阶段远远谈不上政府管制改革的完善，只是做出了一些有意义的尝试，并取得了积极的进展。而伴随着政府管制理论研究的拓展，将进一步扩展政府管制研究的领域和深度。

从 20 世纪 90 年代初开始，西方国家在放松管制的许多领域中，由于过度放松管制，政府监管措施缺位，放松管制解决了市场运行中旧的问题和弊端，却导致出现了许多新的问题。在这一背景下，西方国家又都不同程度地开始了重新管制的改革。西方国家对于政府重新管制的改革不是一味地回到以前的老路上，而是对以前政府管制中存在的不足进行梳理，从一种新的思路出发，重新界定政府与市场的关系。特别是安然现象发生后，更加引发了西方国家对政府管制的合理性及有效性的反思。而安然现象的最重要的启示之一，正如克鲁格曼所指出的：就在于市场经济不能解决所有问题，国家行政部门至少应该保持对经济运作的监控能力。

政府管制的依据的法律体系的健全和法规内容的完善，使得管制合法，理应成为政府管制体制的目标模式的首要内容。作为有中国特色的社会主义市场经济体制，就决定了我国不可能照搬某一个市场经济国家的法律制度，而是要按照本国的原则和规律，制定和实施符合本国要求的法律规范。

政府管制不仅要通过建立法律体现现代国家的合法性基础，而且要通过政府管制的有效性发展现代国家的合法性基础。管制的合法性通过以下五个方面努力达成。第一，通过信息公开制度的建设，体现政府管制的公开性，维持政府管制的合法性能力。第二，通过行政程序制度的建设，彰显政府管制的公正性，努力推进政府管制的合法化。第三，通过公众参与机制的建设，展示政府管制的民主性，巩固政府管制合法化诚意。第四，通过成本一收益分析制度的建设，显示政府管制的合理性，提升政府管制的合法化能力。第五，通过司法审查制度的建设，表明政府管制的限度，推进政府管制合法化能力的发展。

第二编

反垄断法的实体规范

第五章　垄断协议

第一节　垄断协议概述

一、垄断协议的含义

垄断协议又称限制竞争协议，也称联合行为，在欧洲国家普遍的称谓是“卡特尔”，是指两个或两个以上市场主体（包括行业协会等经营者团体）以协议、决议或其他协同方式实施的排斥、限制或妨碍竞争的行为。

垄断协议在不同国家和地区的反垄断法中有不同的表述。美国《谢尔曼法》第1条使用了“合同”、“联合”和“共谋”三个术语表述垄断协议，德国《反对限制竞争法》将其称为“卡特尔”，日本《禁止垄断法》将其称为“不正当交易限制”，欧盟称其为垄断协议，我国台湾地区“公平交易法”将其称为“联合行为”。尽管各国对垄断协议有不同的表述，但可以看出，垄断协议的核心是共谋，不论其有无书面形式。因此，协议可以是书面的，也可以是口头的，同时还包括限制竞争的协调性行为，即当事人虽然没有明确地订立限制竞争的协议，但是他们出于限制竞争的目的，彼此心照不宣地协调其市场行为。

垄断协议可以分为横向垄断协议和纵向垄断协议。前者是指处于同一环节的两个或多个竞争者（如两个制造商、两个批发商、两个零售商）之间签订的限制竞争的协议，竞争者通过协议划分市场、竞争者之间达成统一的价格协定、联合拒购和拒销、联合排斥新的竞争对手进入市场、招投标中招标人和投标人串通投标；以合作型、合伙型联营的方式在竞争者之间进行业务的垄断合并。后者是从产业链角度，不同环节的经营者之间，如供应者和购买者（生产商与批发商、批发商与零售商）之间签订的垄断协议。例如，商品经营者与销售者之间关于限定转售价格的协议；原材料供应企业与生产企业就供应对象、生产商品的品种及地区达成协议；农工商、产供销一条龙协作协议等。

垄断协议一般具有如下特征：

(1) 垄断协议是具有竞争关系的诸经营者之间的联合行为。行为人主要是通过限制彼此间的竞争而共谋高额利润，故常常涉及多个经营主体，且各参加者自愿、主动，易于协调行动，对市场的影响往往速度较快，涉及面较广。这与单个经营者通过限制他人与之竞争而获取高额利润的情况有很大的不同。

(2) 市场优势地位是通过合谋而取得。从竞争发生作用的优势来源看，垄断协议是经营者通过合谋达成一致意见，以“联合”的力量占有市场，谋取强权地位，获得竞争优势。这与具有较强经济实力的经营者以垄断性经营或利用优势地位限制竞争的情况有着很大的区别。正常的经济垄断或优势地位应是经营者依靠自身的资金、技术力量和合理的经营策略，去参与公平的市场竞争，经历优胜劣汰的考验，在市场活动中逐步取得的。这种优势的形成本身恰恰是竞争机制发挥作用的结果。但在垄断协议中，参加联合的主体则未必是优秀的经营者，一些生产低效、管理落后、经营状况较差的经营者，也可能仅仅因为参加联合而获得高额利润。这从另一方面反映出垄断协议对公平竞争的破坏性。

(3) 垄断协议危害性强。垄断协议可存在于市场经济的各个阶段和各个方面，对竞争的破坏具有普遍性和持续性。其他一些制约竞争的因素，如垄断及市场优势地位滥用等，只是在经济发展到一定阶段，经营者经济力量的集中与增长达到一定程度时方可形成，因而对竞争的破坏也是有阶段性的。

(4) 垄断协议的形式多样性。限制竞争的方式是合同、协议、决议或者其他方式。限制竞争行为具有多元化的方式，包括合同、协议和其他方式。反垄断法同时使用“合同”和“协议”的意图是完全涵盖应当禁止的限制竞争的约定形式。除合同和协议之外，垄断协议还可以采取其他形式，如行业协会或者企业协会的决议。此外，行为人之间协调一致的共同行为也在反垄断法的规制范围内。垄断协议的核心是共谋，不论其有无书面形式。因此，除书面和口头形式之外，垄断协议还包括限制竞争的协调性行为，即当事人虽然没有明确地订立限制竞争的协议，但是出于限制竞争的目的，彼此心照不宣地协调其市场行为。

二、垄断协议的认定

对于垄断协议行为，各国也是要区分不同情况分别作出处理的。在美国，联邦最高法院在判例中发展出了“本身违法原则”和“合理原则”。

本身违法原则就是当然违法原则，是指某些竞争行为已被依法确定为违法，凡发生这些行为就认定其违法，而不再根据具体情况进行分析判断，也不接受当事人的任何抗辩。在美国的判例法上，属于典型的本身违法行为的有横向限制中的固定价格、限定产量、划分市场、联合抵制以及纵向限制中的维持转售价格等。

合理原则是指对某些行为是否在实质上构成限制竞争、并在法律上予以禁止不是一概而论，而需要对经营者的动机、行为方式及其后果加以考察后做出判断，并予以认定。合理原则在实践运用中可以从行为主体、主观方面、限制竞争行为以及行为后果等方面进行判断是否应受反垄断审查以及是否构成违反反垄断法。在适用合理原则方面，《欧共体条约》第 85 条第 1 款所禁止的是“与共同市场不相容的”、“可能影响成员国之间的贸易并具有阻碍、限制或者扭曲共同市场内的竞争目的或者效果的”行为，欧洲法院则一般要根据其市场占有率、市场地位、财务资源、商品范围、贸易量、进入壁垒、行为影响范围等因素进行衡量。

由于“本身违法原则”和“合理原则”不是有关法律条文中的明确规定，而是在执法、司法实践中总结出来的法律适用原则，因此它不必体现在反垄断立法的条款中，但值得将来在法律适用时借鉴。

(1) 垄断协议的主体。其主体主要是同一经营层次中的有竞争关系的企业，少数情况下也包括不同层次的经营者，如限制转售价格中的制造商、批发商和零售商。“经营者”包括开展生产、销售活动以及提供服务的各种经济实体，如合伙企业、合作组织、社团、有限责任公司、股份公司等等。日本和我国台湾地区称为“事业者”，其外延基本相同。但是对于代理商、子公司与被代理人、母公司之间的协议是否构成限制竞争行为，在不同国家和地区的法律规定中需要根据具体情况分析。欧共体竞争法认为母子公司构成一个经济实体，两者间的限制价格等协议不能认为是“垄断协议”。我国台湾地区有学者认为关系企业或者关系企业的分、子企业“仍不失其企业的地位”，所以关系企业与分、子企业之间的联合行为受公平交易法的规制。

(2) 主体之间具有共同的限制竞争目的。主体之间具有限制竞争的“合意”是认定限制竞争行为的主观要件。协议各方当事人是否为了一个共同的利益或者意图而签订协议，参与企业有无主观上共谋的意图，是区分垄断协议与其他类似但不违法的相互联系行为的关键。当事人订有的书面协议，或者明示的口头约定是直接的证明，但是实践中参与垄断协议常常故意隐瞒限制竞争的证据，因此有必要引用其他情境证据加以证实。

(3) 客观上实施了限制竞争行为。经营者之间不管有没有以书面形式订立协议或口头的非正式协议，只要通过协调行为共谋，采取了限制竞争的实际行动，就属于法律所规制的内容。更有学者明确提出，没有一致行动的证明，基于所有情境证据而提起诉讼的案件均不能成立。有些国家的立法中，团体决定也被视为垄断协议的一种。团体决定是由同行业的企业组成的联合组织或企业协会共同做出的旨在限制竞争的决议、决定或反映成员企业共同意志的其他形式的行动规则。团体决定采用了由团体决策的紧密形式，而非多个企业签订协议的形式，但实际上起到了协议的效果，因此也是“协议”的一种。

(4) 导致了市场上限制竞争后果。这里是指经营者之间的协议安排对于限制竞争、影响生产和销售及服务、贸易的市场条件存在某种关联性。对这种关联性的理解，各国法院的审判实践中并不统一，有注重协议的具体内容，有注重协议的共同目的，但更多的是注重协议实施的后果。对后果的认定，多数国家认为对市场的影响不一定要实际发生，只要能证明对市场的影响在一定程度上有发生的可能性及这种影响的严重性，有关当局就足以推断这种影响的存在。不管经营者订立协议为了限制竞争的共同目的是否从一开始就十分明确，如果该协议的订立对同一行业商品的产销市场关系产生了实质的限制竞争影响，此协议即可被认定为垄断协议。

三、垄断协议的经济影响

垄断协议作为市场经济活动中一种极为普遍的现象，以其特有的方式从正反两方面对经济生活发生作用。

1. 垄断协议的危害

垄断协议的危害是极为严重的，而且其损害对象具有多元性。其具体表现为：

(1) 直接妨碍市场竞争机制应有功能的充分发挥。市场竞争机制的一个重要功能就是准确地反映市场供求关系，优化资源配置，引导经营者正确决策。但垄断协议以协议、合同等方式对市场上不同经营者商品的价格、产量、销量等进行人为的限制，使其无法准确反映市场供求关系，导致市场的优胜劣汰、刺激生产等诸方面调控功能丧失，影响产业调整与资源配置。垄断协议还妨碍了经营者之间基于商品价格、质量、数量、服务标准等方面的自由、充分、公平的竞争，抑制了企业的经营活力，对正常的市场竞争秩序造成破坏。

(2) 垄断协议严重损害其他经营者的合法权益。一方面，垄断协议可使已进入市场的非“联合”者的经营活动严重受挫，或使其业务的发展受到直接或间接的威胁。另一方面，联合行为还可排挤小企业的建立与发展，限制“联合”成员以外的竞争者进入市场，使其丧失参与公平竞争的机会。

(3) 垄断协议使消费者的利益遭受损害。这不仅表现为经营者联合一致的高价会使消费者不得不承受不合理的经济负担，而且还表现在联合者对商品数量的限制及销售区域的划分等，人为地扭曲市场供求关系、传递错误市场信息，使不紧俏的商品变得紧俏，误导消费者，使其丧失对商品自由充分的选择权。

2. 垄断协议的正面影响

有些垄断协议本身虽然在一定程度上限制了市场竞争，但对于避免市场的过度竞争，减少资源浪费，促进社会整体经济发展和社会公共利益具有一定的积极作用，相比较而言利大于弊。因为这些限制竞争有利于降低企业的生产成本，改善商品质量，提高企业的生产率，它们一般被视为合理的限制，可以得到反垄断法的豁免。这些协议包括：

(1) 统一商品规格或者型号的协议；

(2) 适用统一的生产、交货以及支付条件的协议；

(3) 中小企业间的合作协议；

(4) 统一出口价格的协议；

(5) 经营者为降低生产成本，提高生产质量，增加经济效益而共同研究开发商品、开拓市场的协议；

(6) 企业为提高技术标准，促进生产经营，而联合进行专业化协作生产的一致行动；

(7) 在经济特别困难时期，商品的市场价格低于平均生产成本，导致该行业的企业难以继续维持或生产过剩，为了有计划适应需求而对产量、销量、设备或价格进行统一协调等。

因此，在建立和完善市场经济体制过程中，对垄断协议应当辩证地看待，既要看到其对市场机制可能产生的破坏作用，也要看到有些垄断协议对社会整体经济发展和社会公共利益的积极作用，在原则上予以否定的情况下，允许某些垄断协议发生作用。究竟对垄断协议应如何区分其合理与否，怎样把握合法与违法的原则界限，是一个有待进一步探讨的重要问题，这也将是我国反垄断执法中的难点之一。

第二节 横向垄断协议

一、横向垄断协议概述

横向垄断协议是指生产相同商品或者提供相同服务的竞争者之间为了减少或者消除相互之间的竞争而订立的协议。人们将这种横向限制竞争的协议称为“卡特尔”。

因为卡特尔是竞争者之间的垄断协议,对市场竞争的危害很大,世界各国反垄断法的首要任务就是反对卡特尔。

(1) 美国《谢尔曼法》第 1 条即规定:“任何契约,以托拉斯形式或其他形式的联合、共谋,用来限制州际间与外国之间的贸易或商业,是非法的。任何人签订上述契约或从事上述联合或共谋,是严重犯罪。”

(2) 德国《反对限制竞争法》第 1 条规定:“处于竞争关系中的企业之间达成的协议、企业联合组织作出的决议以及联合一致的行为,如以阻碍、限制或扭曲竞争为目的或使竞争受到阻碍、限制或扭曲,则是禁止的。”

(3) 日本《禁止私人垄断及确保公正交易法》第 2 条第 5、6 款首先界定私人垄断和不正当交易限制,即“本法所称‘私人垄断’,是指事业者无论是单独地还是采取与其他事业者相结合、或合谋等其他任何方式,排除或者支配其他事业者从事事业活动,从而违反公共利益,实质性地限制一定领域内竞争的行为。”“本法所称‘不正当交易限制,’是指事业者以契约、协议或其他名义,与其他事业者共同决定、维持、或者提高交易价格,对数量、技术、商品、设备或者交易对象等加以限制,相互间约束或完成其事业活动,从而违反公共利益,对一定交易领域内的竞争构成实质性的限制。”同时,该法第 3 条规定:“事业者不得进行私人垄断或不正当交易限制。”

(4) 欧盟在《建立欧洲经济共同体条约》即《罗马条约》的第 81 条第 1 款中规定:“凡可能影响成员国间贸易,并以阻碍、限制或扭曲共同体内竞争为目的或有此效果的企业间协议、企业协会的决议、一致行动,均被视为与共同体市场不相容而被禁止,尤其是下列行为:

其一,直接或间接地固定购买、销售价格,或其他交易条件;

其二,限制或控制生产、销售、技术进步和投资;

其三，划分市场或供应来源；

其四，对同等交易的其他贸易伙伴适用不同的条件，从而使其处于不利的竞争地位；

其五，使合同的缔结取决于贸易伙伴对额外义务的接受，而无论是依其性质或按照商业惯例，该项额外义务均与合同标的无关。”

(5) 我国台湾地区“公平交易法”第7条对联合行为做出了下列界定：“本法所称联合行为，谓事业以契约、协议或其他方式之合意，与有竞争关系之他事业共同决定商品或服务之价格，或限制数量、技术、商品、设备、交易对象、交易地区等，相互约束事业活动之行为而言。”

从上述各国或地区的反垄断立法例可以看出，横向垄断协议主要包括固定价格协议、限制产量协议、划分商品市场协议等。

二、横向垄断协议的类型

1. 固定价格协议

固定价格协议又称“价格协议”或“价格卡特尔”，是指具有竞争关系的两个或两个以上的市场主体以协议、决议或协同行为，维持或改变价格的行为。固定价格的主要动机是避免价格竞争，达到控制市场以获得高额利润。固定价格多发生在市场上卖主数量较少、需求比较稳定、竞争经营者之间商品成本价格大体相同、商品比较单一等条件下。一般来说，协议各方所选择的价格总是尽可能趋高避低，但这种高价也有一定的限度，过高地固定价格所带来的高额利润会吸引新的竞争者加入到这个市场中来。

固定价格协议可以分为横向固定价格和纵向固定价格。

(1) 横向固定价格。这是指处于商品生产流通过程中相同环节的经营者就确定商品价格所达成的协议。横向固定价格可以是多种形式的，它既可以是共同确定商品的具体价格，也可以是规定一个最低限价，还可以是规定一种计算商品的价格公式。

(2) 纵向固定价格。这是指分处生产、销售不同层次经营者，通过各种形式的价格协议限制竞争行为。纵向固定价格大多表现为“上游”企业(生产厂家)与“下游”企业(经销商)之间限制其转卖价格的协议。经济合作与发展组织将其界定为“制造商或者供应商有关商品的转售的特定类型的行为”。所以，纵向固定价格理论上又称为维持转售价格协议。

固定价格是对竞争危害最严重的一种联合行为。价格竞争作为市场竞争的最基本方式，在市场竞争机制中处于核心地位。正如美国最高法院认为，在市场中价格如此密切地接近竞争的心脏，竞争者之间束缚其定价自由的协议，“对经济中枢系统产生了现实的或者潜在的威胁”，①所以固定价格往往是各国反垄断法首先予以禁止的。因为在市场经济中，价格是经营者之间和经营者与消费者之间互通信息的工具，是调节社会生产与需求的最重要的机制。一旦商品的价格被固定下来，价格传递供求信息的功能和调节生产的作用就丧失殆尽，当合理的价格竞争无法正常进行时，势必导致劣质的企业不能被淘汰，优质的企业得不到较好的经济利益，优胜劣汰无从体现，从而造成错误的资源分配，危害市场经济的健康发展。消除或者限制价格竞争，因此也被各国的反垄断法列为最严重的垄断行为。任何形式的固定价格行为也被视为“本身违法”，而不需要做任何的竞争效果的分析。

在我国，从反垄断法制度层面上最早提及“价格垄断行为”是1987年国务院发布的《加强生产资料价格管理制止乱涨价乱收费的若干规定》。该规定指出：不论是实行最高限价、浮动价格或市场调节价格的商品，企业之间都不得串通商定垄断价格。1993年的《反不正当竞争法》又进一步规定了几种具体的价格垄断行为，如低于成本价倾销、串通招投标，但也没有对价格垄断下定义。我国的《价格法》第14条专门规定了各种不正当价格行为。

2003年，我国国家发展和改革委员会制定颁发的《关于制止价格垄断行为暂行规定》将价格垄断行为定义为：“市场优势地位滥用，操纵市场调节价，扰乱正常的生产经营秩序，损害其他经营者或者消费者合法权益，或者危害社会公共利益的行为。”同时，将招标投标中的操纵价格行为，凭借市场优势地位牟取暴利、低于成本价倾销商品、对条件相同的交易对象实施差别待遇等五种行为列举为价格垄断行为。我国反垄断法虽然禁止价格垄断协议，但是，如何认定价格垄断协议行为并没有做出明确规定。

鉴于大量的固定价格是以行业协会制定的价格自律形式出现的，我国《反垄断法》第16条中明确规定“行业协会”也可以作为固定价格的行为主体。

2. 限制商品数量

限制商品数量是指竞争者之间以签订有关商品生产或销售数量协议的方式间接控制商品价格、规避相互间竞争的行为。

---

① United States V. Socony-Vacuum Oil Co., 310 U.S. 150[1940]，转引自孔祥俊：《反垄断法原理》，第406页。

供货量与价格之间客观上存在一种反比例关系，当一定市场对某种商品需求量确定之后，商品在市场上的投放量，即商品的市场饱和度就成了决定价格的主要因素。联合行为人总是最大限度地控制商品供应量，以取得稳定的高价。

限制商品数量作为间接控制市场价格的重要手段，往往与固定价格行为紧密联系在一起，因为在不限制生产、销售数量的情况下，参加固定价格协议的成员会因单位商品价格上涨而扩大生产或销售规模，其结果是随着生产供给的增加，固定价格协议所确定的高价便难以维持。因此，经营者在联合固定价格时，常常同时限制商品的数量。

3. 划定市场范围

划定市场范围，又称分割市场，是指两个或两个以上的销售者为避免竞争而达成协议，划分彼此销售的区域、顾客及商品的行为，包括分割地域市场、商品市场、消费者市场等。当多个竞争者划分其间的地理区域，以分配市场、避免竞争时，就产生了划分地域的问题。当多个竞争者划分其间的顾客，以分配市场、避免竞争时，就产生了划分顾客的问题。划分商品常常发生在生产经营同类且可以相互替代的商品的竞争者之间。

分割市场行为限制了经营者之间的正常竞争，使效益好的经营者不能扩大生产规模，效益差的经营者因为市场得到保护而不能被淘汰，严重影响市场调节功能的发挥。同时，市场分割往往造成商品的单调和价格的不合理，减少消费者的市场选择机会，损害消费者的合法利益。

4. 串通投标行为

串通投标是指在招标投标活动中，投标者之间恶意串通，或投标人与招标人相互勾结，以不正当手段排挤、限制竞争，危害其他经营者的合法利益的行为。它主要有以下两种表现形式：

(1) 投标者之间串通投标，以抬高或压低标价为手段从事不正当竞争。投标人确定标价应以招标者提出的工作量表为计算标价成本的基础，并考虑中标率、投标企业未来效益、竞争人数和竞争者投标条件等因素，在投标总预算成本中加入适当百分比的利润而形成。但有些投标者为谋取高额利润恶意串通，哄抬标价，迫使招标者不得不在不合理的高价中进行选择。由于招标者付出过高的代价，增加了成本，就可能使其在经营活动中受挫，并导致其在与其他竞争者的竞争中失去优势。如果投标者互相串通，故意不合理地压低标价，则可能造成对其他竞争者利益的损害。这种在“合谋”基础上形成的不合理低价，会使竞争对手的正常报价显得过高，导致其在评标中不能入围，阻止其进入该经营领域。

经营者之间的这种串通投标行为，常常使其相互间的竞争活力荡然无存。

（2）投标者与招标者相互勾结，破坏公平竞争。如有的招标者出于地方或者部门利益，与有特殊关系的投标者事前协议或事中串通，暗中密谋确定中标人，对外部门、外地区的投标者采取歧视政策或借故阻碍其参与竞标。还有的投标者采用贿赂手段，买通招标者搞私下交易，非法获取标底或其他保密信息，以达中标之目的。这种行为严重违背了招标、投标的公开性和公平性原则，违背了择优评标和鼓励竞争的宗旨，破坏了市场竞争秩序。

三、横向垄断协议的反垄断审查

如何对横向垄断协议实施反垄断审查，在我国反垄断执法领域仍鲜有经验。为此，我们以美国对价格卡特尔行为进行的反垄断审查为例展开讨论。

美国《谢尔曼法》第 1 条针对的是限制贸易的"合同"、"联合"、"共谋"。根据这一规定，反垄断审查固定价格行为时，必须要证明在两个或两个以上的经营者之间存在着固定价格的协议。在判明是否存在这类协议时，法院完全依赖于普通法上的合同公式，如"意思一致"或"相互同意"。[①]美国对固定价格的反垄断审查是建立在两个基础之上的：一是《谢尔曼法》第 1 条的规定；二是对经营者垄断的具体行为对经济生活产生的影响，即从经济学原理入手，通过对经营者实施的垄断性行为的评判，决定是否实施反垄断措施。

但是美国最高法院在 Interstate Circuit 一案中依据环境证据确认"要构成非法的共谋，并不是必须有正式的协议。……可以根据交易过程或其他环境，或者根据语言的交流，来证明发生了《谢尔曼法》所要求的'联合'或'共谋'。如果环境足以使陪审团认定共谋者们有从事某个非法安排的统一的意图，或共同的设计与理解，或者在某个非法安排上存在着意思一致，则认定共谋存在就是合理的。"[②]

固定价格的协议往往是很难发现的，因为这类合同是非法的。经营者会千方百计保存其合法协议的证据，也会同样千方百计地消除其非法协议的痕迹。虽然在美国的反垄断审查中会运用市场通常价格水平，或者市场的结构因素来作为判定卡特尔行为是否存在。但是，这样的依据并不是完美的。因此，在政策导向上，一般认为无论是市场结构还是价格，如果在需求波动时保持稳定，则很

---

① 赫伯特·霍温坎普：《联邦反托拉斯政策——竞争法律及其实践》，许光耀等译，第 170 页。

② 同上书，第 191 页。

能说明该市场的运行状况并不是竞争性的。在竞争性的市场上，各经营者的市场相对地位为经常变化。最有效率的经营者，其市场份额会增加，最没有效率的则份额会下降。需求下降时，价格一般会下降，因为经营者想清除库存，减少损失。但是发生了卡特尔的市场上，这些变化的发生会慢得多。市场需求下降时，垄断利润最大化的价格也会下降，但是不会（与市场需求）同样快地下降。此外，如果卡特尔成员决定不降价，则卡特尔价格可以根本不下降。①

在美国，固定价格往往是通过卡特尔实现的，包括卖方卡特尔与买方卡特尔。卡特尔是相互具有竞争关系的经营者之间，将它们的产出减少到约定的水平，或按约定的价格来销售商品的协议。通过一致的行动，这些参与经营者可以像垄断者那样获取垄断利润。固定价格如果只是限制产出或提高价格，而没有伴有组织生产和销售的协议，则被称为"赤裸裸的"。"赤裸裸的"固定价格不仅本身违法，而且可以诉诸刑事诉讼。

固定价格并不限于确定一个具体的价格数额。在反托拉斯法上，固定价格的含义是指"对进行买或卖的范围协商一致，将支付或者收取的价格确定在特定的水平或者上下的幅度，确定统一的价格，或者通过多种公式化确定价格。这些之所以是固定价格，是因为它们是协议确定的。"②与单个经营者的行为相比，竞争者之间的共同行为更受到严格的反托拉斯审查，规则也更严。而竞争者之间之所以倾向于卡特尔，是因为卡特尔更容易形成，几乎可以在一夜之间成立。

在现代市场条件下，如果是单个经营者要获得垄断利润则是非常困难的。当然，经营者之间形成的卡特尔也存在分裂、出卖、成员间相互欺骗等风险。因为卡特尔虽然在整体上可能是有利可图的，但是，各个成员之间的利益往往差异很大。所以，要维持卡特尔需要巨大的成本。完善的卡特尔最好是成员较少，而又能够拥有相关市场100%的份额。所有的成员规模都一样，效率也相同，生产的商品完全相同。如果成员占有100%的份额，则卡特尔最有能力通过减少产出来提高价格。如果所有成员规模都一样，效率也相同，生产的商品完全相同，则其利润最大化价格是一样的，因而就很容易达成卡特尔协议，且为维护卡特尔所需要的成本也可以平均分摊。但是，现实生活中这类卡特尔并不多。相互竞争的经营者之间，其商品、经营规模等往往有差异，而且这种差异是非常大的。

---

① 一般只是在发生大量的欺骗行为或背叛时，卡特尔才会降价，这是市场整体在恶化的确凿信号。赫伯特·霍温坎普：《联邦反托拉斯政策——竞争法律及其实践》，许光耀等译，第193页。

② United States V. Socony-Vacuum Oil Co.，310 U.S. 150[1940]，转引自孔祥俊：《反垄断法原理》，第408页。

卡特尔面临的最大问题是成员之间的欺骗行为。即各个成员都有低价销售自己商品的动机，只要其边际收入大于边际成本。卡特尔成员的欺骗手段可以是多种多样的，如秘密返点、订立互惠协议、增加服务内容等。实际上，固定价格协议所产生的效果，往往只不过是改变了卡特尔成员之间的竞争性质。成立卡特尔前，它们之间进行价格竞争；成立卡特尔之后，它们的竞争方式是增加越来越多的服务，直到边际成本上升到卡特尔价格。卡特尔成员最后的回报无非是竞争性回报。

卡特尔常常会采取各种精巧的措施来禁止欺骗行为。卡特尔欺骗是非法的，所以卡特尔成员不可能将欺骗者送上法庭。它们必须设计出方法来对欺骗者进行惩罚。这种惩罚的目的必须是使欺骗者无利可图，而又不会被外界注意到卡特尔的存在。当然，只有当惩罚造成的预期代价超过欺骗的价值时，惩罚才能有效。为此，有些卡特尔采取了复杂的簿记、报告或会计手段，从而使每个成员都可以查阅其他成员的价格和产出。多数卡特尔还尝试采用其他检查方法，如约定大家只能采用标准的商品，把供应这种商品的服务也予以统一；同意销毁所有的瑕疵品，以免对其进行打折销售；公开所有价格；或者有时纵向进入零售领域，从而使商品的终端销售都是小量而且公开的。

有时卡特尔采用其他方法代替简单的固定价格，则可以减少欺骗行为。如有些行业通过签订限制产出协议，决定每个成员应当生产多少、销售多少，价格高低则由市场来决定。

由于卡特尔的上述这些特点，引申出《谢尔曼法》的规定存在着一定的缺陷。因为在某些情形下，如在相对集中的寡头市场上，经营者之间可以不经明示地交流而将价格提高到竞争水平的以上，因而不需要当事人之间的“意思一致”、“相互同意”。在现实中是否普遍存在着寡头垄断，其范围有多大，人们的意见并不一致。但是，确实存在着寡头垄断，而且也同样具有社会危害性，在这一点上的认识是一致的。寡头垄断策略往往比卡特尔策略更为稳定，欺骗的动机更小。一般来说，只有在卡特尔最不稳定的地方才需要协议；而稳定性比较好的卡特尔则不需要协议。但是，《谢尔曼法》第1条适用于存在“合同”或者其他明示的交流。反托拉斯执法机构为了证明存在“合同”、“协议”必将投入大量的资源。

当然，寡头垄断也存在着合作性的和非合作性的。合作性的寡头垄断是指使参与垄断者能够达到与利润最大化的垄断者同等的价格水平和产出水平的垄断行为。当参与者相信合作能够带来的回报高于非合作的行为时，就会采用合作性的寡头垄断。非合作性的寡头垄断是一种动态的博弈过程。①非合作性的垄断最容易出现在这样的市场环境下：不能采用明示的合同，或者被发现、惩处的风险很大，但秘密的、歧视降价也不可能，也就是说价格必须向每个人公开。在这种情况下，经营者利润最大化的对策可能就是经营者根据其所处的境况，按边际收入等于边际成本来确定自己的产出。

另外，买方也可以组成卡特尔(买方固定价格)，从而将购买量减少到竞争性水平以下，可以压低价格。②买方卡特尔与卖方卡特尔所引起的社会损失相同，其法律后果上也是相同的。但是，法院对买方卡特尔并不总是像对卖方卡特尔那样敌视。在现实生活中，买方卡特尔往往是有效率的，因为这可以减少交易成本，并使小购买商们可以获得只有大购买商才能获得的有利条件。在美国，善意的联合购买是反托拉斯所支持的。③即使买方之间成立了"赤裸裸"的卡特尔，即并没有真的联合购买，但也会降低成本。有些法院已经表示自己不愿意把反托拉斯法用来对付"降低价格"。

第三节　纵向垄断协议

一、纵向垄断协议概述

纵向垄断协议是指经营者与交易相对人之间达成的垄断协议。竞争主体在其自身力量尚不足以控制市场时，往往采用横向垄断协议，将各方力量联合起来，消除彼此的竞争，并限制他人的竞争。而在纵向垄断协议中，当事人双方往往是处于不同再生产环节，而不是属于同一个环节。纵向垄断协议的特点是协议双方的给付具有互补性，即一方提供商品，另一个支付价格，协议内容除了关于商品、价格和数量等规定外，通常还包括买方对卖方或者卖方对买方的限制。因而，纵向协议一般不会导致两者市场力量的增强。而且，在纵向协议中，由于双方处于再生产的不同环节，因此当销售价格不变的情况下，利润是在协议双方之间进行分配，如果一方的商品是另一方的投入物，一方提高价格对另一方就会

---

① 非合作性寡头垄断的最重要的模型是古诺模型。详细分析，请参见赫伯特·霍温坎普：《联邦反托拉斯政策——竞争法律及其实践》，第171页。

② 我国日前出现的网络团购，带有类似的特性。

③ 赫伯特·霍温坎普：《联邦反托拉斯政策——竞争法律及其实践》，第169页。

造成损害。生产商提高了价格，就会使销售商付出更高的成本，从而使其在下游市场缺乏竞争力。从另一个角度看，如果生产商按一定价格将商品供应给销售商后，不希望销售商在下游市场上提高价格，因为这种行为将减少该种商品的销售量，会损害生产商的利益，对于销售商来讲，虽然也会因销售量的减少而减少利润，但由于其提高了销售价格，它的总利润不但不会因此而减少，反而可能会增加。而生产商对这笔利润是分享不到的。因此，在纵向关系中，协议书一方有时会力图限制另一方滥用市场力量。纵向协议的主要类型有：排他性销售协议、排他性购买、歧视性价格折扣、转售价格限制、转售中其他限制，等等。

目前，关于纵向垄断协议的竞争效果主要有两种观点。一是以美国芝加哥学派为代表。他们认为，纵向垄断协议因为不是竞争者之间的协议，其目的不是为了共同限制生产数量或者抬高商品价格，相反，协议当事人的共同利益在于提高产出，这种协议普遍能够起到增大社会财富的作用。另一种是以微观经济分析学派为代表。他们认为，对纵向限制竞争应当谨慎评价，即既不能说它们一概具有推动竞争的作用，也不能说它们一概是反竞争的，重要的问题是评价纵向限制对市场结构的影响。如果一个纵向垄断协议的双方当事人均处于有效竞争的市场上，这个限制一般不会严重影响市场竞争；一个纵向限制如果发生在几乎没有竞争的市场上，这个纵向限制非常可能起到严重损害竞争的后果。

从整体上看，微观经济分析学派的观点在各国反垄断法中占主导地位，即便是美国司法部以及美国法院，也不是对纵向垄断协议一概持肯定的态度。德国反对限制竞争法和欧共体竞争法对纵向垄断协议也是采取微观经济分析的方法。对纵向垄断协议，从积极方面的评价至少有如下几方面的作用：

(1) 推动企业进入市场；

(2) 减少“搭便车”；

(3) 遏制价格飞涨；

(4) 改善售后服务；

(5) 弥补资本市场的缺陷；

(6) 有利于实现销售中的规模经济；

(7) 有利于维护商品的统一性及质量的标准化。

纵向垄断协议也存在着可能影响市场有效竞争的消极作用，主要包括：

(1) 增加进入市场障碍；

(2) 减弱在同一市场上经营的企业品牌间竞争，包括助长供应商与购买商之间的通谋；

(3) 减弱同一品牌的销售商之间的品牌内部竞争；

(4) 分割市场的效果。

欧共体将可能造成损害竞争的纵向协议分为以下四种情形：

(1) 单一品牌类，是指供应商要求购买商只能或主要从自己这里购买其对某种商品的需要，而不得从供应商的竞争者那里购买；

(2) 限制性销售类，是指生产商只对一个销售商，或有限数量的销售商销售自己的商品；

(3) 维持转售价格类，是指要求或诱使购买商采用供应商所确定的价格水平，来对供应商的商品进行转售；

(4) 市场分割类，是指对销售商的供应来源，或其转售的市场方向进行限制。

二、纵向垄断协议的主要类型

1. 排他性销售协议

排他性销售协议，即当事人约定，在一定地域范围内，一方当事人只通过另一方当事人销售合同商品，而不通过其他人销售的协议。排他性销售协议对市场的影响，同样存在着积极与消极两种情形。

排他性销售对竞争产生的危害，主要是减损品牌内竞争和形成市场分割，这又特别会助长价格歧视。采用排他性销售协议会减少销售商的数量。因为根据这种限制，供应商在每个地区只能选择一家销售商。同时，禁止各销售商跨越其专属地域进行主动销售，因而会减少消费者的选择余地。在反垄断执法中，是否要对某一排他性销售协议实施反垄断措施，一般应该考虑如下一些因素：

(1) 协议所涉及的商品性质，以及供应数量是有限还是无限的；

(2) 生产商与销售商在相关市场上的重要性；

(3) 协议书是孤立的还是与其他同类协议构成一个协议网络，且该协议网络至少要覆盖一个成员国的重大领域或地区；

(4) 协议提供的地方保护的程度，尤其是协议的目的是否在于绝对的地方保护，以及第三人能否向该地域平行进口。

2. 排他性购买协议

排他性购买协议，即销售商同意，其对某种商品的全部需求，只从特定生产商、供应商那里购买的协议。采用排他性购买协议，要求购买商只能从生产商那里直接购买商品，而不能通过该商品的其他销售商购买，因而各销售商的供应渠道是唯一的，这就进一步消除了排他性销售商的选择余地。

早期反垄断分析时，并不将排他性销售协议与排他性购买协议分别讨论，或者说两种协议是紧密联系的。在排他性销售协议中，销售商常向其生产商保证不销售或生产竞争性商品，这也就意味着，它只能从生产商购买全部所需，从而也有排他购买的性质。排他性有特定的地域范围，在该范围内，该销售商是协议约定商品的唯一出售者。而在真正的排他性购买协议中，对销售商的地域范围不作限制，在一定地域内可以有若干个销售商，它们均从同一生产商处购买商品，它们彼此间可以相互竞争。当然，为使每一个销售商均有合理的销售量，从而鼓励其积极性，生产商会注意控制各个销售商的数量。

排他性购买协议对双方都会带来好处。从生产商角度看，由于这样的协议能较准确地预见合同期间对其商品的需求量；销售商则在合理的期间内可以得到优惠的价格及折扣，在商品短缺时优先得到供应，还有可能得到技术和资金上的帮助。特别是，接受排他性购买协议常是得到优惠贷款的首要条件。

3. 选择性销售协议

选择性销售协议是指生产商对其商品的销售规定一定的条件，只对达到条件的销售商提供商品，而这些经批准的销售商只能直接向消费者销售，或向其他同样入围的销售商转售合同商品，而不得向这个范围以外的经营者转售的协议。选择性销售协议与开放的或排他性的销售协议都不同。开放的销售协议，生产商的商品可以向任何销售商供应，对销售商没有任何限制。排他的销售协议对销售商有限制，在约定地域内，只能任命一个销售商，这种限制是以地域为基础的，没有其他方面的限制。

选择性销售协议的实质在于，生产商将其商品的销售者限制于符合一定标准，并因此被允许加入该体系的批发商、零售商，既能保障服务质量，也能够限制销售商的数量。不符合条件的，未能成为这一体系的成员的销售商，不能得到该商品的供应。这些设定的条件必须是客观的，如要求销售商具有一定的技术专长，拥有合适的经营场所，聘任了适当的工作人员，其财务状况比较稳定等；而且这些标准一般只能是定性的，而不能直接进行数量限制。

4. 转售价格限制

转售价格限制有三种情形：建议转售价格、最低转售价格和最高转售价格。建议转售价格如果仅仅是建议，而无约束力，则不构成转售价格维持。最高转售价格则对于消费者有利，而且经营者一般不会利用这种方式来取得竞争优势，因而一般不会对竞争产生限制作用。最低转售价格则可以导致商品的高价，从而产生反竞争效果。

具体分析转售价格限制的竞争效果，可以分为以下两种情况进行考察：

其一，建议转售价格和最高转售价格会导致固定价格。在供应商之间都有互通信息的效果，从而更便于供应商之间进行共谋。供应商虽然提出的是价格建议，但购买商以此为基准确定自己的转售价格，实际上被大家所遵循，便会在实际上产生固定价格的效果。

其二，最低转售价格会推动商品的高价。因为存在价格约束的情况下，同一品牌的销售商就不能开展价格竞争，这自然不利于消费者。这种纵向价格约束实际上是在销售商之间建立起一个价格卡特尔。在市场上没有替代品的情况下，这个价格就是一种垄断高价。如果这个商品市场是一个寡头垄断市场，品牌之间不存在实质性的竞争，这个维护最低转售价格的协议仍然可以导致商品的高价。如果这个商品市场是一个竞争性的市场，这个纵向价格约束便不可能维持下去。这说明，维护最低转售价格的协议一般出现在垄断性的市场上，目的是维护生产商和销售商的高额垄断利润。因此，维护最低转售价格的协议对市场竞争有着严重的不利后果。

5. 特许协议

特许协议是独立的经营者之间，一方许可另一方使用自己所拥有的商号、企业形象、厂商标记、专有技术和其他知识产权等，提供技术上以及经营上的帮助，并就其特许行为收取特许权使用费的协议。特许人不仅就商品或服务提供特许，而且对被特许人的经营方式进行严密控制，提供标准化的、详细具体的促销机制，要求被特许人必须采取这一经营模式，从而使其与自己的经营方式相结合。特许协议包括销售特许协议、服务特许协议和生产特许协议。

特许协议对销售商、生产商和消费者来说，都有一定的积极作用。如对销售商可以利用特许人具有的经济力量以及商业信誉、知识产权等，能够立即建立起自己的销售渠道和信誉，加入激烈的竞争；对生产商则可以较少的投入，扩大自己的销售市场份额；对消费者则通过销售渠道的增加而接受更为方便的服务和更低的价格。但是，特许协议必然要包含限制竞争的条款，如地域限制，经营场所，以及对最终消费进行限制。当协议中出现排他购买义务，要求被许可人只在固定场所销售等限制时，就涉及反垄断审查。

三、纵向垄断协议的反垄断审查

纵向垄断协议是否产生反竞争的效果，需要做进一步的讨论。一般而言无论是纵向竞争的经营者还是纵向关联的经营者，其交易都是追求使其共同福利最大化。由于维持或者产生纵向垄断的安排一般比竞争性的结果安排更有利可图，因此，纵向垄断协议的结果必须是共同最大化的结果。如果两个经营者都是在竞争性市场上进行经营的，则几乎总是会发生这种结果；而如果两个经营者都属于垄断或者寡头垄断，则可能不会是这种结果。

在多数情况下，纵向垄断协议能够增加经营者的利润，也往往会有利于消费者。但是，有时候纵向垄断协议对消费者的好处不再看得清楚，而有此纵向垄断协议则是反竞争的。对一个纵向垄断协议只有在市场上造成显著的排斥，而且没有多少理由认为效率得到增进的情况下才应进行谴责。在进行谴责时，反垄断执法机构一般依据两个论点：一是纵向垄断协议"排斥"竞争者，使其进入不了市场；二是提高了进入壁垒。

对纵向垄断协议的反垄断分析一般应采取以下四个步骤：

(1) 界定该纵向垄断协议所在的相关市场，以便确定供应商和购买商所占的市场份额。这里评价市场份额时，不是双方累计市场份额，而主要是指供应商一方的市场份额。只有在排他性供应的情况下，才考察购买商的份额，而不考虑供应商的份额，因为这时是购买商而不是供应商才有可能滥用市场力量。

(2) 如果当事人在相关市场上的份额不超过一定比例(如欧盟的30%)，则只要其中不含有核心限制，以及内国反垄断法律的其他条件规定，就可以获得反垄断豁免(这在欧盟主要是指"批量豁免"的情形)。

(3) 如果当事人的相关市场份额超过一定比例(如欧盟的30%)，则要进行个案分析，看看该协议是否违反了反垄断法关于"限制性竞争行为"的规定，包括供应商的市场地位，竞争者的市场地位，购买商的市场地位，市场进入壁垒，市场的成熟度，交易的环节，以及其他相关的因素。

(4) 在已经违反了反垄断法的禁止性规定的情况下，是否仍然存在反垄断法豁免的情形(个别豁免)，如是否有利于技术的进步，是否让消费者分享技术进步带来的好处，这样的纵向协议是否必需的，是否消除了产品市场中重要部分的竞争。

在对纵向垄断协议实施反垄断审查时，既要考察某一协议的消极效果，又要考察其积极效果，在进行综合评价后才能作出限制还是不限制的决定。前面已经介绍过，就大多数纵向垄断协议而言，只有当品牌间的竞争不足时，即在供应商环节或购买商环节，或者这两个环节都出现一定程度的市场力量时，才会出现竞争法上的问题。这种市场力量不一定要达到支配市场的地步，但至少要使该经营者能在短期内将价格提高到竞争水平以上,从而获取超额利润。如果一个集中度不高的市场上许多经营者相互竞争,只要纵向协议不含有核心限制,则一般不会产生显著的负面效果,因为这种情况下,纵向协议当事人无法提升价格,否则将是损己利人的。在纵向协议中,核心限制予以禁止是着眼于这些协议的性质与目的,即使协议并未实际实施,或对当事人力量太小,实际上无力造成损害竞争的效果,也认定其违法。因此,对这些协议予以禁止,不必分析当事人的市场力量。在品牌间竞争不充分的情况下,则需要对纵向限制进行分析,对其积极与消极效果的比较权衡,以确定其合法性。

第六章　市场优势地位的滥用

第一节　市场优势地位的识别

一、市场优势地位的含义

市场优势地位，即市场控制力、市场垄断力或市场支配力，是经营者或经营者的联合体在特定市场上具有的控制价格或排除竞争的能力。这种能力表现为它能够对商品的质量、价格和销售等实施控制，从而可以不受竞争的束缚。人们又常将这种力量称为“市场力量”。

判断一个经营者是否具有市场优势，需要运用反垄断法的相关原理和规则进行分析。一般来说，需要经过以下几个步骤：

(1) 相关市场的确定。相关市场主要包括商品市场、地域市场和时间市场。

(2) 市场优势地位的判定。什么样的经营者具有市场优势地位，各国反垄断法一般都会做出明确的标准。如英国相关法律规定，特定商品或劳务在英国占总供给的 25%，且由单一个人或一家经营者或一群没有竞争的经营者提供，即被认为对市场具有支配力。

二、市场优势地位的滥用

市场优势地位的滥用是指具有市场优势地位的经营者不恰当地利用自己的市场力量，妨碍公平竞争的市场环境。市场优势地位本身并不违法，反垄断法并不禁止市场优势地位本身，而只是禁止市场优势地位滥用的行为。经营者获得一定的市场优势地位以后如果滥用这种地位，对市场的其他主体进行不公平的交易或排斥竞争对手则属于反垄断法审查的对象。关于市场优势地位滥用的反垄断法控制，主要是建立在结构主义和行为主义的理论基础上。

1. 结构主义理论

市场结构的不同，势必造成经济运作的差别，经营者一旦拥有市场优势地位，一定会滥用这种支配力量，扼杀创造力，妨碍竞争。主张政府重点控制市场结构，对大企业原则上加以禁止，并及时分割市场上出现的独占企业，消除它们的垄断力，防止垄断势力对市场竞争的威胁。

2. 行为主义理论

法律禁止具有市场控制地位的经营者利用其市场控制能力，在相关领域内，阻止新的市场进入者进入市场的限制竞争行为。占有市场优势地位本身并不违法，只有利用这种支配地位排除或限制竞争才被反垄断法所禁止。

如何判定一个具有市场优势地位的经营者是否实施了滥用行为，反垄断法必须制定一个标准。借鉴世界各国反垄断法中所列举的市场优势地位滥用行为的情形，市场优势地位滥用行为的一般由以下四个要件构成：

(1) 经营者已取得市场支配(或优势)地位。这是经营者实施市场优势地位滥用行为的前提条件，也是市场优势地位滥用行为的主体要件。

(2) 具有市场优势地位的经营者必须实施了市场优势地位滥用的行为。这是市场优势地位滥用行为的客观方面。如果以合法竞争的方式或以国家或政府授权的方式取得市场优势地位，并在法律允许的范围内生产、销售其商品或提供其服务的行为，不仅不为法律所禁止，而且还为法律所保护。只有当具有市场优势地位的经营者所实施的市场行为限制了有效的、自由的竞争，损害了其他竞争者和消费者利益时，反垄断法才对之予以禁止和规制。

(3) 具有市场优势地位的经营者实施的市场行为破坏了自由的竞争秩序，损害了其他竞争者与消费者的利益，该市场行为即被认定为市场优势地位滥用。这是市场优势地位滥用行为的客体要件。由此可知，市场优势地位滥用行为的客体(对象)为自由的竞争秩序、其他竞争者以及广大消费者的利益。如果该经营者实施的市场行为没有对以上客体造成任何损害后果，那么该经营者的市场行为就不能认定为市场优势地位滥用行为而为反垄断法所禁止和规制。

(4) 具有市场优势地位的经营者利用其市场优势地位的优势，在与交易相对人为市场交易行为时，出于限制、阻止、遏制竞争之目的，故意采取低价倾销、搭售以及附加不合理条件、诋毁竞争对手等手段以造成将竞争者排挤出该相关市场的结果，从而实现其攫取高额利润的愿望。这是市场优势地位滥用行为的主观方面要件。

三、市场优势地位滥用的危害性分析

反垄断法之所以规制市场优势地位滥用行为，是因为该行为给自由竞争、其他竞争者以及消费者带来诸多危害。具体来讲，表现在以下几个方面：

(1) 市场优势地位滥用行为破坏完全的自由竞争秩序。我们可以借用经济学中的“价格理论”对之进行分析和探讨。商品的价格是供给与需求双方力量相互作用的结果。需求是人们在一定时期内按给定的价格需要购买的某种商品数量。影响需求的因素主要是价格和需求条件。在需求条件一定的情况下，商品的价格越低，人们购买该种商品的数量就越多。影响供给的因素是价格和供给条件的变化。在供给条件既定的条件下，商品的价格越高，其供给就越多。在价格不变的情况下，供给条件发生变化，商品的供给量也会发生变化。

处于市场优势地位的经营者对市场价格的制定具有控制力。如果该经营者实施低价倾销行为、价格歧视行为或牟取暴利等滥用行为时，必然影响市场的供求关系变化，进而影响商品的价格，最终自由、公平的竞争秩序被打破，其他经营者和广大消费者的利益也会受损。市场优势地位滥用行为违背了经济学中的成本理论和价格理论，而成本和价格是影响自由竞争的两个重要因素。市场优势地位滥用行为破坏自由竞争秩序，反垄断法对之必须进行规制，以维护公平的竞争秩序。

(2) 市场优势地位滥用行为的存在，不利于社会资源的优化配置。实践证明，任何垄断行业都是以高成本、低效率以及在技术革新方面的因循守旧和保守主义为特点。垄断经营者为了取得最大的垄断利润，常常将价格提到大大高于成本的水平，从而使部分社会收入不合理地从消费者手中转移到自己的手中。垄断经营者为了维护垄断高价，还往往降低生产数量，减少对市场的供给，从而导致社会资源配置的严重扭曲。另外，包括垄断经营者在内的具有市场优势地位的经营者，其竞争力远远超过相关市场上的其他竞争者，因此，该类经营者在制订自己的销售策略时可忽视其他竞争者的存在。由于高额利润的驱使，垄断经营者往往倾向于通过对其商品或服务价格政策的变动，来影响市场供求状况，进而影响社会资源的优化配置。如果像亚当·斯密的著名论断那样，市场经济由看不见的手来调节，那么，价格制度就是以看不见的手用来指挥市场经济交响乐队的指挥棒。

(3) 市场优势地位滥用行为损害了其他经营者和消费者的利益。市场优势地位滥用行为排除、妨碍、限制了竞争，其他经营者被拒于相关市场之外，不能正

常地、公平地参与竞争，其利益受到了损害。从处于市场优势地位经营者的角度来看，反垄断法对其滥用行为的规制好像是对其不利而仅仅对其竞争对手有利。从短期来看，市场优势地位经营者的滥用行为如牟取暴利的行为可使其在短期内获得高额利润；但是从长远来看，由于在相关市场领域内长期缺乏实质性的竞争，该类经营者就会安于现状，不思进取，从而失去竞争活力，或者不再注意经营管理水平，在技术上停滞不前，对新进入该相关市场的生产可替代商品的其他行业或国外的经营者失去抵抗力，从而最终毁灭自己。

由于市场优势地位滥用行为破坏了自由、公平的竞争秩序，消费者不能得到质高价优的商品，无奈不得不购买一些质次价高的商品，消费者的利益受到了损害。市场优势地位滥用行为损害消费者的利益还表现为具有市场优势地位经营者的掠夺性定价行为，该类经营者不仅将其竞争者逐出相关市场，而且可能通过垄断高价（以弥补掠夺性定价所受损失）来盘剥消费者。即使经营者不制订垄断高价，但由于该市场上缺乏了竞争，商品质量就不能得到保证，消费者因无其他替代商品可供选择，消费者的最终利益受到了损害。因此，为了保护消费者利益不受损害，必须规制市场优势地位滥用行为。

第二节　市场优势地位滥用的主要形式

一、不正当的价格行为

限制竞争行为的目的就是为了提高价格，获得超过竞争水平的利润。占有市场优势地位的经营者为获得超额垄断利润或排挤竞争对手，确定、维持和变更商品价格，以高于或低于在正常状态下可能实行的价格来销售其商品；严重损害了消费者的权益，使得消费者应当享有的部分福利转移给垄断经营者，这对消费者是一种剥削；同时也妨碍了其他竞争者进入市场，对竞争构成实质性的限制。

提高价格会使竞争者获利。但如果顺其自然发展下去，必然有其他竞争者进入市场，从而分摊利润。因而行为人必须对竞争对手进行排斥，将其驱逐出市场，或者至少要压制他人与自己竞争的愿望与能力，阻止其进入同一市场。那么，如何阻止，在运用价格方面，占有市场优势地位的经营者会采取三种措施：歧视性价格、垄断高价和掠夺性价格。

(1) 歧视性价格。歧视性价格既可以用作排斥竞争对手进入同一市场，又可以用作剥削消费者。对于那些没有转换供应商能力的购买商,优势地位经营者很可能采取歧视性高价,尽可能获得更多的利润,而购买商往往会将高价产生的成本转移到消费者身上。而排斥的歧视行为则针对那些有可能转换供应商的购买商,对这些购买商限制性地要求一些不公平的购买价格。

(2) 垄断高价,也称超高价格,即商品价格远远超出真实价值。根据价值规律的一般原理,商品的价格应与价值基本相符。但是,如果价格与商品的价值之间没有合理的关系,则可能会被认为属于超高价格。其之所以能够在超高价格的条件下销售自己的商品,是因其在市场上享有优势地位,即滥用其市场优势地位,从而获得垄断利润。当然,如果这种价格水平致使消费者受到损害,即使没有对竞争产生实质性的影响,也往往被认为是滥用了市场优势地位。

(3) 掠夺性价格,是指市场优势地位经营者降低价格,从而在短期内故意发生损失或放弃利润,以此来消除或惩戒一个或多个竞争对手,从而阻碍竞争的维持;或者阻止潜在竞争者的进入,从而阻碍竞争的加强。具有市场优势地位的经营者之所以低于成本销售自己的商品,并不是为了让利给消费者,而是为了将竞争对手排除出局。在审查是否滥用市场优势地位时,应更关注优势地位经营者的目的而不是考虑其价格降低到什么程度。一般来讲,只要销售的商品低于平均可变成本,即可认定其目的在于消灭竞争对手。采用掠夺性定价,其行为的前提是必须具有强大的市场力量,否则,这种行为只能是损己利人的。

二、强制交易

处于市场优势地位的经营者采取利诱、胁迫或其他不正当的方法,迫使其他经营者违背其真实意愿与之交易或促使其他经营者从事限制竞争的行为。

(1) 强迫他人与自己进行交易;

(2) 强迫他人不与自己的竞争对手进行交易;

(3) 迫使竞争对手放弃或回避与自己竞争等等。

三、搭售

搭售是指合同的缔结取决于贸易伙伴对于额外义务的接受,而无论是依合同性质还是按照商业惯例,该项额外义务均与合同的标的无关。即供应商要求购买商在购买一种商品时,必须从供应商处或者其指定的第三方处购买另一种不同商品为条件。前一种商品称为“给卖品”,后一种商品称为“搭卖品”。

搭售采取的是若干商品整体交易的形式,从而可以减少交易成本。如果搭卖品对给卖品充分适当利用具有重要作用，则这种方式也有利于提高商品的价值，同时也可以提高经营者的声誉。但是，如果市场优势地位经营者在给卖品市场和搭卖品市场上都从事经营活动，在销售给卖品时要求搭售搭卖品，从而可能使给卖品市场上的支配者，可以采用搭售来排斥搭卖品市场上的竞争者。这种搭售的目的是为了将市场优势地位扩大（传导）到被搭售商品的市场上，或妨碍潜在的竞争者进入这个市场。

判断一个搭售行为是否合理，应当考虑的因素包括：行为人在给卖品市场上是否具有市场优势地位；给卖品与搭卖品是否属于不同的商品，即商品之间是否具有可替代性；搭售是否出于该商品的交易习惯；被搭售的商品若分开销售，是否有损于商品的性能和使用价值；搭售经营者是否有其他合理的抗辩理由，如效率抗辩、健康、安全抗辩等。法律禁止的搭售首先是一种不合理的安排。如果是为了保证商品的质量和稳定性，要求买方购买一定的配套商品不应当属于禁止之列。违法的搭售行为必须具有严重的反竞争效果，即通过搭售会加强经营者在市场上的市场优势地位，从而给市场竞争带来显著的不利影响。

四、差别对待

处于市场优势地位的经营者没有正当理由，对条件相同的交易对象，就其所提供的商品的价格或其他交易条件给予明显区别对待的行为。最常见的形式是价格歧视。卖方对购买相同等级、相同质量货物的买方要求支付不同的价格，或买方对于提供相同等级、相同质量货物的卖方要求不同的价格，从而使相同商品的卖方因销售价格不同或买方因进货价格不同而获得不同的交易机会，直接影响到他们之间的公平竞争。同一商品的不同批发价会直接影响到零售价，不同的零售价则直接影响到消费者的利益。

五、排他性交易

处于市场优势地位的经营者要求经销商在特定市场内只经销自己的商品，不得经销其他企业的同种或同类商品，包括经销商只向制造商独买、制造商只向经销商独卖。经营者有权选择交易对象，这是契约自由原则的基本要求。即使具有市场优势地位的经营者也应有这种权利。但是，由于其具有市场优势地位，经营者往往采用排他性措施从事反竞争行为。

排他性交易能使制造商和经销商形成长期稳定供销渠道，降低交易成本；使经销商从事单一的或固定的商品经营，从而集中力量促销；可以提前开展促销活动，增强一定的竞争效果。但是排他性交易也会导致限制竞争的效果，可能会阻止其他制造同类商品的制造商进入市场，也会限制经销商的营业自由而损害效率；对于消费者来说，因为供货渠道狭窄，选择的余地相应减少，同时由于同一层次上销售同一商品的经营者之间缺乏竞争，销售者产生垄断地位对消费者的利益可能产生损害。

六、知识产权的滥用行为

正如垄断协议的反垄断审查中提到的，知识产权是基于创造性的智力成果而依法享有专有权，权利人在相关市场上享有一定的控制与市场优势地位，合法排斥他人的竞争。这些权利是知识产权的内在属性和法律属性。但是，法律对这种权利的行使也是有一定限制的。如果权利人滥用这样的权利从而对竞争秩序产生不利影响，那么，也要受到反垄断审查。

一般来讲，依据法律的规定而获得知识产权的权利人，可以行使对权利侵犯者可以采取排除的行为，权利人也可以行使拒绝向第三人许可的权利。在这些情况下，权利的行使并不构成滥用。但是，许多特定的商业行为如果行为人是具有市场优势地位的，则同样的行为可能会构成权利滥用。

第三节　市场优势地位滥用的反垄断审查

一、市场优势地位的确定

滥用行为的主体是占市场优势地位的经营者，故界定市场优势地位是界定滥用行为的前提。优势地位是经营者因享有某种市场力量而具有的地位，这种力量使其可以自由决定自己的市场策略而无须过多考虑其竞争对手或购买者的反应。

尽管各国反垄断法所确立的市场优势地位的形态和界定标准不尽相同，经营者是否具有市场优势地位，各国反垄断法一般都会给出明确的标准。为此，我们选择其中一些国家的反垄断立法例对标准的确定进行讨论。

1. 美国

美国反垄断法确定的优势地位表现为垄断（或叫独占）。在 US v. Aluminum of American 一案中，美国法院认为 90％的市场份额足以构成垄断，60％的市场份额是否构成垄断有疑问,而 33%的市场份额不足以构成垄断。而在 US v. United Shoe Machinery Co. 一案中,法官还考虑了经营者制定价格的行为、经营者及其竞争者的金融实力、经营者的学习优势、经营者产品的花色品种以及固定需求等。美国法院逐渐认识到,虽然市场份额在衡量一个经营者是否具有垄断地位时有决定性意义,但单纯的市场份额标准并不一定能准确反映经营者的市场地位。

2. 德国

德国对市场优势地位形态的界定和分类具有一定代表性。根据德国《卡特尔法》第 19 条的规定,优势地位包括:

(1) 独占或准独占,即经营者没有竞争者或没有实质上的竞争者。

(2) 相对其他竞争者具有突出的市场优势,要考虑的因素有该经营者的市场份额、财力、进入采购或销售市场的渠道、与其他经营者的联合、其他经营者进入市场所面临的法律上或事实上的限制、住所设在本法适用范围之内或之外的经营者的事实上的或潜在的竞争,将其供应或需求转向其他商品或服务的能力以及市场相对人转向其他经营者的可能性。

(3) 寡头分占,如果两个或两个以上的经营者作为整体看待,处于独占、准独占或突出市场优势地位,它们之间又不存在实质上的竞争的话,它们也具有市场优势地位。

德国《卡特尔法》第 19 条还规定了推定具有市场优势地位的方法,这无疑对反垄断机构减轻证明责任非常有利。该法规定经营者的市场份额达到下列标准,推定其具有市场优势地位:

(1) 一个经营者占有三分之一以上市场份额;

(2) 三个以下经营者共同占有百分之五十以上的市场份额或五个以下经营者共同占有三分之二以上的市场份额,除非它们能证明彼此间能展开实质上的竞争或总体上不具有相对其他竞争者的突出市场地位。

3. 其他国家

匈牙利、韩国、俄罗斯等国家的反垄断法也有关于以市场份额推定经营者具有市场优势地位的规定。其中,俄罗斯的规定具有两点特色:一是将市场份额与证明责任相联系,即市场份额超过 65%的经营者负有证明自己不具有市场优势地位的责任,而经营者的市场份额低于 65%时,证明其具有支配地位的责任在于反垄断机构;二是明确规定经营者的市场份额低于 35%时不能视为是优势性的,这种明文规定市场优势地位的经营者市场份额下限的做法在其他国家竞争法中是不多见的，但与经济合作与发展组织拟定的《竞争法的基本框架》所推荐的35%的比例是一致的。

从上述国家的法律规定或司法判例来看，市场份额无疑是界定经营者是否具有支配地位的决定性因素，但我们也要注意到市场份额并不是唯一的因素。

二、我国市场优势地位的确定

我国《反垄断法》第18条和第19条分别规定了经营者是否具有市场优势地位的判定依据和推定具有市场优势地位的依据。我国《反垄断法》第18条规定：“认定经营者具有市场优势地位，应当依据下列因素：

（一）该经营者在相关市场的市场份额，以及相关市场的竞争状况；

（二）该经营者控制销售市场或者原材料采购市场的能力；

（三）该经营者的财力和技术条件；

（四）其他经营者对该经营者在交易上的依赖程度；

（五）其他经营者进入相关市场的难易程度；

（六）与认定该经营者市场优势地位有关的其他因素。”

第19条规定：“有下列情形之一的，可以推定经营者具有市场优势地位：

（一）一个经营者在相关市场的市场份额达到二分之一的；

（二）两个经营者在相关市场的市场份额合计达到三分之二的；

（三）三个经营者在相关市场的市场份额合计达到四分之三的。

有前述第（二）项、第（三）项规定的情形，其中有的经营者市场份额不足十分之一的，不应当推定该经营者具有市场优势地位。被推定具有市场优势地位的经营者，有证据证明不具有市场优势地位的，不应当认定其具有市场优势地位。”

对经营者是否具有市场优势地位，除了市场份额因素外还应综合考虑其他相关性因素。为此，国家工商行政管理局于2011年2月专门发布了《禁止滥用市场优势地位行为的规定》。该规定第10条的规定，在确定市场优势地位时应当依据下列因素：

(1) 该经营者在相关市场的市场份额，以及相关市场的竞争状况。分析相关市场竞争状况应当考虑相关市场的发展状况、现有竞争者的数量和市场份额、商品差异程度以及潜在竞争者的情况等。

(2) 该经营者控制销售市场或者原材料采购市场的能力。认定经营者控制销售市场或者原材料采购市场的能力，应当考虑该经营者控制销售渠道或者采购渠道的能力，影响或者决定价格、数量、合同期限或者其他交易条件的能力，以及优先获得企业生产经营所必需的原料、半成品、零部件及相关设备等原材料的能力。

(3) 该经营者的财力和技术条件。认定经营者的财力和技术条件，应当考虑该经营者的资产规模、财务能力、盈利能力、融资能力、研发能力、技术装备、技术创新和应用能力、拥有的知识产权等。对于经营者的财力和技术条件的分析认定，应当同时考虑其关联方的财力和技术条件。

(4) 其他经营者对该经营者在交易上的依赖程度。认定其他经营者对该经营者在交易上的依赖程度，应当考虑其他经营者与该经营者之间的交易量、交易关系的持续时间、转向其他交易相对人的难易程度等。

(5) 其他经营者进入相关市场的难易程度。认定其他经营者进入相关市场的难易程度，应当考虑市场准入制度、拥有必需设施的情况、销售渠道、资金和技术要求以及成本等。

(6) 与认定该经营者市场优势地位有关的其他因素。

该《规定》的第11条规定了可以推定经营者具有市场优势地位的情形，包括：

(1) 一个经营者在相关市场的市场份额达到二分之一的；

(2) 两个经营者在相关市场的市场份额合计达到三分之二的；

(3) 三个经营者在相关市场的市场份额合计达到四分之三的。

其中有第(2)、(3)种情形，其中有的经营者市场份额不足十分之一的，不应当推定该经营者具有市场优势地位。另外，该《规定》的第12条规定，被推定具有市场优势地位的经营者，能够根据本规定第10条所列因素，证明其在相关市场内不具有控制商品价格、数量或者其他交易条件，或者不具有能够阻碍、影响其他经营者进入相关市场的能力，则不应当认定其具有市场优势地位。

三、滥用行为的确定

具有市场优势地位的经营者往往会不正当地利用自身优势，并实质性地限制或排斥竞争，实施损害消费者利益的行为。纵观各国反垄断法，有的对滥用行为的规定比较概括抽象，有的明确列举了数种典型的滥用行为，但不管采用何种体例，实际操作中对前面所列的各种行为是否属于滥用行为的认识并不存在多大差异。在判定是否属于滥用行为时，主要依据是实施该种行为的目的和实际造成的后果。

市场优势地位滥用的最典型目的是索取垄断高价和设定剥削性的交易条

件。处于优势地位的经营者，极可能向市场提供比它实际可能生产数量少得多的产品，而索取与其生产成本相比非常不合理的垄断高价，或者提出种种获取不正当好处，置交易对方于不利的交易条件，其目的可能在于维持垄断地位，或者仅为在无竞争的压力下轻松获取剥削利益。

一些国家和地区反垄断法的设计立足于取代不存在的竞争机制，故要求市场优势地位的经营者必须按照竞争条件下的行为模式行事。例如，德国反垄断法禁止市场优势地位经营者提出与其有效竞争下理应存在的报酬或其他交易条件不相符的报酬或其他交易条件。我国台湾地区竞争法禁止市场优势地位的经营者“无正当理由，使交易相对人给予特别优惠”。可以认为，禁止索取垄断高价制度设计主要是基于对购买者(包括消费者)利益的保护，不是基于对竞争机制的保护。只有在独占力量是通过反竞争手段获取或维持时，过度定价才被认为是违法的。否则，高价的存在必然会吸引其他投资者进入这一领域，从而形成一定的竞争机制。当然，在具体分析时也要考虑新的竞争对手进入市场将面临资金、技术及其他市场障碍。另外，市场优势地位的经营者也绝不会任由竞争者进入市场而坐视不管，比如它可以转而实行掠夺性定价阻碍竞争者进入。

市场优势地位的经营者以排挤竞争对手或阻止新的竞争对手进入市场为目的，以低于成本的价格连续地销售商品或提供劳务这种掠夺性定价行为，也是滥用市场优势地位的重点审查对象。市场优势地位的经营者通过掠夺性定价将竞争对手排挤出市场后，可以通过索取垄断高价来弥补短期损失。德国《反对限制竞争法》规定“相对中小竞争者具有市场优势的企业”，“并非临时性地以低于成本的价格供应商品或劳务”，构成对中小企业的不公平阻碍。我国台湾地区和韩国竞争法均禁止市场优势地位经营者不正当地确定、维持或变更商品或服务的价格，掠夺性定价当然属于不正当定价的范畴。

认定掠夺性定价的前提是确定经营者的成本。生产企业和销售企业的成本分别是生产成本和购货成本加上销售费用。生产企业随产量变动而变动的成本，在一定时期内单位产量的平均值，叫做平均变动成本。平均变动成本加上平均固定成本，构成平均总成本。由于产品的平均边际成本难以计算，通常依据与其接近的平均变动成本为标准判断经营者定价是否构成滥用。如果产品价格低于平均变动成本，或者虽高于平均变动成本，但低于平均总成本，且市场优势地位经营者具有排除竞争者的目的，即构成掠夺价。如果在不存在市场障碍的情况下，市场优势地位经营者虽将竞争者逐出市场，其索取垄断高价的行为又会刺激竞争者重入市场，其收回因掠夺性价格所导致的损失就会面临危险。所以，美国法院在依据《谢尔曼法》第 2 条确定被告行为是否构成掠夺定价时，要考虑竞争者被逐出市场后是否面临进入障碍，市场优势地位的经营者是否有维持垄断价格、收回损失的可能性。

判断市场优势地位的经营者的搭售行为是否构成滥用，一般应考虑以下要件：(1)市场优势地位的经营者要求交易对方一并购入的商品或劳务与交易契约中的商品或劳务是否具有区分性；(2)该搭售是否具备合理的理由；(3)该搭售是否带来反竞争的后果。

通过与交易对方订立排他性交易契约，可达到抑制竞争者甚至将其逐出市场的目的，也会妨碍下一经济阶段的竞争者进入。美国《克莱顿法》第 3 条规定："商人在其商业过程中，不管商品是否被授予专利，商品是为了在美国……使用、消费或零售、出租、销售或签订销售合同，是以承租人、买者不使用其他竞争者的商品作为条件，予以固定价格，给予回扣、折扣，如果该行为实质上减少竞争或旨在形成商业垄断，是非法的。"但排他性交易协议也绝非当然违法。欧共体条约第 85 条第 3 款规定："第 1 款禁止的限制竞争协议，如果可以改善商品的生产或销售，或者有利于推动技术和经济进步，并且可以使消费者从中得到适当的好处，此外协议也没有达到在相关市场上排除竞争的程度，该限制竞争协议就可以得到豁免。"同样基于此，美国法院和日本公正交易委员会在认定排他性交易条件是否为非法时，并不当然认定协议本身违法，都要考虑协议是否减少或可能减少竞争，这实际上是对正负效益的权衡。

无正当理由拒绝就某商品与特定购买者(消费者)进行交易的行为属于拒绝交易的滥用优势地位。这种情况在拥有网络或其他基础设施的自然垄断企业或依法独占企业的身上容易出现。故德国《反对限制竞争法》规定，市场优势地位的经营者不得拒绝另一个经营者以适当报酬进入自己网络或其他基础设施，如果该经营者出于法律上或事实上的理由，非使用他人网络或其他基础设施无法在前置或后置市场上作为市场优势地位的经营者的竞争者从事活动，但如市场优势地位的经营者能证明这种使用因经营方面或其他方面的事由是不可能的或不能合理期待的，不在此限。值得注意的是，拒绝交易一样不适用"本身违法"原则，而应采取"合理原则"。

德国《反对限制竞争法》规定市场优势地位的经营者提出的报酬或其他交易条件劣于该市场优势地位的经营者在类似市场上向同类购买人所要求的报酬或其他交易条件，构成滥用，但该差异在实质上合理的除外。美国的反托拉斯法对歧视待遇规定得更为仔细，概括起来有三方面特征：一是强调损害竞争的结果；

二是明确规定了数种适用例外；三是继《克莱顿法》之后颁布的《鲁滨逊—帕特曼法》将买受人也纳入了价格歧视的主体。

四、我国对滥用行为的反垄断审查

根据国家工商行政管理总局《禁止滥用市场优势地位行为的规定》的规定，我国反垄断执法机构在审查经营者是否滥用市场优势地位时，规定了一系列的操作标准。

该《规定》第 4 条规定，禁止具有市场优势地位的经营者没有正当理由，通过下列方式拒绝与交易相对人进行交易：

(1) 削减与交易相对人的现有交易数量；

(2) 拖延、中断与交易相对人的现有交易；

(3) 拒绝与交易相对人进行新的交易；

(4) 设置限制性条件，使交易相对人难以继续与其进行交易；

(5) 拒绝交易相对人在生产经营活动中以合理条件使用其必需设施。

在认定第(5)种情形时，应当综合考虑另行投资建设、另行开发建造该设施的可行性、交易相对人有效开展生产经营活动对该设施的依赖程度、该经营者提供该设施的可能性以及对自身生产经营活动造成的影响等因素。

该《规定》第 5 条规定，禁止具有市场优势地位的经营者没有正当理由，实施下列限定交易行为：

(1) 限定交易相对人只能与其进行交易；

(2) 限定交易相对人只能与其指定的经营者进行交易；

(3) 限定交易相对人不得与其竞争对手进行交易。

该《规定》第 6 条规定禁止具有市场优势地位的经营者没有正当理由搭售商品，或者在交易时附加其他不合理的交易条件：

(1) 违背交易惯例、消费习惯等或者无视商品的功能，将不同商品强制捆绑销售或者组合销售；

(2) 对合同期限、支付方式、商品的运输及交付方式或者服务的提供方式等附加不合理的限制；

(3) 对商品的销售地域、销售对象、售后服务等附加不合理的限制；、

(4) 附加与交易标的无关的交易条件。

该《规定》第 7 条规定，禁止具有市场优势地位的经营者没有正当理由，对条件相同的交易相对人在交易条件上实行下列差别待遇：

(1) 实行不同的交易数量、品种、品质等级；

(2) 实行不同的数量折扣等优惠条件；

(3) 实行不同的付款条件、交付方式；

(4) 实行不同的保修内容和期限、维修内容和时间、零配件供应、技术指导等售后服务条件。

该《规定》第 8 条规定，工商行政管理机关认定本规定第 4 条至第 7 条所称的正当理由，应当综合考虑下列因素：

(1) 有关行为是否为经营者基于自身正常经营活动及正常效益而采取；

(2) 有关行为对经济运行效率、社会公共利益及经济发展的影响。

另外，在《规定》的第 9 条中强调，本规定未明确规定的其他滥用市场优势地位行为，除价格垄断行为外，由国家工商行政管理总局依法认定。

第七章　经营者集中

第一节　经营者集中概述

一、经营者集中的含义

反垄断领域的经营者集中是指经营者通过合并、资产购买、股份购买、合同约定(联营、合营)、人事安排、技术控制等方式取得对其他经营者的控制权或者能够对其他经营者施加决定性影响的情形。其中,合并是最重要和最常见的一种经营者集中形式。

经营者集中会对市场竞争产生积极和消极两种截然不同的影响。一方面,经营者集中有利于经营者实现规模经济提高竞争力,进而增强整个市场的竞争活力;另一方面,经营者集中对市场结构产生了有力的冲击,可能导致集中后的经营者在特定市场的市场优势地位,进而产生限制竞争的可能结果。因此,在反垄断领域对经营者集中的后果判断应从两个方面考虑:一方面经营者集中是否有利于发挥规模经济的作用,提高经营者的竞争能力;另一方面经营者集中是否会导致过度集中而加强市场优势地位,限制竞争,损害效率。为此,各国往往通过反垄断法规范经营者集中,既不是简单否定,也不是绝对允许,而是从如何实现自由竞争与规模经济的统一角度制定有利于维护市场有效竞争的基本规则。特别是在经济全球化导致经营者集中呈现出国际化趋势的背景下,各国反垄断法在立法宗旨与价值体系上已经体现了多元化发展的趋势。具体在经营者集中的立法理念方面,表现为在限制垄断、保护竞争的基础上注重多元利益的保护:既要保护中小企业的市场竞争地位,也要从国家整体经济实力保护的角度出发适度允许大企业进行兼并;既要促进国际贸易自由的增加,又要保护本国经济安全与民族企业的发展与规模扩张。

二、经营者集中的主要类型

经营者集中可以分为纵向集中、横向集中和混合集中三种基本类型。反垄断法之所以对经营者集中进行如此的分类，主要是考虑各种集中类型对市场竞争产生的危害性大小，从而有利于对经营者集中进行审查时做出是否允许的科学合理评价。

(1) 横向集中。横向集中也称为水平集中，是指处于同一相关市场中或者说具有市场竞争关系的市场主体之间的集中。横向集中的结果是减少了竞争者，所以对市场竞争的影响会比较大。虽然反垄断法保护的是竞争状态而不是竞争者，但是竞争主体的减少更有助于经营者之间的同谋或者一致行动，对竞争的危害性可能更大。

横向集中的结果是在相关市场内创造了一个更大的市场主体。这类集中的积极意义是扩大经营者的规模，提高资源配置的效率，降低交易成本。特别是涉及中小经营者之间的集中，形成了可以与大企业或者跨国公司进行竞争的市场力量。因此，从规模经济和参与国际市场竞争维度看这类集中是非常有意义的。但是，横向集中的潜在消极后果也是十分明显的。横向集中在消除竞争方面几乎与垄断协议具有异曲同工之妙，而且有过之而无不及。因为经营者之间的垄断协议还存在着背约的风险，而经营者之间集中后形成的关系更加稳固，其消除竞争的影响将是永久性的。另外，集中后的经营者其市场优势地位更加突出，市场主体数量更加减少，实施通谋更加容易，维持垄断的成本更低。因此，在各国的反垄断法中，将横向集中作为主要的经营者集中审查对象。

(2) 纵向集中。也称为垂直集中，是指处于不同市场环节中的各个相关主体之间的集中。这类集中主要发生在同一商品市场中的不同产业链之间，以上下游产业为基础，其对竞争的影响就比较复杂。其无论是从交易成本角度，还是从范围经济角度，都会有一定的效率优势。但是，当某个市场主体在纵向产业链中的某一个环节具有市场优势地位时，这样的纵向集中就会直接导致垄断的形成。

纵向集中的目的主要是大企业为了全面控制原料、生产、销售的各个环节，建立垂直结合控制体系。纵向集中一般不直接导致市场集中度的提高，因此具有一定的积极意义，即有利于降低不同生产经营环节之间的交易成本，便于资源的统一配置及其配置的效率（在假定规模合理且有效率的前提下）。但是，正如前面提到的，纵向集中的主要目的仍然是为了达到对市场的控制，实现对其他市场主体造成进入障碍，排除产业环节中的某一市场的竞争。这类集中的结果往往会同时提高集中各方的市场优势地位，一旦这样的优势被不适当地利用，就非常容易构成市场优势地位的滥用，产生反垄断法中的“传导效应”。因此，各国反垄断法也同样规范了对这类集中的反垄断审查规则。

(3) 混合集中。混合集中可从两个方面确定其含义：一种情形是指同时发生横向集中和纵向集中；另一种情形是指集中的双方或多方是属于不同产业之间，即不属于相关市场主体之间的集中。后一种集中，往往发生在某个行业的经营者试图进入利润率较高的另一个行业时，常与经营者的多元化战略相联系。混合集中一般也不产生市场集中度提高的后果，而且作为企业发展战略向多种经营发展，可以起到增强由单一经营造成的抗风险能力。但是，如果出现第一种情形的混合集中或者发生于具有互补性质的商品市场的混合集中，则同样会对市场竞争产生消极的影响。混合集中是否会产生垄断的情况非常复杂，需要从多视角进行考察。

三、经营者集中审查的焦点

市场力量的增强与经营利润的增加是任何一个经营者都追求的目标。市场力量的增强是为了实现更多的利润，这是理性的。市场力量的增强可以有多种途径，如通过自己经营管理的合理性；通过技术创新；通过科学的战略决策；由于企业本身的历史传承；社会经济发展的历史机遇；国家经济（产业）政策给予的特别优惠；相关资源上的自然禀赋；等等。而所有这些途径实现的市场力量增强都离不开经营者通过市场竞争因素而取得的成功。但是，如果通过经营者集中也同样可以起到市场力量增强的效果，也即通过非竞争因素而得到增强，其对社会的结果并不总是有利的。就类似于“不劳而获”者往往不珍惜自己的财富那样，通过非竞争手段取得的市场力量增强，也有可能会运用非竞争的手段获取利润，如通过限制产量、降低商品质量、提高价格等。

经营者集中有利有弊。经营者实施集中行为的动机具有多样性，如提高效率、获取市场力量、经营多样化、能够较快地进入新兴产业或者地域市场等。大多数集中因为能够使得经营者有效率地经营，而客观上会给竞争和消费者带来好处。但是，有些集中会减少竞争，从而反过来导致价格提高，商品或者服务的供应减少，商品质量下降，阻碍技术革新。有些集中确实产生了集中的市场，而有些集中使得单个经营者可能提高价格。在集中的市场上，只有几个经营者，就使他们更容易勾结起来减少竞争。有些集中便利集中后的经营者有足够的市场份额，可以单独提高价格。而且，有些集中因为大幅度增加行使市场力量的可能性而往往损害竞争。集中审查的主要焦点是关注市场集中导致的潜在的反竞争效果。

一般而言，具有反竞争效果的集中至少具备两个条件：一是市场在集中后大幅度地集中；二是在近期内新的投资者不能进入该市场并进行有效的竞争。之所以要求有第二个条件，是因为如果新的投资者可以相当容易地进入该市场并降低价格，集中后的经营者就不可能将价格提高到垄断水平。

我国《反垄断法》第 27 条规定审查经营者集中，应当考虑下列因素：

(1) 参与集中的经营者在相关市场的市场份额及其对市场的控制力；

(2) 相关市场的市场集中度；

(3) 经营者集中对市场进入、技术进步的影响；

(4) 经营者集中对消费者和其他有关经营者的影响；

(5) 经营者集中对国民经济发展的影响；

(6) 国务院反垄断执法机构认为应当考虑的影响市场竞争的其他因素。

第二节　经营者集中审查的立法例

一、经营者集中审查的立法原则

经营者集中是否需要进行审查，是依据职权实施审查还是由经营者申报审查，应以经营者所占市场份额大小还是以经营者实施的具体行为是否有可能影响市场竞争为审查的标准等等，都是各国在经营者集中审查的立法中需要考虑的问题。反垄断法领域经营者集中是争论比较多的领域之一，这主要是由于对集中的功过是非看法不一，以及对个案的可能结果有着不同的判断而引起的。因为对经营者集中的控制主要是事后可能对竞争产生的影响评判，同时，经营者集中还与国家产业结构的调整、产业政策的实施等有直接的关系。因此，在反垄断立法中如何确立经营者集中审查的基本原则就显得非常的不统一。

(1) 限制干预主义和积极干预主义。各国立法中是否应该对经营者集中进行干预，似乎并没有太大的争议，但是应当如何进行干预，则有不同的态度。有些国家主张有限干预，即只有在拟进行的集中可能对市场竞争具有不利影响时，才予以干预。如果不可能产生影响的集中行为则由经营者自由决定。而采取积极干预的主张,则认为经营者集中不一定会产生增进效率的后果,反而对经济活动的影响是非常大的,所以政府应该积极介入,防患于未然。

(2) 自由申报主义和强制申报主义。这是基于对经营者拟实施集中时,是否需要向政府主管部门提出反垄断审查的申请而做的选择。采取自由申报的立法,允许经营者自行选择是否需要在集中前或者集中后向政府主管部门先行申报同意,或者不申请主管部门审查就可自行实施集中方案。强制申报则要求经营者必须在实施集中前或者集中后向政府主管部门进行申报,如果没有经过主管部门同意,则不能实施集中行动。或者集中后向主管部门申报,经主管部门审查认为不符合集中标准的,则导致集中无效并承担相应的后果。

(3) 结构主义与行为主义。这是从经营者集中审查的标准角度所做的选择。结构主义认为,判断一项集中申请是否予以同意,主要是考察集中后的市场结构状况,如果集中后经营者的市场份额足以影响市场竞争的,则这样的集中是不被允许的(即认为"大的就是坏的")。而行为主义认为,即使经营者的规模非常大,也并不一定产生对公共利益的危害,况且通过集中还可以产生规模效应,因此,认为判断一项集中申请是否允许,关键是看这样的集中是不是有效率的(合理性审查),而不是看集中后的规模有多大。

(4) 实质性减少竞争标准与支配标准。这也是各国反垄断立法中判断经营者集中的标准依据所做的选择。所谓实质性减少竞争,是指一项经营者集中可能带来明显的效率损失。所谓支配标准,是指经营者通过集中是否产生了维持或者获取了市场优势地位。有些国家在反垄断立法时,既考虑了实质性减少竞争者的因素,同时也考虑市场优势地位,将两者都作为集中控制的标准。

二、美国的经营者集中规则

考察美国反托拉斯法出台的背景,我们可以发现,1865 年美国结束了国内战争后,随着全国铁路网的建立和扩大,原先地方性和区域性的小市场被迅速融为全国统一的大市场,从而使美国的产业结构迅速发生了变化,经济也迅速地得到发展。然而,大市场的建立推动了托拉斯的产生。随着大多数工商企业被置于托拉斯的控制之下,托拉斯控制了美国的许多经济领域。1879 年,美孚石油公司即美国石油业第一个托拉斯的建立,标志着美国历史上第一次企业兼并高潮的开始,托拉斯从而在美国也就成为不受控制的经济势力。过度的经济集中不仅使社会中下层人士饱受垄断组织滥用市场势力之苦,如商品质量差而价格高,而且因为垄断还使市场普遍失去活力,从而直接危及到资本主义市场经济赖以存在的前提，即自由竞争。

在这种背景下，19 世纪 80 年代，美国爆发了一场抵制托拉斯的大规模群众运动。人们普遍认为，如果再不控制私人垄断势力，美国宪法关于对自由的保证就会成为一纸空文。这种反对垄断和保护竞争的思潮最后导致了美国于 1890 年颁布《谢尔曼法》。参议员谢尔曼在对以他的名字命名的法规进行说明时指出："如果我们不能忍受作为政治权力的皇帝，我们也不能忍受统治我们各种生活必需品的生产、运输和销售的皇帝。我们不能屈服于一个皇帝，我们也不能屈服于以势力阻碍竞争和固定各种商品价格的贸易大亨。"

1890 年制定的《谢尔曼法》从根本上说是一部规范经营者集中的法律（也有学者认为是该法引起了合并）。反垄断法之所以在美国称为反托拉斯法，是因为当时一些大企业垄断了钢铁、运输等产业，中小企业为了生存只好将自己的企业信托大企业，从而使大企业更大，进而垄断了市场。因此，反托拉斯法从一开始就将矛头对准了经营者集中。

美国的经营者集中规则非常复杂。《谢尔曼法》第 1 条、《克莱顿法》第 7 条、《联邦贸易委员会法》第 5 条都是控制经营者集中的依据。在联邦反托拉斯法上，"集中（合并）"一词比在州公司法上的含义要广。许多案件中反托拉斯法上的合并只是一个企业购买另一个企业的部分或者全部资产。一个公司购买了另一个公司的部分或者全部股份也构成合并。反托拉斯法上的"合并"一词也用来指称新设合并，即包括两个原来的公司不再存在，而形成一个新的公司，后者拥有前两者的资产。

1992 年 4 月美国司法部和联邦贸易委员会共同发布的《横向合并指南》指出，合理的经营者集中是美国自由企业制度的基本组成部分，它有利于提高美国企业的竞争力，改善美国消费者的福利。但是，实施合理的合并必须要防止反竞争的合并。为此，这个合并指南提出美国联邦反垄断执行机构对经营者集中案件进行分析的框架，目的是指导经营者在它们的合并计划中注意避免反垄断的问题。该《指南》指出："这些指南概述司法部和联邦贸易委员会有关适用《克莱顿法》第 7 条、《谢尔曼法》第 1 条和《联邦贸易委员会法》第 5 条的横向合并的现行执法政策。"《谢尔曼法》第 1 条禁止构成"限制贸易的合同、联合或者共谋"的合并。《联邦贸易委员会法》第 5 条禁止构成"不公平的竞争方式"的合并。这些法律规定的执法机关也有区别，《谢尔曼法》是由司法部实施的，《联邦贸易委员会法》是由联邦贸易委员会实施的，而《克莱顿法》则是由两家执法机关共同实施的。美国合并控制的最主要的法律是《克莱顿法》第 7 条。其基本内容是：从事商业或者从事影响商业活动的任何人，不得直接或者间接取得从事商业或影响商业活动的其他人的股份或财产，如果这个取得会导致国内某个商业部门或者某个商业活动严重减少竞争或者产生垄断趋势。这个条款至今仍是美国控制经营者集中最重要的法律依据。

三、欧盟的经营者集中规则

涉及经营者集中的合并控制法是欧共体竞争法的三大支柱之一。合并控制法在维护共同市场的竞争环境、防止市场优势地位滥用方面起了重要作用。1990年以前，欧盟没有正式的合并控制法。创建欧洲经济共同体的《罗马条约》没有关于合并的法律条文。欧盟委员会和欧洲法院通过改变《罗马条约》第85条和第86条的法律解释，使这两条部分适用于合并控制，建立起合并控制的法律框架。

《罗马条约》第85条和第86条不是专门为合并控制而制定的条文。第85条是关于限制性协议，对该条文的准确含义和是否适用于合并的争论颇多，仅在1987年以后才被认为与合并有关。第86条是关于滥用市场优势地位，1972年后，欧盟委员会主要以第86条为控制合并的法律工具。但是，第86条适用于已经形成了市场优势地位，是反应性的规定，也就是说，只有市场优势地位形成后，欧盟委员会才可能运用第86条裁定造成市场优势地位的合并与共同市场不协调，作出禁止合并的决定，强迫合并企业分拆，而企业分拆的成本远大于不履行合并协议的成本。

20世纪60年代，欧盟成员国和欧盟委员会意识到，要建立一个切实可行的竞争法体系，合并控制条例必不可少。1973年，欧盟委员会正式向欧洲理事会呈交了《委员会关于控制企业间集中的EEC理事会条例的建议》。但是，成员国之间在欧盟委员会管辖权问题上分歧很大，无法达成协议。在随后的十多年间，合并控制立法几乎毫无进展。20世纪80年代后期，欧盟决定在1992年底前实行单一市场，这就必须建立起行之有效的经营者集中审查制度。经过长时间的讨价还价，1989年12月21日，欧洲理事会通过了欧洲经济共同体《合并条例》。《合并条例》于1990年9月21日正式生效。

欧洲经济共同体《合并条例》在欧盟合并控制发展史上意义重大，这是欧盟历史上第一个合并控制法，第一次以法律形式定义了合并的含义。它不是对《罗马条约》第85条和第86条的修改、补充，而是取代第85条和第86条，成为新的合并控制立法。独创的“一站式申报”、合并审查各阶段严格的时间限制、申报方听证制度等，使《合并条例》成为很有特色的合并控制法。十多年的实践证明，《合并条例》是成功的立法，是欧共体竞争法中最有影响力的部分，对欧共体竞争法的其他部分起了示范作用，是除了美国合并法律以外最具影响力的合并控制法律。

该《合并条例》一直沿用至2004年。2004年1月20日欧盟委员会宣布，欧盟理事会通过了新的《合并条例》。新《合并条例》是一揽子改革的主要部分，其他还包括《横向合并评估指南》和《合并调查最佳实践指南》。另外，欧盟委员会重组了执法机构——竞争总局。这是欧盟合并控制改革的主要成果。

欧盟新的经营者集中审查制度主要是引入了简化移交制，包括申报方要求移交和简化移交门槛。合并企业可在申报前要求属于欧盟委员会管辖的案件移交成员国管辖，或属于成员国管辖的案件移交欧盟委员会管辖。另外，申报后移交程序也作了修改。新的《合并条例》在实质标准方面也有一些重要变化，即以"严重妨碍有效竞争"标准取代原"市场优势地位"标准。新《合并条例》和《横向合并评估指南》确认，效率是合并评估中应考虑的因素。新《合并条例》引入了事前申报制。只要经营者能够向欧盟委员会证明确实有诚意达成合并协议，经营者可以在签署合并协议前申报合并审查。新《合并条例》给予欧盟委员会更大的调查权力。欧盟委员会有权记录口头声明作为证据，有权正式要求提供有关材料无须事先通知。另外，新《合并条例》也加强了欧盟委员会督促合并企业履行补救承诺的执法权力。新《合并条例》对申报审查各阶段的时间限制规定了更大的灵活性，包括调查取证的期限、审定合并企业补救承诺建议的期限。

四、其他国家的经营者集中规则

德国《反限制竞争法》是以列举的方式认为所有能使经营者直接或间接对另一经营者发生支配性影响的联合方式均是该法规制的经营者集中的范围。第六次修改后的德国《反限制竞争法》规定，经营者集中包括：

(1) 取得财产：即一个经营者购买另一个经营者的全部或相当一部分财产；

(2) 取得股份：即一个经营者取得另一个经营者股份达到其全部股份的20%或掌握另一经营者一半以上的表决权；

(3) 订立合同，达到影响、控制另一经营者的目的；

(4) 干部兼任：经营者的管理或监督机构一半以上同时在对方企业的领导班子任职；

(5) 其他形式：例如购买债权、订立供货合同，确定管理和投资计划等行为可能使一个经营者受制于另一个经营者。

日本《禁止私人垄断及确保公正交易法》第 4 章的第 9—18 条专门规定了"股份的持有、干部的兼任、合并和营业的受让",其对经营者集中的控制主要体现在:

(1) 股份的控制,包括对设立控股公司的控制,对大型公司股份持有总额的限制,公司取得或者持有股份的限制及其申报的要求,对金融业公司的持股比例的特别限制等。

(2) 干部兼任限制,对因公司干部兼任导致实质性限制一定交易领域的竞争时,对干部兼任的限制。

(3) 公司股东以外的人取得或持有公司股份的限制与报告。规定如果公司股东以外的人取得或持有公司的股份将导致实质性限制一定的交易领域的竞争时,则不得取得或持有该股份,也不得以不公正的交易方法取得或持有公司的股份。

(4) 合并限制,即规定公司符合特定情形,如因该合并实质性地限制一定交易领域的竞争,或者该合并是以不公正的交易方法进行的,则不得合并。

(5) 对营业受让的限制、报告的规定。

第三节 经营者集中审查的标准

一、审查标准的含义

经营者集中是经营者实施快速扩张战略的最便捷、最直接的方法,集中后的相关经营者或者快速增加了市场份额,或者快速增加了资产总量,或者快速增强了对市场的控制力,或者市场份额、资产总量和对市场的控制力都得到了快速提升。同时,经营者集中总是伴随着市场集中程度的提高,伴随着市场结构走向恶化,因此,经营者集中是一条可以通向垄断的途径。

经营者集中并不等于垄断,甚至可能和垄断完全无关。各国反垄断实践证明,小规模的经营者集中不仅无害于竞争,相反还能通过竞争提高经济效率并给消费者利益带来诸多益处;只有较大规模的经营者集中,才可能产生排除、限制竞争的效果。有鉴于此,并出于有效使用执法资源的考虑,没有一个国家会要求所有经营者集中均向执法部门申报,只有当经营者集中达到较大规模时,才要求实施集中的相关经营者向执法部门申报。

所谓较大规模，各国均根据其国情作出规定，该规定即为申报标准；凡达到该标准的经营者集中必须申报并进行审查，未达该标准的经营者集中一般无须申报，也不进行审查，故申报标准实际上就是一国对经营者集中进行管制的“门槛”。为准确说明集中规模，需从两个方面对门槛进行规范，其一是规范门槛的确定方式，其二是规范门槛的确定数额。

经营者集中本身并不当然违法，其既有提高整体经济效益、增加公共利益的积极作用，也有产生垄断、妨碍市场竞争的消极影响，只有实质性损害竞争的经营者集中才会遭到反垄断法的禁止。因此，确立一个适当的实体标准，对经营者集中进行合理控制，发挥其积极功能，抑制其消极影响，不仅是实现经营者集中目标的需要，也是反垄断法目标的具体体现。可以说，实体标准构成了整个经营者集中制度的核心。

二、欧盟的审查标准

欧盟是以市场优势地位为审查标准。市场优势地位是建立在经营者市场份额的基础上，以是否产生或加强市场优势地位为判断标准。在认定是否产生或加强市场优势地位时，市场份额是最重要的因素，同时还要兼顾经营者的财力、购销渠道、特定市场上可以相互替代的商品、潜在的竞争者以及特定市场的进入或退出机制等因素。这一实体标准是欧洲大陆国家的主要标准。

在欧共体竞争法中，其第一个合并控制条例，即第 4064/89 号合并控制条例确立了市场优势地位标准。该条例第 2 条第 3 款规定，如果一项具有共同体规模的合并因其使经营者产生或增强支配性地位并严重妨碍共同体市场或相当部分地域的有效竞争的，这个合并就可被视为与共同体市场不相容。在认定合并能否产生或加强市场优势地位时，市场份额是最为重要的因素，同时还要考察是否存在抵消市场份额优势的因素。如果在某个特定的商品市场上，市场处于急速发展的不稳定状态中，或者这个市场上的购买者力量很强，或者各个竞争者的市场份额都比较均衡，或者进入市场不存在重大障碍，或者进口商品的潜在竞争压力明显，那么较高的市场份额所具有的优势就很容易被抵消掉。此外，通常还要对其他相关因素进行考察，诸如合并后的经营者能否将其他多数经营者排挤出市场、能否任意提高价格、能否对潜在的竞争对手进入市场设置法律上和事实上的障碍等等。

根据德国《反限制竞争法》第 36 条第 1 款，一个合并如果可以被预见将产生或者加强市场优势地位，联邦卡特尔局应禁止该合并，除非参与合并的经营者能够证明该合并也能改善竞争条件，并且这种改善超过支配市场的弊端。依此规定，德国当局是否禁止一项合并主要有两个条件：(1)以是否产生或者加强市场优势地位作为合并控制的实体标准；(2)参与合并的经营者不能证明合并同时也能改善竞争条件，而且改善竞争条件的优越性超过了市场优势地位产生的弊端。只有同时符合上述两个条件的合并才会被禁止。在实践中，德国联邦卡特尔局基本上依据市场份额来认定经营者集中是否产生或者加强了市场优势地位，此外还会考虑其他相关因素，诸如竞争者之间在综合竞争能力方面的差距、经营者集中后的财力状况等等。

三、美国的审查标准

美国是以实质性减少竞争为审查标准。实质性减少竞争是以经营者的合并是否产生或可合理预见产生实质性限制竞争的后果，作为是否允许经营者集中的标准。《克莱顿法》第 7 条是美国禁止经营者集中最为重要的法律依据。但它开始只是禁止通过股票买卖所实现的合并，而不禁止通过资产取得所进行的合并。1950 年《塞勒—克弗维尔法》将其管辖范围扩张到各种形式的经营者集中，1980 年的《反托拉斯诉讼程序改进法》又将原来的“公司”扩大到“人”。依此条规定，从事商业活动或者影响商业活动的任何人，不得直接或间接取得同样从事商业活动或者影响商业活动的任何活动的任何其他人的全部或部分股份或资产，如果这种取得在国内任何地区的任何商业领域具有可能实质性减少竞争或者产生垄断的后果。可见，美国反托拉斯法禁止合并的实体标准采用了“实质性减少竞争”标准。依此标准，一项并购是否应予禁止，取决于其是否会实质性减少市场竞争，如果是，则加以阻止，反之，则予以批准。

为了细化这一标准，1992 年美国《横向并购指南》阐明了主管机关在决定是否应对一项横向并购提起异议时应采取五步分析法：第一步在界定市场的基础上，应分析并购是否显著地增加市场集中度并导致集中化的市场；第二步根据市场集中度及有关事实，分析并购是否会引起潜在的反竞争效果；第三步评估新的市场进入是否能及时、可能、充分地抵消并购的反竞争效果，以削弱并购后企业的市场势力；第四步分析并购是否产生当事人不能通过其他途径实现的效率；第五步评估在没有并购的情形下，并购当事人是否会破产而退出市场。通过对市场集中、潜在的反竞争效果、市场进入、效率和破产等因素进行五大步骤的详细分析，主管机关可以得出一项并购是否严重减少了竞争的结论，进而决定是否同意一项合并申请。

四、我国的审查标准及审查程序

我国《反垄断法》第 21 条规定，经营者集中达到国务院规定的申报标准的，应事先进行申报，未申报的不得实施集中。因为有些经营者集中活动事实上是企业集团的内部交易，对市场竞争不会产生重要影响。我国《反垄断法》第 22 条规定，经营者集中有下列情形之一的，可以不向国务院反垄断执法机构申报：(1)参与集中的一个经营者拥有其他每个经营者 50%以上有表决权的股份或者资产的；(2)参与集中的每个经营者 50%以上有表决权的股份或者资产被同一个未参与集中的经营者拥有的。

我国《反垄断法》第 21 条要求达到一定标准的经营者并购进行申报，但却没有规定具体标准，而是由国务院对经营者集中的具体申报标准作出规定并进行适当调整。为此，国务院专门发布了《关于经营者集中申报标准的规定》(以下简称《申报标准规定》)。《申报标准规定》采用经营者的营业额作为"门槛"的确定方式，参与集中的所有经营者的年度营业额越高，集中的规模越大，反之越小。

以经营者的营业额作为"门槛"的确定方式，也为其他国家采用，如德国。但是，在世界范围内，仅采用营业额作为"门槛"的确定方式的国家并不占多数，较多国家不仅以营业额，也以其他方式确定"门槛"。在各国实践中，能够说明集中规模的，除营业额外，还有市场份额或市场占有率、资产额、收入额、利润额、经营者在相关市场排名等。当然，采用营业额作为"门槛"的确定方式并没有错，营业额确实能够说明规模，而且它能够运用于所有类型的经营者集中，特别适宜于混合经营者集中和纵向经营者集中；但正是因为它运用范围的广泛，也就暗含了它表明的规模不够精确，特别是在说明横向经营者集中规模时尤其如此。

《申报标准规定》第 3 条对需要申报的经营者集中作出了"门槛"的定量规定："参与集中的所有经营者上一会计年度在全球范围内的营业额合计超过 100 亿元人民币，并且其中至少两个经营者上一会计年度在中国境内的营业额均超过 4 亿元人民币；或者参与集中的所有经营者上一会计年度在中国境内的营业额合计超过 20 亿元人民币，并且其中至少两个经营者上一会计年度在中国境内的营业额均超过 4 亿元人民币。"

《反垄断法》第 25 条还就经营者集中审查的程序做出了规定。反垄断执法机构应自收到经营者提交的符合规定的全部文件、资料之日起 30 日内，对申报的经营者集中进行初步审查，作出是否实施进一步审查的决定，并书面通知经营者。第26条规定，反垄断执法机构决定实施进一步审查的，应自决定之日起90日内审查完毕，作出是否禁止经营者集中的决定，并书面通知经营者；作出禁止经营者集中的决定，应当说明理由。审查期间，经营者不得实施集中。该条还规定，在必要情况下，反垄断执法机构可延长第二阶段审查时限，但延长的期限最长不超过60日。上述关于审查期的规定有很多优点。特别是两阶段审查期可以使绝大多数与市场竞争有利或者与市场竞争无害的经营者集中早日得到批准。即在这种情况下，大部分经营者集中可在第一审查期的30天内得到批准。30天内没有被告知得到批准的合并，只要没有被通知进入第二审查期，合并也被视为得到了批准。因为经营者集中的审查期间是企业组织结构最不稳定的时期，缩短审查期，尽快使那些于市场竞争无害的经营者集中得到批准，这对于稳定企业组织结构和促进企业生产经营活动有重要的意义。

五、审查标准的趋同性

欧盟规定了市场优势地位标准，美国确立了实质性减少竞争标准。从实体法角度讲，市场优势地位标准和实质性减少竞争标准具有很大的相似性，都涉及相关市场范围、市场结构以及集中行为对市场竞争可能产生的影响等等，但在考察基点和分析方法方面存在着一定的区别。

从考察的基点来看，市场优势地位标准过于重视市场静态结构，如经营者的规模或市场集中度，而没有充分考虑动态或行为的因素，而实质性减少竞争标准将考察的重点放在经营者市场行为和经营者的动态竞争上，不仅禁止因集中产生或加强市场优势地位而导致竞争的实质性减少，还禁止通过改变市场结构而导致集中后的经营者走向合谋或通过单边效应导致市场竞争的实质性减少，因而具有更大的弹性和灵活性。

从分析方法角度看，实质性减少竞争标准采用了经济学以及产业组织研究中较为复杂的微观经济的理论、工具和模型等分析方法，注重效果分析，在分析方法上比市场优势地位标准更具优越性，更能体现出对市场竞争的维护。

自2001年12月欧盟委员会发表《关于修改〈合并条例〉的绿皮书》，开始重新审视市场优势地位标准和实质性减少竞争标准问题。2004年1月20日，欧盟部长理事会通过了《理事会关于企业之间集中控制条例》，即139/2004号合并控制条例，对原有的实体标准进行了修改，引进了“严重妨碍有效竞争”标准，规定如果一项并购尤其是因其产生或增强企业的支配性地位而严重妨碍共同体市场或其相当部分地域的有效竞争的，则应宣布该并购与共同体市场不相容，并予以禁止，相反，则不应阻止。与第 4064/89 号并购条例相比，新条例将一切严重妨碍有效竞争的合并全部纳入控制范围。欧盟并购控制实体标准的改变意味着欧盟更加强调合并对竞争的影响，而非市场优势地位本身，这与美国实质性减少竞争标准趋于一致。

此外，英国、新西兰、澳大利亚、加拿大等国家都纷纷采用美国式的实质审查标准，不少欧盟成员国也在积极筹划变更其实质标准，亚洲的日本、韩国和我国台湾地区也都采用实质性减少竞争标准。由此可以看出，各国对经营者集中控制的实体标准出现了趋同化，“实质性减少竞争”标准已成为多数国家的选择，并已成为一种发展趋势。

第四节　经营者集中的效率抗辩

一、效率抗辩的含义

效率抗辩是指对于实质性损害竞争的经营者集中，如果其对社会的好处大大超过了对竞争造成的直接损失，就会被准许。经济效率不仅是考虑一项经营者集中是否应被禁止的重要标准，而且成为一项竞争政策的目标。在早些时候，不管是美国，还是欧共体，在处理经营者集中案件时都持“效率过错”观点，而不是“效率抗辩”观点。

在反垄断法体系中，经营者集中反垄断审查制度是其重要组成部分。从国外一百多年反垄断历史看，经营者集中反垄断审查制度体现了各国经营者集中反垄断的理论方法和价值取向。由于经营者集中能够提高产业集中度，形成市场势力，造成反竞争的效果，降低资源配置效率，长期以来，经营者集中反垄断审查的目标是反竞争效果，依据的理论方法是美国哈佛学派的 SCP(结构—行为—绩效)范式，审查对象是市场集中度或者经营者的市场份额。20 世纪 70 年代以后，在美国芝加哥大学效率学派的大力推动下，效率得到竞争当局的认可，效率纳入经营者集中反垄断审查中并成为各国竞争当局面临的重要任务。因此，效率纳入经营者集中反垄断审查的问题经历了从忽视、犹豫到积极接纳的过程。经营者集中“效率”指的是经济学所定义的对稀缺资源的有效利用，经济学家发现经营者集中能够产生的效率主要有生产效率、动态效率、交易效率和管理效率等。

20世纪80年代至21世纪初，美国、欧盟、加拿大、英国、澳大利亚、德国、爱尔兰、日本、巴西、罗马尼亚等十多个国家和地区修订了经营者集中的有关政策法规，规定将效率纳入经营者集中反垄断审查中。由于本国国情、理论基础、政策沿革和反垄断目标等不同，各国将效率纳入经营者集中反垄断审查中的政策主要包括这几个方面：效率纳入经营者集中反垄断审查的条件要求；不同效率类型纳入经营者集中反垄断审查中采用的方式；权衡效率与反竞争效果的社会福利标准；等等。

经营者集中审查制度中纳入效率考虑因素，是反垄断法逐步纳入经济学分析方法和理论的结果，也是经济全球化发展的必然。从经营者集中审查制度发展历史进程看，其政策离政治或其他社会目标越来越远，离经济目标越来越近，效率就是最明显的风向标。随着全球性合并的发展，全球范围内的竞争越来越激烈，增加经营者的竞争力特别是国际竞争力成为各国追求的目标，而提高和促进效率就成为非常自然的事情。这必然导致在合并评价中，友善地对待效率，在效率可以抵消竞争损害效果时，允许产生竞争损害效果的合并。

二、经营者集中审查与效率的抗辩——以美国为例

如果经营者集中所带来的经济效益方面的好处大于损害竞争所带来的害处，以效率为理由的抗辩就会允许合并继续下去。美国的合并控制至少在一定程度上是沿着这个方向走的。但是，根据欧盟的《欧共体经营者集中控制条例》，仅在很少的裁决中采用了效率作为抗辩的理由。很明显，这个问题与经营者集中控制的实质性标准有密切的关系。采用了市场优势地位标准的经营者集中就很难对效率做相应的考虑。

美国关于效率与竞争可能出现的冲突，最有名的是威廉姆森（Williamson）提出的对二者进行权衡的理论。根据这个为效率进行抗辩的理论，合并所带来的效率收益大于给竞争带来的损失。美国《横向合并指南》第4条明确考虑了这些效率。对效率予以肯定是该合并指南在1997年再次进行修订的主要原因。该《指南》第一次详细规定了司法部和联邦贸易委员会在合并案件分析中可以考虑的效率。在《指南》修订后的第4条，开始是对与竞争有关的效率的原则性认可，指出“合并可以通过更好地利用现有资产，使合并后的企业在生产一定数量和质量的商品时降低参与合并的企业除合并方式外所不可能降低的成本，从而创造出更高的效率”。以上可以看出，《横向合并指南》似乎认为合并可以带来广泛的可能会有利于竞争的后果，而且似乎政府会接受所有与合并有关的效率，只

要合并会带来更低的价格、更好的质量和服务或者新的商品。但是，这句话的一个注释清楚地表明，①政府只是承认那些会影响边际成本的效率，而不是其他的效率。因此，应当更多地权衡短期效率与所说的长期成本节约，尽管合并指南说明应当考虑今后的效率。

此外，美国的《横向合并指南》还提出，合并案中将被考虑的效率必须是“与合并有关的效率”。“与合并有关的”效率是指，“通过合并可能会取得、不通过合并以及不通过其他具有限制竞争后果的方式就不可能取得的”效率。因此，政府当局不会考虑不通过合并就可能会产生的有利于竞争的效率。由于很难界定“与合并有关的”效率，而且事实上企业的内部增长至少在理论上是合并的另一种选择，因此这个《指南》指出，政府将主要关注参与合并的经营者在特定经营状况下面临的可能选择。因此，参与合并的经营者必须解释：(1)如何取得、何时取得以及以何代价可以取得效率；(2)为何这个合并必然会节约成本；(3)合并是否可能取得效率以及可能取得的最大效率；(4)这个效率会如何影响合并企业参与竞争的能力及动力。

管理当局在权衡这些效率时，要从收益中减去合并及获取成本节约所花费的成本。因此，只有净收益才能拿来与限制竞争的后果进行比较。如果参与合并的经营者所称的效率是这样的效率，而且这个效率完全可以抵消合并可能给相关市场的消费者所带来的损害，管理当局对这个合并就不会提反对意见。在仍然存在着充分竞争的条件下，效率所带来的好处还要与消费者的福利相比较。

三、对我国经营者集中反垄断审查的启示

我国《反垄断法》第1条确立了反垄断审查中的效率原则，表明了在反垄断审查时对效率抗辩所持的积极态度。虽然没有在反垄断法的其他条文中具体将效率作为审查经营者集中考虑的因素，但可以在其具体实施条例里细化这个考量因素。这不仅因为经营者亟待通过提高效率提升经营者的竞争力，而且我国现阶段的经济发展水平也迫切需要更多关注经营者集中所产生的效率。因此，在经营者集中的反垄断审查中，应当以效率作为优先的考虑因素。将效率作为一个单独考虑的因素，纳入到经营者集中的反垄断审查中，避免有利于社会经济

---

① 该注释为：“如果在实践中，一种效益可以通过其他损害竞争较少的方式而取得，例如通过撤出资金或者转让资金的方式，这个效益就不能被称为合并特有的效益。如果一个合并涉及的问题不是能否产生效益，而是产生效益的时间，时间选择上带来的好处就是合并特有效益”。

发展的经营者集中遭到禁止。

关于经营者集中的效率抗辩，往往涉及“产业政策与竞争政策”的关系问题。特别是在经济全球化背景下，如何提高国内企业的国际竞争力被看作国内反垄断法的政策目标之一。因此，有人提出如何合理地对经营者集中进行审查，对那些刚刚开始参与国际竞争的经济主体而言，显得尤其重要。在制订有关经营者集中方面的法律规定，都应或多或少考虑产业政策，这包括广义的社会公共利益标准、国际竞争力以及技术和经济进步。除了制订的相关规则，最重要的是适用这些规则的机构在实施经营者集中的反垄断审查时，必须充分关注竞争政策之外的产业政策的现实需求。

如果禁止合并是因为合并会导致相关国家市场上的市场优势地位，这样做是正确的，这个合并也应当予以禁止。但是，必须认识到，这种情形下界定相关的地域市场是一个很重要的方面。关键是应当考虑这个相关市场是国内市场，还是国际市场。如果一个公司关心的是其国际竞争力，而且在跨国交易中不存在政府方面的障碍，就应认定其商业活动的市场是国际市场。而且，如果市场被定义为国际市场，往往一国的经营者一般也不会占市场优势地位。这样就没有理由适用国内的合并控制法，禁止有关经营者的合并。总而言之，发展中国家的经营者，如果其经营活动是国际性的、甚至是全球性的，其并购活动不会受到合并控制的干预。但是，应当规定，如果国内经营者没有受到激烈的国际竞争的制约，其市场则应被界定为国内市场。由于国内合并的结果会给国内市场带来不利的影响，这个时候应当采用合并控制的法律手段。

我国的国民经济总量已经跃居全球第二位，但是，我国市场活动主体的国际化程度并没有与之相匹配。如何实现国际化战略参与国际市场竞争，形成具有国际竞争力的大企业，是我们必须考虑的问题之一。出于建立和维护市场有效竞争之目的，经营者集中除了应当涵盖能够直接或者间接对其他经营者产生支配性影响以致能够改变市场结构的其他经济活动，还应该从全球化的视野考察一项经营者集中对本国经济产生的实质性的影响。反垄断法是保护市场公平竞争的法律，经营者集中审查的目的，不是反对经营者扩大规模，而是避免因规模扩大带来的反竞争效果，这不仅有利于经营者的健康发展，有利于市场机制的正常运行，也有利于营造一个公平的国际竞争环境，最终使消费者从全球性的集中交易中切实得到实惠，分享全球化带来的利益。为此，我国《反垄断法》第 27 条规定了商务部反垄断执法机构在对经营者集中案件进行审查时应当考虑多方面的因素。同时，我们也要充分注意到我国的反垄断执法机构应该充分尊重经营者的经营决策，特别是经营者进行并购的时候投入大量资金进行收购，有巨大负担，执法机关应该了解经营者的状况，尽可能为企业提供各种便利，使经营者集中审查更迅速快速有效的进行。对执法机关的审查人员来说，应该在高度的专业技术之上，还应该有一种压力，为经营者集中提供便利，尽可能在合理范围内快速有效的进行审查。特别是一个大的跨国性并购，往往向各个国家的执法机关提出申报，如果其他国家申报通过或者进行非常准备，而我国的申报审查非常缓慢会影响执法机关的声誉。

第八章　自然垄断与行政垄断

第一节　自 然 垄 断

一、自然垄断概述

自然垄断是一种特殊的垄断形态，是指由于存在着资源稀缺性和规模经济效益、范围经济效益，使提供单一物品和服务的经营者或联合起来提供多数物品和服务的经营者形成一家公司（垄断）或极少数经营者（寡头垄断）的概率很高。我们把这种由于技术理由或特别的经济理由而成立的垄断或寡头垄断，称为“自然垄断”或“自然寡头垄断”。

自然垄断一般是由于市场的自然条件而产生的垄断，经营这些部门如果进行竞争，则可能导致社会资源的浪费或者市场秩序的混乱。某一产业具有自然垄断特性，就被称为自然垄断行业。自然垄断行业通常具有这样一种生产技术特征：面对一定规模的市场需求，与两家或更多的经营者相比，某单个经营者能够以更低的成本供应市场。早期的自然垄断概念与资源条件的集中有关，主要是指由于资源条件的分布集中而无法竞争或不适宜竞争所形成的垄断，在现代这种情况引起的垄断已不多见。自然垄断行业的初始投资往往十分巨大，如果任由市场竞争机制发挥作用，政府不加以适当规制，可能会产生不利于社会福利改进及资源最优配置的结果。常见的后果有两种：一种结果是市场竞争无法实现优胜劣汰，任何经营者都达不到经济规模，恶性竞争持续不断；另一种结果是市场竞争达到了均衡，某个经营者独占市场份额，达到规模经济，行业生产成本因此而大幅度降低，但是无数其他经营者被竞争淘汰。

法学意义上一般认为自然垄断是指由于市场的自然条件而产生的垄断，经营这些部门如果进行竞争，则可能导致社会资源的浪费或者市场秩序的混乱。法学上的自然垄断概念不仅涵摄了经济学上自然垄断的内容，还突出了现代竞争法的精髓。这是社会进步的客观反映。我国竞争法学者王晓晔则通过“网络”来定义自然垄断行业。她指出，“传统上，与网络相关的经济部门大都被视为自然垄断的行业”，这里的“网络是指一定地域内为运送人员、商品或者为了传递信息而形成的系统”，包括邮政网络、铁路网络、电话网络、电力网络、煤气网络、高速公路网络、航空运输网络等。自然垄断行业大都集中在基础设施和公用事业，如电信、电力、铁路运输、民航、煤气和自来水供应等，之所以成为自然垄断行业，主要原因在于这些行业都具有以下主要特征：

（1）经营者服务渠道的管网性及固定成本沉淀性。自然垄断行业向社会提供的商品或者服务通常都是通过固定的管道或者线路进行的。所有这些网络的建设耗时长、投资大、规模要求高。自然垄断行业在设备和基础设施方面需要数额巨大的投资，固定成本一旦形成，折旧需要很长的时间，并且设备和基础设施很难转用于其他用途，这些资本沉淀在这个产业就很难再抽回。

（2）公益性。自然垄断行业面向全社会，为社会提供公共商品和公共服务，服务于各行各业和千家万户，企业经营公益性较强。因此，它们的经营状况如何，能否提供安全和价格合理的商品与服务，直接关系到人民生活和国民经济的发展，并对社会的稳定和安全造成直接的影响。由此，各国对自然垄断行业一般都给予高度的重视，在基本政策方面更多地考虑社会效益，对经济效益的追求服从于社会效益。

（3）行业内的部分业务具有可竞争性。细加分析就会发现，并非自然垄断行业的所有业务都具有自然垄断性，有些业务是可竞争性的业务。如电力行业的确带有自然垄断性，但自然垄断性体现在输电网络这个环节，发电环节则是比较典型的竞争性领域。再如铁路行业，其基础设施，包括铁路、桥梁、通信信号系统和调度指挥系统等，具有很强的自然垄断性，而运营部门，包括客运、货运、车辆等，却是可竞争的。

（4）消费者或用户的不可选择性。由于在自然垄断行业中，一定市场范围内不存在具有竞争地位的其他经营者。因而，对消费者和用户来说，他们往往不能像对待一般的经营者那样，可以根据自己的偏好和意愿对经营者可以“用脚投票”，只能被动地接受独占经营者提供的商品和服务。由于选择其他经营者的服务不可能或成本过高，所以，即使经营者提出极为苛刻的条件，消费者往往也必须接受，否则其需求就可能得不到满足。因此，在自然垄断行业中，消费者保护问题便显得尤为突出。

（5）缺乏完全市场化的内在动力。自然垄断行业大都属于基础设施和公用事业，如铁路、公路、港口、航空、通信等都是现代工业发展不可或缺的重要基础，而水、电、煤、气等公用事业是维持居民和机构生活和运营所必不可少的基本条件。这些行业往往投资巨大，投资回收周期长，市场发育水平低、私人经营者力量有限或者因为私营经营者的唯利性的价值取向难以符合国家要求的社会公共目标，因此，私人投资一般不愿涉及这个领域；同时，由于受社会公共利益的制约，经营行业往往很难获得很高利润回报和在短期内收回投资成本，这使得自然垄断行业缺乏完全市场化的内在动力。

二、自然垄断存在的原因

西方自然垄断理论从产生到发展大概经历了规模经济、范围经济和成本次可加性三个阶段，它们各自解释了自然垄断出现和存在的原因。

(1) 规模经济理由。自然垄断会产生规模效益。在一定范围内，生产规模的扩大，可以采用更大型的高效设备，从而节约投资，降低消耗，减低成本费用；大规模生产经营有利于生产过程的标准化、专业化和简单化，使专用设备、自动流水线的采用成为可能；生产规模扩大，生产批量增加，有助于采用先进工艺；由于某些生产具有不可分性，有些设备和人员在生产规模较小时不能够充分利用，只有在规模达到一定程度时才能够得以充分利用。

(2) 范围经济理由。自然垄断的另一个重要意义表现在范围经济方面。范围经济存在的根本原因在于：经营者投入的生产要素具有多重经济价值；资本设备和生产线的多功能性；一种生产要素投入的可重复使用性；零部件和中间商品的多种组装性能；厂商的无形资产，可以在扩大品种范围上的重复实用性。对于经营者来讲，利用范围经济最主要的形式就是多元化经营。多元化经营有利于经营者市场交易费用的节约。因为在不确定的市场环境中，包括搜寻信息、发现相对价格以及谈判签约履约等市场交易费用是如此之大，以致使单纯的社会性专业分工不合算。因此，实行多元化经营的企业，把大量的外部交易内部化、组织化、协调化，大大节约了市场交易费用，这一过程本身就意味着资源配置效率的提高。

(3) 成本次可加性理论。成本次可加性是产生自然垄断新的基础。1982年，美国著名经济学家夏基、鲍莫尔、潘泽与威利格等人认为，即使规模经济不存在，或即使平均成本上升，但只要单一经营者供应整个市场的成本小于多个经营者分别生产的成本之和，由单个经营者垄断市场的社会成本最小，该行业就仍然是自然垄断行业。自然垄断的定义或者最显著的特征应该是其成本的劣加性。换句话讲，就是平均成本下降是自然垄断的充分条件，而不是必要条件。平均成本下降一定造成自然垄断，但自然垄断不一定就是平均成本下降。只要存在成本弱增性，就必然存在自然垄断。成本的次可加性理论的提出，掀起了 20 世纪 80 年代的自然垄断理论的变革，从理论上进一步解释了自然垄断存在的根源。

三、自然垄断与经济垄断、国家垄断和行政垄断

作为竞争的对立物，垄断本身具有两重性：一方面，垄断排斥、妨碍自由和公平竞争，扭曲价值规律，妨害市场机制对资源配置的作用。另一方面，一定条件下适当的垄断同资源的合理配置并不抵触，这种垄断的存在给社会带来的利益往往大于因其限制竞争所造成的损害。在某些特殊行业或领域里，过度的竞争并不符合国民经济的发展或者给消费者带来最大利益。因此，作为规制垄断问题的反垄断法应当以保护有效竞争为宗旨，既要保护竞争机制不受破坏，保持竞争的活力，又要设置一定的例外机制以克服某些无效益的过度竞争，保护合理的垄断。正是基于这种情形，世界各国反垄断法均设置了适用除外制度。

有学者曾撰文指出，我国的自然垄断行业中存在国家垄断、经济垄断和行政垄断等多种性质不同的垄断形态。因此，有必要在此对自然垄断与相关垄断的概念作一辨析。

(1) 自然垄断与经济垄断。经济垄断是与行政垄断相对应的概念，它是指自然人、法人或其他经济组织运用经济力排斥、限制或妨碍竞争的行为。经济垄断是凭借经济力来实施的，其目的是为了获取垄断利润，并且是一种非法垄断。而自然垄断行业原则上是受反垄断法豁免而合法存在的。在由非国家的市场主体经营的情况下，就会出现与经济垄断相似的情形，主要是自然垄断企业凭借其经济优势而滥用市场优势地位。对于这种行为仍需要反垄断法的规制。

(2) 自然垄断与国家垄断。所谓国家垄断，是指法律不仅规定允许垄断和限制竞争，而且还规定由国家直接投资经营，并在一定程度上排除非国家资本的进入。国家垄断是一种合法行为，与自然垄断共同位居反垄断法适用除外领域。自然垄断行业中有国家垄断存在，这在西方国家一直如此。在未对自然垄断行业放松管制以前，西方国家的大部分自然垄断行业是由国家垄断经营的。同样，新中国成立后的相当长时期内，包括自然垄断行业在内的所有行业都是由国家垄断经营的。改革开放后，特别是建立社会主义市场经济体制的目标确立后，我国在绝大部分非自然垄断行业中引入了竞争机制，国家垄断格局逐步打破。对自然垄断行业如航空运输业、铁路运输、电信业、电力业的管制体制也进行了初

步改革，但总体而言，这些行业仍实行国有国营，国家垄断居于主导地位。

(3) 自然垄断与行政垄断。行政垄断是指政府及其所属部门滥用行政权力，排除或限制竞争的行为。行政垄断是一种超越或者滥用行政权力调节经济的行为，它具有天然的违法性。自然垄断产业依其自身特点形成了由国家和政府直接投资，国有国营的局面，再加上我国的市场经济体制不是十分完善，政企不分现象严重，因此在我国出现了自然垄断产业行业垄断和行政垄断混合的复杂现象。但是，两者之间仍然具有明显的区别。

四、反垄断法、管制政策、自然垄断

反垄断法是政府调节经济的基本手段，经济管制是政府为保护公众利益免受垄断行为的侵害，对价格、营销、市场准入与退出等实施的控制政策。两者共同指向垄断行为，是政府规制市场力量的两大法宝。反垄断法和管制政策是政府对市场竞争行为进行干预的主要手段。西方市场经济条件下的政府为了达到促进市场竞争、维护市场公平、提高市场效率的目标，同样需要对市场进行行政干预。干预的主要手段则主要是反垄断法和管制政策。应该承认，这些干预措施在提高市场效率、优化资源配置方面确实起到了一定的积极作用。

当然并不是说，经营者一旦具有垄断力量，就要对其施以反垄断措施的制裁。在存在自然垄断的市场中，取缔垄断、促进竞争并不利于市场效率。这时，对垄断企业或垄断行为的控制只能是在调整市场的范围内进行合理的管制。行之有效的管制能够消除市场带来的低效率，增加社会福利。

对自然垄断产业进行管制的原因，主要是从实现规模经济的角度进行考虑。规模经济理论认为，自然垄断产业的经营者，其生产的平均成本随着产量的增加而持续下降，也即是其生产具有明显的规模经济性。因而，由一个大企业大规模生产，要比由几家较小规模的企业同时进行生产能更有效地利用资源，对全社会而言总成本是最小的。至于由哪家企业进行生产，需要政府对市场状况和企业经营特征进行考察，选择一家适合的企业从事该产业生产，其他企业不得进入。由此决定了政府有必要对这些行业进行进入管制。

政府对自然垄断行业不仅应进行进入管制，实现规模经济，还应进行价格管制，保护消费者利益。根据微观经济学的基本理论，只有当价格等于边际成本时，社会的总福利(包括消费者剩余和经营者剩余)才最大。但在自然垄断行业，当价格等于边际成本时，经营者是亏损的，因为自然垄断行业的生产处于平均成本曲线下降阶段，这时边际成本曲线一定处于平均成本曲线之下，边际成本定价必然使总成本大于总收入，由此导致政府在社会福利与经营者利益之间进行取舍的两难处境，并使政府出面对价格进行管制成为必要。否则，经营者将为获得更高的利润，而制订较高的垄断价格，从而损害消费者的福利。

然而，由于信息的不对称和不确定性以及制度缺陷所导致的道德风险等问题，政府管制者常常不能很好地进行管制。近些年来，越来越多的政府管制者已经开始意识到了让市场发挥作用的重要意义，并且着手在一些市场上改善或者取消了不适当的管制。

第二节　自然垄断的反垄断法规制

一、自然垄断的反垄断法规制原因

对自然垄断实施反垄断法规制的逻辑前提是：自然垄断有其存在的必然性和合理性，但是自然垄断的限制竞争行为也可能导致损害效率的后果。

在市场经济条件下，社会经济发展的主要推动力来源于市场。市场具备推动力的全部奥秘在于活动于市场中的经营者追求个人利益最大化。然而，社会中存在这样一些“公共商品”，他们对每个人的生产或者生活都是必需的。自然垄断行业允许存在垄断状态，纯粹是出于“社会公益”价值考虑。自然垄断行业的商品和服务具有很强的社会公共性，与老百姓的生活息息相关，它的经营状况如何，能否提供安全和价格合理的商品与服务，直接关系到群众生活与经济的发展，并对社会的稳定与安全造成直接的影响。自然垄断行业如果允许自由竞争，一旦出现竞争秩序问题，就会涉及千家万户的生活质量，严重的还会引发社会动荡。因此，自然垄断有其存在的客观必要性。

自然垄断行业的商品或者服务往往是通过固定的网络或管道提供，投资成本很高，投资成本的回收期限相对较长，如果引入竞争机制，多个经营者进行竞争，必然会带来社会资源的巨大浪费，显然是不经济的。此外，基于资产的专用性，自然垄断行业也存在着较高的退出成本。竞争如果过于激烈，则有些经营者可能因为经营亏损而退出市场竞争，其投资形成的沉淀成本不能转为他用，损失很大，与效率价值背道而驰。因此，自然垄断也有其存在的经济合理性。

自然垄断行业的适用除外同样需要兼顾公平价值。自然垄断行业部分业务也具有可竞争性，自然垄断行业的反垄断法豁免并非绝对地排除竞争，自然垄断行业在豁免的前提下应支持一定程度的竞争。有鉴于此，对自然垄断行业既要排除过度竞争又要实行合理的规制。

二、自然垄断与竞争

逐步引进竞争机制，对自然垄断行业的业务进行垂直分割，区分垄断部门与非垄断部门，只对垄断部门实施反垄断例外，对非垄断部门仍严格执行反垄断法规范应成为自然垄断改革的基本方向之一。自然垄断行业存在自然垄断性业务与非自然垄断性业务，要对其进行科学区分，依业务性质的不同除外适用或适用反垄断法，以最大限度降低自然垄断行业适用除外反垄断法可能产生的弊害。因此，在自然垄断产业中引入竞争并非完全放开竞争，不同程度的垄断和限制竞争是必要的。例如，城市供水、供气部分就可以进行类似的改革，只对供水管道、供气管道等网络体系进行垄断管制，对水厂和煤气供应商则实施竞争。在这方面，外国的成功经验可供借鉴，如英国1988年通过的《煤气法》就规定，任何煤气经营者均可以向煤气供应(管制)总监申请获得公共煤气管道的使用权力，从而打破了英国煤气公司在煤气供应上一统天下的格局。英国的电信业自1991年取消了“双寡头垄断政策”后，允许其他企业进入电信产业向消费者提供各种通信服务，有效地促进了电信企业自主地提高经济效率，目前英国除了BT外还有Vodafone、O2、T-Mobile、Orange、Hutchison 3等多家电信公司。有资料表明，现在英国电信公司的主要电话价格较1984年已经平均下降一半。

反垄断法对自然垄断行业的豁免只是相对的，而不是绝对的。反垄断法豁免是对竞争机制在特定情形下的一种变通处理模式，它本身是在反垄断法的体系之中存在，仍应受到反垄断法基本精神的约束。严格地说，反垄断法实际上只对自然垄断行业的市场结构地位实施豁免，并不对其实施滥用市场优势地位而实施的限制竞争行业实行豁免。总之，如果自然垄断行业利用独家经营权而实施不公平竞争行为，仍应受到反垄断法律的规制。

自然垄断行业除外适用反垄断法，主要是出于以下两方面的考虑：其一，节约成本，也就是自然垄断的成本低于竞争的成本，从而避免了因过度竞争可能造成的社会资源的巨大浪费；其二，增强反垄断法的灵活性，当某种限制竞争的行为存在促进竞争的益处，而且其促进竞争的益处大于限制竞争的害处时，就能除外适用反垄断法。由于自然垄断具有经营独占性及用户的不可选择性，自然垄断行业的经营者如果过分追求自身的经济利益，那么它完全有可能利用其垄断地位获得高额垄断利润。一旦自然垄断企业实施限制竞争行为并破坏了市场竞争机制，那么就不能得到反垄断法的豁免，而应受到反垄断法律的规制。凡制定并实行反垄断法的国家都确立了限制垄断行业滥用权力的制度，对滥用权力行为不予豁免。例如1980年9月发布的联邦德国反对限制竞争法第103条规定：供应电力、煤气和水的公用工程企业，如果滥用反对限制竞争法的适用除外规定，卡特尔局可以要求成员企业停止已经发生的滥用，或要求成员修改合同或决议，或宣告合同或决议无效。

三、自然垄断行业存在的主要问题

（1）行业经营效率低下，普遍依赖财政。传统的经济理论认为，自然垄断行业应该由政府直接投资，实行垄断经营。我国和其他一些社会主义国家，曾经实行计划经济，国外所称的自然垄断在这种体制下全部演变成了“国家垄断”。我国自然垄断行业的垄断状态使本行业的经营者缺乏谋求发展的内在动力和外在压力，同时，我国的自然垄断行业价格大都由政府根据企业上报的成本直接定价。由于政府通常难以掌握企业成本的完全信息，因而往往企业上报多少，政府批多少。结果导致一方面企业缺乏创新的动力，另一方面企业却能凭借垄断权获取高额垄断利润。由于价格扭曲及缺乏有效竞争等原因，中国自然垄断行业经济效率低下，出于公共利益的考虑，我国对某些自然垄断行业长期给予财政补贴，这就造成了自然垄断行业对国家财政的依赖，使某些自然垄断行业成为政府财政的一大包袱。

（2）市场优势地位滥用，损害消费者的利益。近些年来，随着我国经济体制改革的推进，国家赋予自然垄断企业一定的经营自主权，使企业有了盈利的动机，但在体制改革尚未最终完成而缺少有效规制的情况下，这些行业极有可能利用其曾有和仍有的特殊地位和手中的行政权力谋取不正当的经济利益。自然垄断行业存在为数众多的异化了的、极不合理的垄断现象，这些行为有时还借助于格式合同这一经济发展的产物，侵犯消费者的利益。例如电力部门强制用户购买其指定电表的行为等。

（3）原有企业排斥其他经营者进入市场。近几年来，我国对电信、电力等自然垄断行业的政府管制体制进行了一些改革，如在自然垄断行业中放松政府管制，培育市场竞争力量，取得了一定成效。但也产生了一些新问题，如电信业虽引入了竞争，但由于相关法律的缺位，在市场进入、互联互通、网间付费、带号入网、无线电频率等公共资源的分配实行限制性措施。由于我国自然垄断行业是一个长期处于严格管制的市场，政府规制体制改革还处于初始阶段，再加上传统计划经济基础上形成问题的复杂性，如何提高对自然垄断行业的管理效率，还有很长、很坎坷的路要走。

四、我国自然垄断与反垄断法规制

新中国建立后，我国实行的是计划经济体制，人们的衣食住行都纳入了政府计划的行列。在这种大环境下，对自然垄断行业实行的也是由政府直接投资、垄断经营、政企高度统一的政府管制体制。从历史角度看，这种政企合一集中式的规制体制在建国后的一定时期内，在集中大量资金投资建设自然垄断行业方面曾发挥了相当大的作用。但是，随着我国市场经济的发展和技术的进步，这种规制体制的弊端就日益明显。

20 世纪 90 年代，我国开始建立有中国特色的社会主义市场经济体制，各自然垄断行业也有相应的改革。如随着电信业需求的快速增长，对广大消费者的影响最大，电信业自然成为垄断行业改革的先行者。在 1993 年之前，中国电信业一直都是由邮电部门一家垄断，但现在已经形成五大运营商加一个中国卫通的“五加一”格局，即中国电信、中国网通、移动、联通、铁通外加中国卫星通信公司。又如电力部门的改革，1997 年初成立的国家电力公司承担国有资产的经营职能、企业经营管理职能和国有资产的保值增值责任。1997 年以后，以国家电力公司为首曾经推动了“政企分开、省为实体”、“厂网分开、竞价上网”的电力改革。2002 年，原国家电力公司又被撤销，组建国家电监会、两大电网公司和五大发电集团。2000 年 3 月，当时的铁道部部长傅志寰宣布，铁道部已经确定了“政企分开、网运分离、引入竞争、加强监管”的改革总体思路。当年 10 月，铁道部在昆明、呼和浩特、柳州和南昌 4 个直管站段的铁路局开始组建客运公司的试点；2000 年 12 月，又在广铁集团公司组建了客运公司。之后，在全国 14 个铁路局推开。2001 年 4 月，民航总局召开民航直属企业改革重组动员大会，民航业的改革正式进入民航管理体制改革的攻坚阶段。2002 年，中国民航九大航空公司合并为中国航空集团公司、中国东方航空集团公司、中国南方航空集团公司三大航空集团。2002 年 10 月 11 日，这三大航空运输集团和中国民航信息集团公司、中国航空油料集团公司、中国航空器材进出口集团公司三大航空服务保障集团在京宣告成立。至此，民航重组尘埃落定，民航总局和六大航空集团彻底脱钩。

诚然，自然垄断会带来不少收益，我国自然垄断行业的收益主要表现在防止了企业过度竞争和重复建设，避免了不必要的经济损失；促进了规模经济和范围经济，降低了生产成本，提高了企业的经济效率；能更好地保证商品和服务的有效供给。但是，由于相关法律制度建设的滞后，我国自然垄断行业仍存在诸多问题，解决这些问题的有效措施之一便是我国《反垄断法》的制定。

我国对自然垄断的规制早在1993年9月2日通过的《中华人民共和国反不正当竞争法》中就有规定。该法第6条规定："公用企业或者其他依法具有独占地位的经营者，不得限定他人购买其指定的经营者的商品，以排挤其他经营者的公平竞争。"第23条规定："公用企业或者其他依法具有独占地位的经营者，限定他人购买其指定的经营者的商品，以排挤其他经营者的公平竞争的，省级或者设区的市的监督检查部门应当责令停止违法行为，可以根据情节处以5万元以上20万元以下的罚款。被指定的经营者借此销售质次价高商品或者滥收费用的，监督检查部门应当没收违法所得，可以根据情节处以违法所得一倍以上三倍以下的罚款。"同年12月9日，依据《反不正当竞争法》的上述规定，国家工商行政管理总局发布了《关于禁止公用企业限制竞争行为的若干规定》，作为与《反不正当竞争法》第6条、第23条配套的规章。该《规定》的第4条列举了公用企业在市场交易中，不得实施的几种限制竞争行为。

但是，在《反不正当竞争法》中规定垄断行为，毕竟有点名不正言不顺。再者，《反不正当竞争法》第6条是在公用企业依法具有独占地位的前提下的规定，不能适应公用企业领域引入竞争后，建立与维护自由、公平、有效竞争秩序的需要。因此，作为反垄断法适用除外的一部分，自然垄断行业只能由《中华人民共和国反垄断法》予以规定。为此，我国《反垄断法》第7条规定："国有经济占控制地位的关系国民经济命脉和国家安全的行业以及依法实行专营专卖的行业，国家对其经营者的合法经营活动予以保护，并对经营者的经营行为及其商品和服务的价格依法实施监管和调控，维护消费者利益，促进技术进步。前款规定行业的经营者应当依法经营，诚实守信，严格自律，接受社会公众的监督，不得利用其控制地位或者专营专卖地位损害消费者利益。"

第三节　行政垄断

一、行政垄断概述

在经济学中，有两个术语，一个是"政府垄断"，一个是"政府授予垄断"。前者是政府直接行使垄断权力(比如酒类专卖、烟草专卖),后者是政府将垄断经营权授予某一个企业。我们这里所指的“行政垄断”实际上包括了经济学的“政府垄断”和“政府授予垄断”,将行业壁垒、地区壁垒、政府限制交易或者强制交易、政府专有交易等都看作是行政垄断,从而将行政垄断概括为以下特征:

(1) 行政垄断的主体多为国有独资或国家绝对控股。

(2) 享有行政垄断的企业由政府直接经营或由政府控制经营者的人事权和监管权。

(3) 行政垄断的企业市场份额的获得来源于法律的合法性或行政合法性。

(4) 行政垄断企业之间的竞争是一种低效竞争,表现为不计成本的重复投资和缺少创新的经营理念。

(5) 市场结构以行业性寡头垄断为主。

行政垄断的危害突出表现在限制竞争上,导致产业结构倾斜,降低社会资源的配制效率,恶化市场竞争秩序,管制决策的非公开化极易孳生腐败,加剧社会分配不公,消费者利益严重受损,进而影响到市场的健康发育。

行政垄断虽然与自然垄断之间在某些方面具有相似性,但是行政垄断与自然垄断之间的区别是非常明显的。其主要表现为:

(1) 产生的原因不同。自然垄断的产生原因主要在于经济效率或者效益,而行政垄断则是行政机关或者其授权的组织滥用行政权力所造成的。

(2) 法律性质不同。自然垄断由于它存在相当的积极性,大多数国家在立法上给予其豁免并肯定它的合法地位。行政垄断是我国经济体制转轨时期的特殊产物,其本质是借行政权力行市场行为,它违背了依法行政原则,因此是非法的。

(3) 影响不同。自然垄断往往带来效率经济,增加社会总体福利。而行政垄断则不仅容易导致行政腐败的出现,更会造成市场分割、市场竞争机制的扭曲等弊端。

二、行政垄断的形式

行政垄断可以分为直接行政垄断和间接行政垄断。政府违法行政直接对竞争干预即为直接行政垄断。间接行政垄断则主要表现为行业垄断。行业垄断是指公用企业、中介组织以及其他依法具有垄断地位的经营者滥用优势,实施限制竞争的行为。具体地看,行政垄断包括:

(1) 地区垄断,是指政府及其职能部门通过违法行政建立市场壁垒的行为。

（2）部门垄断，是指行业管理者为了保护本行业的利益违法运用行政权力限制竞争的行为。

（3）行政性强制行为，是指政府不适当干预企业的经营自主权，强制企业购买、出售某种商品或与其他经营者集中等违反市场竞争原则的行为，如以拒绝给予行政许可等方式强制他人购买其指定的商品。

（4）其他带有行政色彩的企业限制竞争行为。例如，政府纵容、帮助或促进之下的经营者集中；强制本地区经营同类商品的经营者联合定价，以排斥外地的经营者；强制本地区的经营者联合拒销、拒购某类商品，使这类商品在本地市场难以经营；强制经营者停止竞争，以协议方式决定生产、销售数量或范围等也属于行政垄断。

行政垄断有合法的行政垄断和非法的行政垄断之分。前面归纳的主要是非法的行政垄断，应受反垄断法的管辖。而合法的行政垄断则应属于反垄断法的豁免范畴。在我国现实生活中，合法的行政垄断现象主要包括：

（1）政企合一的体制下特殊商品或者服务专营、专卖行为。譬如邮政局的邮政专营行为、烟草专卖局的烟草专卖行为等，这些带有垄断性质的行为随着市场经济的发展，必然会产生变化。对这一方面的问题，可以通过修改专门法，譬如《邮政法》、《烟草专卖法》等来加以解决。

（2）国务院各部委机构改革后，设立的行政性控股公司。这一类公司的设立具有历史特殊性。事实证明，在完善法人治理结构之后，这类公司应当尽快改造，要么变成行业协会，成为真正的民间组织；要么成为真正的集团控股公司，承担自主经营、自负盈亏的责任。

（3）国务院各部委设立的传统国有公司。这类公司往往具有特定的经营范围，在计划经济时代起到了一定的作用。但在市场经济条件下，这些公司由于缺乏垄断经营的法律依据，所以绝大部分成为了真正的市场主体。只要这些公司不利用行政权力参与市场竞争，那么就应当允许它们继续存在。

（4）国有资产监督管理委员会的行为。这是改革开放后出现的特有经济现象。由于国务院将主要国有公司归并之后，统统交给国有资产监督管理委员会负责，所以，国有资产监督管理委员会拥有资产调拨、企业撤并、人事安排等一系列重大权力。将国有资产监督委员会的行为看作是一种行政垄断，似乎有些牵强。但是，国有资产监督管理委员会作为出资人，在行使股东权利时往往带有行政性质。

三、行政垄断形成原因

我国改革开放以来，市场化程度不断提高，市场竞争也在逐步成熟。但是，由于长期的历史原因，原有体制中的行政化、官本位权力机制，也在变异中开始寻求新的环境土壤。加之由于中国尚处于社会主义市场经济的探索时期，相关的法律规制还很不完善。于是，原有的行政权力依托不健全的市场机制，寻找到了新的生存机会和条件。综合起来，造成行政垄断的原因主要有以下几点：

(1) 政企分离还不够彻底。由于历史的原因，我国的政府与企业长期联系在一起，政府管企业、企业同时依赖政府这种落后的模式是我国过去长期实行计划经济的产物。进入市场经济以来，推行经济体制改革和政治体制改革，其主要内容之一便是实行政企分离制度。但是，在社会主义市场经济体制的建立和完善时期，我国的政企分离是不够彻底的。企业经营机制及经营观念尚未彻底改变，部分企业热衷于对政府的依赖，习惯于听从政府的指挥和安排，遇到问题不是按市场经济的要求自己处理，而是找政府，这无疑给政府滥用权力找到了适当的借口。而且，在改革中，虽然政府开始转变职能，但政府职权的重新界定和政府部门间的权限分工一时还难以让人准确把握，这造成了一定程度上的相互脱节或相互冲突，也给行政权力的滥用造成了可乘之机。

(2) 财政政策造成了地区、部门利益的强化。任何扭曲的社会现象都是和经济利益相关联的。改革开放后，我国地区、部门利益日趋突出，尤其在实行财政分灶吃饭后，本地、本部门企业的经营好坏，直接影响到财政收入的高低，而本地区财政收支的状况，直接与本地管理者的经济收入相关。这种企业效益与财政收入高低的关联性，使企业的生产经营成为政府必须关注的一个重要问题。在实践中，当企业在竞争中缺乏竞争力、经济效益受到威胁时，政府部门往往不是帮助企业通过正确的市场决策增强竞争能力，尽快适应市场，而是直接用行政命令的方式限制、排斥或阻碍外地同类企业或外部门企业参与竞争。为了达到较好的地方财政状况而追求地方、部门利益的欲望，是行政垄断产生的内在动力，是行政垄断屡禁不止的重要原因。如今，地区、部门利益的强化更是出现了分散化的趋势。这种状况不改变，将会导致更为复杂的行政混乱和垄断态势。

(3) 产业结构不合理。原有的高度集中统一领导的计划经济体制带来的不合理的产业结构所造成的影响依然存在，加之改革开放后曾经出现经济过热现象，国家宏观调控一时又无法跟上，从而导致重复布局、重复生产，使各地的产业结构呈现出较为严重的趋同现象。在此过程中，为了保护地方、部门利益，政府或政府部门通过行政命令或制定地方政策等手段，保护本地的原材料、产成品，保护本地企业的生产经营和经济利益，最终形成地方封锁或部门封锁。所以，这也是造成行政垄断的一个重要原因。

(4) 法律制度不够完善。改革开放以来，我国各个方面的法律制度趋于健全和完善。但是，不应忽视的是，我国现行的法律对政府的约束力是非常有限的。在诸多已颁布的法律中，政府都不是行为的主体。现行法律对政府的行为模式、法律责任的规范严重不足，对于政府滥用职权、发布垄断命令等行为缺乏必要的监督和惩治措施。一些政府及其所属部门往往要求别人严格守法，而自己却不能起到守法的模范作用。民主法制化程度不高、现行法律规范的不足为政府部门凌驾于法律之上，实施行政垄断提供了客观条件。

四、行政垄断的反垄断法规制

我国《反垄断法》第 5 章专门规定了对“滥用行政权力排除、限制竞争”行为反垄断法规制。

(1)《反垄断法》第 32 条规定：“行政机关和法律、法规授权的具有管理公共事务职能的组织不得滥用行政权力，限定或者变相限定单位或者个人经营、购买、使用其指定的经营者提供的商品。”

(2)《反垄断法》第 33 条规定：“行政机关和法律、法规授权的具有管理公共事务职能的组织不得滥用行政权力，实施下列行为，妨碍商品在地区之间的自由流通。”

一是对外地商品设定歧视性收费项目、实行歧视性收费标准，或者规定歧视性价格；

二是对外地商品规定与本地同类商品不同的技术要求、检验标准，或者对外地商品采取重复检验、重复认证等歧视性技术措施，限制外地商品进入本地市场；

三是采取专门针对外地商品的行政许可，限制外地商品进入本地市场；

四是设置关卡或者采取其他手段，阻碍外地商品进入或者本地商品运出；

五是妨碍商品在地区之间自由流通的其他行为。

(3)《反垄断法》第 34 条规定：“行政机关和法律、法规授权的具有管理公共事务职能的组织不得滥用行政权力，以设定歧视性资质要求、评审标准或者不依法发布信息等方式，排斥或者限制外地经营者参加本地的招标投标活动。”

(4)《反垄断法》第 35 条规定：“行政机关和法律、法规授权的具有管理公共事务职能的组织不得滥用行政权力，采取与本地经营者不平等待遇等方式，排斥或者限制外地经营者在本地投资或者设立分支机构。”

(5)《反垄断法》第 36 条规定：“行政机关和法律、法规授权的具有管理公共事务职能的组织不得滥用行政权力，强制经营者从事本法规定的垄断行为。”

(6)《反垄断法》第 33 条规定：“行政机关不得滥用行政权力，制定含有排除、限制竞争内容的规定。”

第九章　与知识产权有关的反垄断问题

第一节　知识产权垄断概述

一、知识产权垄断的含义

知识产权垄断是指知识产权拥有者凭借知识产权优势排除或限制竞争，妨碍公平竞争秩序，损害其他经营者、消费者合法利益和社会公共利益，依法应予规制的行为或状态。

有学者认为，我国将“知识产权垄断”作为一个固定的概念或特定的术语被使用，只是近几年的事情，多数情况下，人们只是在说明问题时一般性的提及该用语，很少对其进行专门的定义、说明或概念解释。从总体上看，有学者从三层涵义上概括、分析“知识产权垄断”这一概念：①

(1) 知识产权本身属于一种专有权，具有独占、垄断之意。如有人指出：“知识产权的‘垄断性’又称知识产权的专有性，其含义就是指，当某一法律主体依据一定的智力成果获得知识产权权利后，其他法律主体在同一法律的效力范围内即不可能就相同甚至相似的智力成果获得相同的权利。”

(2) 知识产权拥有者滥用知识产权损害公、私利益的行为。如有人认为：“知识产权垄断是指知识产权拥有者凭借其知识产权的优势或绝对优势地位滥用知识产权，损害其他主体正当权利和社会经济秩序的行为。”

(3) 知识产权人凭借知识产权限制竞争的行为。如有人认为：“知识产权垄断是指在以知识、信息为主要资源的知识经济时代，知识产权的拥有者凭借其知识产权的垄断性而形成的市场优势地位限制竞争，损害社会利益的行为。”

---

① 王先林：《知识产权与反垄断法的冲突与协调》，《法制日报》，2000 年 12 月 17 日。

这三层涵义的具体适用情况应有区别：当人们从第一层涵义即专有权意义上讨论知识产权垄断问题时，多数情况下并不直接使用“知识产权垄断”这一术语，而是使用具有判断性的表达方法，如“知识产权具有垄断性”，“知识产权是一种合法垄断权”，“知识产权会形成垄断”等；而当人们从第二层或第三层涵义即滥用知识产权损害公、私利益或凭借知识产权限制竞争的意义上讨论知识产权垄断问题时，则往往直接使用“知识产权垄断”这一术语。

在英文中，与知识产权垄断这一概念对应的表达方法主要有两种：一是“Monopolistic Practices Involving Intellectual Property Rights”，即“涉及知识产权的垄断行为”，用以描述知识产权领域中的联合行为、掠夺性定价、滥用优势地位行为以及其他反竞争行为等；二是“Intellectual Property Antitrust”，即“知识产权反托拉斯”，用以说明知识产权拥有者行使知识产权的某种行为可能会触犯到反托拉斯法，反托拉斯法的有关规定应当适用于知识产权领域的垄断行为。而“Intellectual Monopoly”即“知识垄断”，则对应知识产权的专有权涵义，有时直接表示“知识产权”本身，也即是指前述有关知识产权垄断的第一层涵义。

从我国目前有关知识产权领域反垄断问题的研究成果来看，学界主要是在“知识产权滥用”的命题下研究知识产权领域的反垄断问题。同时，用以描述“知识产权与垄断关系”的概念较多。诸如“专有权”、“知识垄断”、“知识产权滥用”、“知识产权垄断”等概念。这些概念往往被不加区分地混用，很少有解释其确切涵义的。

二、知识产权垄断的背景

20 世纪是“知识爆炸”的时代，人类在此时期所创造的知识比以往创造的知识总量还大得多，人类创造知识的活动本身也开始从分散走向集中，从孤立走向组织，并呈现明显的市场导向。以往知识对人们来说是既宝贵又无价的东西，人们一般均可基于需要随时随地无偿使用各类知识。但在知识经济时代，高度发达的信息和高新技术，提供了知识成为有价商品的环境，使知识成为现代财富的主要组成部分，充分显示出权力的特征，一个人对知识的拥有实质上就是对财富的拥有。而知识产权则是人们对知识的拥有权和知识自身权力特征得以体现的最佳方式。

知识产权的出现和不断被强化，是人类对知识价值认识的深化，是人类在经历了以金钱为权力的主要客体的社会形态之后，迈向以知识为权力的主要客体的更高级的文明社会的开端。在知识经济条件下，知识与权利达到了高度的融合，即知识就是权力，权利就是知识。在知识经济的社会形态中，企业家将知识产权作为企业信誉和竞争力的象征；经济学家将知识产权作为无形资产的象征；科学家将知识产权作为智慧的象征。随着全球科学技术的飞速发展，以微机技术、网络技术和通信技术为主流的世界新技术革命，将人类社会从工业经济时代推向了一个显示勃勃生机、展现巨大发展潜力的新时代—知识经济时代，知识产权具有时代性的新特征。

以知识、技术、信息等人类智力资源为核心支撑的知识经济作为一种新的生产方式，其形成与发展，必然引起社会结构、社会关系和社会发展模式等的巨大变化，影响到人们的观念、思维和生活方式。同样，知识经济的运行和发展已经并将继续引起法律的一系列深刻变革。在知识成果商业化不断加速的过程中，知识产权与一国经济发展的关系越来越密切，特别是 20 世纪 90 年代以来，许多国家把知识产权从原来的纯法律范畴提升到国家经济方针和发展战略的高度来对待。发达国家竭力在全球范围内推行高标准知识产权保护制度的意义，也早已超出了知识产权本身，而日益转化为一种经济竞争手段。正如美国著名未来学家阿尔文·托夫勒（Alvin Toffler）在其 20 世纪 90 年代初出版的《权力的转移》一书中所指出的那样，知识的权力正在代替财富的权力成为主宰世界的力量。从市场的角度看，知识经济条件下知识产权在竞争与垄断中扮演特殊角色，以特有方式对市场运行产生深刻影响。知识经济以高度发达的信息通信技术为契机，通过调动人类知识创新的积极性，促进各行业产值和效益中的知识比重飞速提高，它并不超越和消灭原有的社会分工和产业划分，但却令其发生质的剧变，从而以知识资源作为推动社会发展的主要动力。

在这样的大背景下，知识产权日益成为了市场经营主体的核心竞争力的重要依托。伴随高新技术的商品化和产业化，商品的知识含量大幅增加，知识性商品的竞争日趋激烈。在经济资源的投入中，高智能人力资源和高新技术资源投入相对增加，一般技术资源投入相对减少；无形资产投入相对增加，有形资产投入相对减少。生产过程中适用各种物化劳动成果的活劳动消耗结构发生重大变化，智力劳动消耗的比重大幅增加，而体力劳动消耗的比重相对减少，从而使一般劳动竞争向智能劳动竞争转变。经济信息的选择、传播、加工、利用发生了重大变化，信息科学技术产业在所有高新技术产业中居于首位。科学知识向科学技术转化的速度加快，高新技术产业的竞争比其他一般产业的竞争更加激烈等。毫无疑问，与这些竞争新特点密切相连的是，知识经济条件下知识产权对竞争的作用越来越突出。基于竞争与垄断这一对孪生兄弟的天然性，利用知识产权达到垄断目的的动机也就日益得以加固。

三、知识产权垄断的特征

知识经济条件下的市场竞争主要围绕知识产权展开。由于知识作为资源的核心组成部分在经济生活中发挥主导作用，因而知识产权也被看作是权力、财富、信誉的象征。在经济全球化的国际背景下，知识产权是衡量一个国家财富的重要标志，也是衡量一个国家竞争能力的重要标志，未来世界范围内的竞争将主要是围绕知识产权展开的竞争。知识产权在知识经济中的这种核心地位与作用，使其在实践运行中不断得以扩张、强化，越来越成为经营者在市场竞争中最重要的核心工具。

1. 知识产权垄断的垄断力来源是知识产权

知识产权垄断作为一种新型的垄断，其市场垄断力来自于由法律授予的包括专利权、版权、商标权、商业秘密权等在内的知识产权。法律赋予知识产权具有垄断性。但是，这种垄断性只能在适当的情形下存在。因此，对知识产权的垄断需要从法律保护与法律限制两个方面做出合理的界定。就保护而言，知识产权新客体的不断涌现和新侵权方式的无处不在，对知识产权保护提出了更多更高的要求；就法律限制，特别是反垄断而言，知识产权从来没有像今天这样更有助于垄断的形成，知识产权已经成为高新技术企业限制竞争的主要手段。

不同的垄断力来源，决定了垄断的方式不同，对竞争的影响后果也不同。因而，法律对其控制的方法和程度也存在差异。知识产权垄断与其他垄断形式相比较，内容更加复杂，形式更加多样。因此，仅仅依靠传统的法律调整方式，难以有效解决知识产权垄断问题，应当在现有反垄断法制度体系中构建新的知识产权垄断法律控制制度，对知识产权垄断的各种具体行为或状态有针对性地确立相应的法律原则或规则，以达全面、系统、科学、合理地规制知识产权垄断之目的。

2. 知识产权垄断可以是行为或者状态

知识产权垄断的表现形式复杂多样，通过归纳、整理和提炼，有学者将其概括为以下四大类：

(1) 知识产权垄断中的标准限制，即知识产权拥有者采取各种途径将自己获得知识产权的技术上升为标准，实施标准垄断。

(2) 知识产权垄断中的联合限制，即知识产权人之间通过联合经营其知识产权及知识产权商品的方式，共谋避免竞争或者限制竞争。

(3) 知识产权垄断中的拒绝交易,即知识产权人凭借其知识产权优势,在市场交易中拒绝知识产权授权或者拒绝出售依其知识产权制造的商品,妨碍、限制或消除竞争。

(4) 知识产权垄断中的许可限制,即知识产权人凭借其知识产权优势,在知识产权许可过程中附加各种不合理条件,妨碍、限制或消除竞争。

这些知识产权垄断中,有的表现为具体的垄断行为,如知识产权人之间就其知识产权及知识产权商品所进行的联合行为,知识产权人在许可其知识产权时对被许可人所实施的各种限制行为等;有的则表现为垄断状态,如知识产权人利用包含自己知识产权的技术标准所形成的标准垄断,即属于一种垄断状态。知识产权人采取各种方法和途径将含有自己知识产权的技术上升为标准,这一行为本身未必被指责为垄断或违法,它是经营者的标准战略的重要内容。但知识产权一旦上升为技术标准,知识产权人即可藉标准的普适性、通用性迅速获取或增强市场控制力,而"网络效应"、"锁入效应"等对技术标准垄断所特有的"推波助澜"作用,会使知识产权人在较短的时间内实现对特定地区市场或特定产业市场的垄断,有时这种技术标准垄断甚至会在特定产业的全球范围内形成,这种基于技术标准所形成的垄断,客观形式上表现为一种垄断状态。

3. 知识产权垄断对竞争的限制

知识产权垄断作为竞争的对立面而存在,以特有的方式在以下三个不同层面对竞争产生危害:

(1) 排除竞争。如具有独占性质的技术标准垄断、有竞争关系的专利权联营行为、有竞争关系的知识产权商品的固定价格行为等,均会排除特定市场或特定竞争者之间实质上的竞争,产生严重的反竞争后果。

(2) 限制竞争。如知识产权人在知识产权许可过程中通过搭售、回授、价格限制、独家交易等方式,降低或弱化市场竞争强度,产生一定的反竞争后果。

(3) 妨碍公平竞争秩序。如知识产权人通过在许可贸易中实施过高定价、掠夺性定价、差别待遇、不合理限制等行为,损害相对方合法利益,妨碍特定市场或特定竞争者之间的公平竞争,危害竞争秩序。

4. 知识产权垄断的特征还表现在国际竞争中

当今发达国家拥有绝大多数的知识产权,而发展中国家只拥有极小量知识产权。在激烈的国际竞争中,发达国家利用知识产权优势在国际贸易中进行以保护国家利益为目标的市场垄断,大型跨国公司利用知识产权优势在国际贸易中获取巨额垄断利润,在现代科技高度发展的今天,"知识垄断"、"知识霸权"的存在，已经成为不争的事实，掌握现代高新科学技术的发达国家的巨型企业、跨国公司等凭借其雄厚的技术实力和经济实力，以知识产权为后盾筑起垄断高墙，以高昂的商品价格和苛刻的知识产权许可条件，将许多经济落后国家和地区的人们挡在了知识和信息世界之外，知识产权大国高扬知识产权保护的大旗，在极力扩张知识产权保护的同时，强迫发展中国家接受知识产权的高保护标准，有些保护范围甚至超过主权国家的限制而扩张到全球范围，试图建立全球垄断霸权，导致信息技术专利有可能威胁到整个人类的思想自由、信息自由等基本人权。正是在这种情况下，质疑知识产权"合法垄断"的呼声高涨，人们担心知识产权在国际竞争中会沦为知识垄断的工具。

第二节 知识产权垄断与反垄断法适用

一、知识产权与反垄断法的互补性

知识产权法中知识产权的垄断性特征，与反垄断法中的知识产权垄断是完全不同的两个概念，二者是对知识产权不同层面问题的描述：知识产权的垄断性特征用以描述知识产权作为一种无形财产权的专有属性，而知识产权垄断则用以描述知识产权行使或运行过程中所出现的危害市场竞争的行为或状态。知识产权的垄断性特征是由知识产权法规定的，而知识产权垄断是否构成，则取决于反垄断法保护竞争的规定。事实上，知识产权作为一种合法的专有权或垄断权，其本身具有限制竞争的特点。但是，只要这种对竞争的限制尚未超出反垄断法容忍的范围，便不构成知识产权垄断，只有当知识产权对竞争的限制超过必要限度，触犯反垄断法时，合法的知识产权才会因反垄断法所反对的不当或违法行使行为以及导致严重市场弊害的特定状态而形成非法的知识产权垄断。

一方面，知识产权法与反垄断法的基本价值目标应该是一致的，它们都应有助于对竞争的促进、推动创新、促进经济发展、提高消费者福利。知识产权本身虽然是一种垄断，但是作为知识产权客体的智力成果，常常是初始权利人为竞争目的或在竞争过程中的创造。对这种成果的知识产权保护，可以使经营者能够事先根据法律将会赋予的独占程度，比较确定地预期其技术开发和创新投资的经济回报，从而鼓励其通过技术创新增强市场竞争力，更好地释放竞争潜能。而每个经营者的技术水平和竞争力的提高，也必将通过由此激化的竞争，推动整个国民经济素质和国际竞争力的提高。

知识产权与反垄断法的共同价值还体现在消费者福利的提高上。知识产权无论是通过鼓励创新、促进经济发展在总体上增加消费者福利，还是通过对具体市场上侵犯知识产权行为的制止和制裁来使消费者免遭交易中的损害，都可达到保护消费者的目的。而反垄断法无论在哪个国家、哪个时期，也不论是更加突出公平还是更加突出效率，在保护消费者利益、增进消费福利方面则是完全一致的。

美国一名法官曾在一份判决中指出："专利权和反托拉斯法的目标乍看起来似乎是完全不同的。然而，两者实际上是相互补充的，因为两者的目标都在于鼓励创新、勤勉和竞争。"知识产权法通过为新的有用的商品、更有效的方法和原创的作品确立一定时期的垄断权和专有权，为创新及其传播和商业化提供刺激和鼓励。而在没有知识产权的情况下，模仿者不支付补偿就可以利用创新者和投资者的努力成果，快速地模仿减少创新的商业价值，并侵蚀对投资的动力，严重挫伤了创新者的积极性和创新热情，最终将损害消费者的利益。反托拉斯法通过禁止可能损害有关服务消费者的现有的或新的方式的竞争行为，推动创新和增进消费者福利。

知识产权法和反垄断法虽然都具有推动竞争和鼓励创新的功能，但是它们推动竞争和鼓励创新的方式不同：反垄断法是通过反对限制竞争来推动竞争，因为限制竞争会损害现实和潜在的竞争；知识产权法则是通过保护权利人的专有权，即通过某种限制竞争的方式，激励人们在知识经济领域的创新活动。这就是说，知识产权与一般财产权一样，因为它具有限制竞争的可能，从而不可避免会受到反垄断法的制约。即既要肯定权利人因其在发明创造中付出了劳动，他们有权通过其发明创造在竞争中取得优势地位，甚至垄断地位；又要认识到市场经济的本质是竞争，为了维护竞争，反垄断法不允许知识产权所有人因其合法的垄断地位而严重地妨碍、限制或者扭曲市场竞争。

另一方面，我们也应注意到反垄断法与知识产权法之间不可避免地存在一定的冲突。如专利技术转让作为配置资源的一种方式，它与某个专利或者技术秘密的一定程度的垄断权相联系。从专利权人的角度看，他应当设置这样那样的限制，但从反垄断法的角度看，这些限制可能是违法的。人们对知识产权转让中的限制竞争所持的敌对态度，最明显表现在美国司法部反托拉斯局 20 世纪 60 年代对 9 种与知识产权相关的限制竞争条款一揽子适用"本身违法"原则。美国法院对知识产权转让中的限制竞争也长期持敌对态度。如第二巡回法院

1981 年的一个判决指出："反托拉斯法禁止不合理的限制竞争行为，专利法却授予发明人一定时期的垄断权，由此使其专利成果不能得到竞争性的开发和使用。因此，专利权和反托拉斯法必然发生冲突。"

当然，我们在分析知识产权法与反垄断法之间关系时，更应该关注的不是它们之间的相互冲突，而是它们之间的相互补充。这是因为它们二者都有鼓励创新、提高经济效率和增大社会福利的目的。反垄断法是通过反垄断和推动竞争来提高经营者的效率和增进消费者的福利，因为只有在市场竞争压力下，经营者才会降低价格，改善质量和进行技术创新。知识产权法则是通过对创新和发明的激励机制来提高经营者的效率和增进消费者的福利。例如，专利权可激发人们的创造和发明活动；著作权可激发人们生产知识商品；商标权则有助于改善商品质量，激发同类商品之间的价格竞争和质量竞争。事实上，经营者的创新和发明既是市场竞争的表现，也是市场竞争的过程。因为自由竞争的市场可以为经营者的创新活动提供最大的激励机制，可以使知识产权的专有权产生真正的社会价值，反垄断法和知识产权法本质上没有冲突，而是相辅相成的。

二、知识产权垄断与权利的滥用

知识产权法和反垄断法虽然有着共同目的，即提高效率和增大消费者福利，但它们毕竟是两种不同的法律制度，相互间不免有时存在着冲突和矛盾。这种情况下，就需要一种机制来平衡这两种法律制度，需要国家制定与知识产权相关的竞争政策或者反垄断法。很多国家的做法是，权利人正当行使知识产权的行为不适用反垄断法，但是滥用知识产权的行为得依照反垄断法的规定予以禁止。

知识产权的反垄断法适用的前提是知识产权被滥用。权利滥用一般被理解为超越权利行使的法律界限而行使权利的行为。在私法领域，由于权利的任何规定原则上只是规定一种规范，将人们的行为纳入一定的范围，而不是具体规定权利主体如何行使权利以实现权利的内容，这就为权利人权利滥用留下了空隙，所以滥用权利的现象也就成为必然。而所有权不受限制的行使的可能性，必然引发其他所有人不能充分行使权能的事实。因此，为了法律秩序，对个人权利的公正确定是一项必要的任务。为了实现个人利益与社会公共利益的平衡，特别是实现公益性目标，禁止权利滥用原则早已被确立，如罗马法在相邻权保护上规定"禁止有害邻人的所有权之行使"，《德国民法典》中有"权利的行使不得专以损害他人为目的"的规定。至今，大多数国家的私法都确立了权利不得滥用的原则。

知识产权作为私权的一种，同样存在滥用问题。有学者认为：知识产权的滥用，是相对于知识产权正当行使而言的，它是指知识产权的权利人在行使其权利时超出法律所允许的范围或者正当的界限，导致对该权利的不当利用，损害他人利益和社会公共利益的情形。还有人认为：知识产权滥用是知识产权所有人或持有人，为了获得超出知识产权法所授予独占权或有限垄断权范围的利益，违背公共政策，不公平或不合理地行使知识产权的行为。并指出，判断知识产权滥用的标准是看行使权利的行为是否违背所要实现的相关政策目标。

知识产权滥用是指知识产权人超越权利行使的法律界限，过度或不当行使权利，导致一定社会危害后果的行为。这里，构成知识产权滥用的核心要件是权利行使超越了特定的"法律界限"，而"法律界限"中"法律"的广泛性以及超越不同法律所损害的法益不同，决定了知识产权滥用会受到多种法律的规范。例如，当某种知识产权滥用行为超越知识产权法所规定的"法律界限"构成知识产权法上的违法行为时，它将受到知识产权法中诸如强制许可、权利穷竭等原则的制约；当某种知识产权滥用行为超越民法所规定的"法律界限"构成民事违法行为时，它将受到民法中诸如公平、诚信、公序良俗等基本原则的制约；当某种知识产权滥用行为超越竞争法特别是其中的反垄断法所规定的"法律界限"形成知识产权垄断时，它将受到竞争法中保护竞争自由与公平的一系列规则的制约等。由此可见，知识产权滥用的外延与知识产权垄断的外延并不一致，只有违背反垄断法的这部分知识产权滥用行为，才会构成知识产权垄断。正如有些学者所指出的那样："知识产权的滥用不只是涉及反垄断一个方面的问题，甚至也不首先是反垄断方面的问题。"专利权滥用"不仅仅涉及专利法，因为滥用法定的垄断权容易受到反托拉斯法的禁止。但是，在合法地利用权力和违反反托拉斯法之间还有许多行为，它们虽然不足以构成违犯反托拉斯法的行为，但却足以构成滥用专利权的行为，为此要受到临时失去专利权的惩罚。"

知识产权垄断包括垄断状态和垄断行为两个方面，而知识产权滥用仅属于"行为"范畴，因此，知识产权垄断未必都是知识产权滥用行为。如当知识产权进入技术标准并在网络效应、锁入效应等作用下形成结构性市场垄断时，由于其是一种状态，而无法纳入知识产权滥用这一"行为"范畴。但从对竞争的影响后果上看，其与滥用行为一样，也会损害竞争，同样背离反垄断法保护竞争的宗旨，当然属于反垄断法规制的知识产权垄断。

反垄断法基于保护竞争的需要，既规制垄断行为，也规制垄断状态。如前所述，在知识产权领域，既可以因知识产权人行使权利过程中的不当"行为"而损害竞争,也可以通过进入技术标准形成结构性"垄断状态"来损害竞争,这两者都属于知识产权垄断,而只有前者才属于知识产权滥用。总之,知识产权滥用与知识产权垄断之间属于一种交叉关系,两者各自均有独立的、互不隶属对方的部分,也有相互重合的部分。

三、知识产权垄断的反垄断法适用中存在的问题

在知识产权垄断的反垄断法适用方面,各国都存在着如何合理界定合法垄断与不合法垄断问题。从各国的反垄断立法看,知识产权垄断的反垄断法适用往往欠缺具体的规则。面对知识经济条件下知识产权垄断所带来的严重危害,各国都试图在适用传统的反垄断法制度方面有所创新和突破。

传统的反垄断法产生并发展于工业经济时代。在一百多年的发展历程中,其针对工业经济时代经济发展的需要及市场垄断的特点构建起了反垄断法经典的三大支柱制度,即市场优势地位滥用法律控制制度、联合限制竞争行为法律控制制度和经济力量过度集中法律控制制度。而伴随西方国家调节经济程度的不断加深以及转型国家确立和保障竞争机制的需要,行政垄断法律控制制度受到关注并得以确立。但整个反垄断法制度体系中并无针对知识产权垄断的具体规则。这是因为,在工业经济时代,人类的技术水平和创新能力有限,运用知识产权激励创新,促进知识快速、大量生产,对社会经济的发展具有更加重要的意义。知识产权作为一种合法垄断,长期被视为反垄断法适用的除外领域,即使知识产权对市场竞争造成一定的限制或危害,也往往受到反垄断法的豁免或宽容。因此,专门控制知识产权垄断的制度规则无从建立。

知识经济条件下知识产权的扩张、强化及其在经济生活中重要作用的日益凸显,使得知识产权已经不再单纯作为鼓励创新的机制来运行,而是在更大程度上成为经营者从事市场竞争的工具或手段,甚至是竞争的核心武器。知识产权垄断作为反映这一经济现象的垄断形式因对市场竞争产生严重危害而受到人们的广泛关注,迫切需要反垄断法予以规制。然而,现有反垄断法欠缺直接针对知识产权垄断的具体规则的状况无法适应这一新的要求,导致法律适用中困难重重,其主要表现在:

(1) 因欠缺明确的判断标准所引发的难题。由于知识产权与反垄断法之间关系的复杂性特点,使得"各种与知识产权有关的法律规则的精确经济效果既难以从理论上予以估价,也难以从经验上给予判定"。在现有反垄断法并未就知识产权人凭借知识产权限制竞争的可容忍度或者合法与违法的判断标准作出规定

的情况下，知识产权的“保护范围”往往被作为认定知识产权垄断的判断标准。例如，就专利权滥用或垄断的认定标准而言，在理论上有“专利保护范围学说”，该学说认为，知识产权受到知识产权法以及所涉及的特定知识产权的权利要求书的限制，任何超越这类限制扩大独占权范围的企图都是不正当的，专利权人享有专利法保护范围内的任何权利，如果权利人对竞争的限制没有超过专利法的保护范围，可认为是合法的，如果专利权人谋求扩大或者超过这一范围，则有可能是违法的；在实践中有“专利保护范围”标准的具体运用，即反垄断执法机构依据“专利保护范围”标准，通过对专利权保护内容所涉及范围的审查与认定，就专利权人对竞争的合法限制与非法限制作出判断。

（2）因欠缺具体的评估方法所引发的难题。由于垄断的认定极具难度和复杂性，因而垄断的评估方法在垄断的认定中扮演重要角色。在知识产权领域的垄断认定中，不仅要涉及知识产权商品或知识产权服务所形成的垄断，而且知识产权本身作为无形财产也能许可、转让，进行交易，也有可能在市场上形成严重危害竞争的垄断。知识产权的无形性、专有性，以及价值评估中机会成本的不确定性，使得知识产权具有不同于一般有形商品的特殊的价格机制，从而使知识产权交易中的垄断认定变得更加复杂，更有难度。而现有反垄断法的垄断评估方法中既没有针对不同于一般商品或服务的知识产权商品或服务的规则，也没有针对知识产权本身交易的规则，从而导致对知识产权垄断的认定极为困难。

（3）因欠缺针对性的制裁措施所引发的难题。现有反垄断法针对工业经济条件下垄断的特点规定了内容丰富、形式多样的制裁措施，如分解大企业、发布禁止令、宣布合同无效、责令损害赔偿，处以罚款，判处监禁等。这些措施虽然对制裁知识产权垄断同样具有价值，但仅有这些尚不能完全适应解决知识产权垄断的需要，因为这些措施未能体现知识产权领域中出现的新型垄断的特点，欠缺针对性，影响对知识产权垄断的治理效果。一些对知识产权垄断行之有效的制裁方法，如责令知识产权垄断者向竞争者提供知识产权许可、责令权利人公开因拒绝交易而导致市场封锁的软件源代码、责令权利人开放服务于兼容的应用程序接口等，都未能在反垄断法的制裁体系中予以体现，导致实践中执法者适用这些措施时受到“于法无据”的困扰。

四、知识产权垄断的反垄断法适用的建议

伴随知识经济的快速发展，反垄断法应如何规制具有知识经济特征的知识产权垄断引得学者们的关注。构建于工业经济时代的反垄断法应否适用于知识

经济条件下的高新技术领域，面临着既要运用传统的反垄断法理论，又要从知识产权垄断的特征出发构建新的反垄断法适用条件。

知识经济虽然具有不同于工业经济的一系列特点，但并不等于说反垄断法在知识经济条件下就没有任何作用。知识产权形成的垄断与其他一般垄断具有很大的不同，知识经济条件下由于创新与竞争的动态运行，经营者的市场优势地位与工业经济时代相比确实可能不那么稳固，但高新技术产业中充满了创新，因而聚集了大量的知识产权，在此期间受法律强制保护的知识产权却可以被用来阻碍新的竞争者进入市场，经营者可以通过知识产权构筑市场“进入壁垒”，维持其市场垄断地位。权利人对知识产权商品的价格和知识产权转让、许可的价格拥有绝对的主动权，其市场垄断的时间即使不很长，也能获得巨额垄断利润，并将这些垄断收入进一步转化为继续谋取或维持垄断的资本。因此，只要知识经济条件下的市场仍然需要竞争活力，只要反垄断法保护自由竞争的宗旨没有改变，那么，传统反垄断法的基本理念、原则就仍然适用于对知识经济条件下高新技术领域垄断的控制。

但是，如果仅仅从传统反垄断法对垄断认定的标准和方法入手进行分析，又很难对知识产权垄断做出对应的反垄断法适用判断。知识经济时代的市场具有许多新的特点，如经营者的市场优势地位滥用行为或联合限制竞争行为只能存在很短的时间，并且很容易被新进入的市场力量所取代。因此，当涉及高新技术产业基于知识产权而产生的垄断时，反垄断法是难以发挥作用或只能发挥很小的作用。知识产权垄断是体现知识经济特征的新型垄断，特别是在我国现有反垄断法的微观制度体系中并无直接针对知识产权垄断的具体规则，无法对症下药，有效治理。因而，要对现有反垄断法的微观制度规则以及具体规制方法进行调整改进和创新。事实上，我们既不能根本否定知识经济条件下反垄断法存在的价值与功能，也不能一味固守工业经济时代反垄断法的制度内容而无视知识经济的新特点。正确的选择应当是：在充分遵守传统反垄断法的基本理论、基本原则的基础上，创新反垄断法的微观制度规则，通过在现有反垄断法制度体系中构建新的、有针对性的知识产权垄断法律控制制度，以达有效解决知识产权垄断问题的目的。正如波斯纳在其《新经济中的反托拉斯》一文中所指出的那样：“近来不断有观点认为美国反托拉斯法不太适宜用于对‘新经济’的管制。该观点认为，为处理传统制造业中的竞争和垄断问题而发展起来的法律原则在应付 21 世纪动力十足的新经济方面不太适用。”

事实上，自 20 世纪 90 年代中期以来，发达国家面对本国知识经济快速发展、而传统反垄断法的微观制度规则不足以解决新条件下知识产权垄断问题的客观事实，已经着手尝试通过确立新的规则来解决知识产权领域中的垄断问题。只是这种尝试主要是由竞争法的行政执法机关通过制定效力层次很低的行政规章或者根本不具有法律效力的行政政策性咨询文件来进行的，尚未上升到真正的反垄断立法或系统制度构建层面。美国、欧共体、日本以及我国的台湾地区等是进行这种尝试的典型代表。

第三节 知识产权反垄断的国际经验

一、WTO 协议中关于限制滥用知识产权的规则

为防止滥用知识产权和限制垄断，《与贸易有关的知识产权协议》(TRIPS)在强调保护创新者利益的同时，明确提出成员方须采取必要措施避免滥用合同许可中的知识产权保护来削弱竞争，阻碍技术跨国转移。

TRIPS 协议第一部分第 7 条提出知识产权保护的目标："知识产权的保护和实施应当有助于技术创新以及技术转让和传播，增进社会和经济福利，维护技术知识的创新者和使用者的共同利益，实现权利和义务的平衡。"第 8 条第 2 款还明确规定，为了防止权利所有人滥用知识产权，或者不合理地限制贸易或对技术的国际转移产生不利影响的做法，可以在本协定规定的范围内，采取适当的措施限制滥用知识产权。TRIPS 协议第二部分规定了知识产权的可获得性、范围和行使的标准。这部分专门设立了一节，标题为"对许可合同中限制竞争行为的控制"。这一节只有一条规定，即 TRIPS 协议第 40 条。该条规定，由于限制竞争的有关知识产权的许可活动或者条件可对贸易产生不利影响，并会妨碍技术的转让和传播，所以，各成员可以在其立法中明确规定在特定情况下可构成对知识产权的滥用并对相关市场中的竞争产生不利影响的许可活动或条件，并采取适当的措施以防止或者控制此类活动。

TRIPS 协议列举了三种应予以制止的限制性商业行为：

(1) 强制性一揽子许可，即许可方向被许可方提供技术时搭售其他有体货物或者技术，或者附加其他不合理条件。

(2) 禁止有效性质疑，即不允许被许可方对许可方手中的知识产权的有效性进行怀疑。

(3) 独占性回授条件,即在技术转让合同中,许可方要求被许可方在使用技术过程中有新的创造发明并获得专利时,只许原许可方独占使用。

上述三种行为在行使知识产权时附加不合理条件,属于滥用市场支配力的行为,应当为反垄断法所禁止。

TRIPS 协议有关控制合同许可中的反竞争行为的指导原则可以归纳如下:

(1) 竞争标准。TRIPS 协议对于控制限制性行为采纳了竞争方法,承认某些附属于知识产权的许可的惯例或者条件减少竞争,对贸易具有有害后果,阻碍技术的转移和传播。

(2) 合理规则。TRIPS 协议意味着,国内立法可以规定在特定的情况下构成知识产权滥用行为许可的惯例或者条件,对相关市场的竞争具有有害影响。这表明对是否构成滥用行为需要进行评估,而没有采纳自身违法的方法。

(3) 限制性行为的国内控制。哪些行为构成滥用行为是由国内法作出规定的,TRIPS 协议要求在不与该协议相抵触的情况下,成员可以采取适当的措施防止或者控制限制性行为。

(4) 成员之间的磋商程序。为确保遵守上述原则,TRIPS 协议强调了成员之间的磋商制度。成员之一有理由相信属于另一个成员的国民或者在其国内有住所的知识产权持有人违反成员禁止反竞争行为的法律,并打算依法采取行动时,应当与该成员进行磋商。根据 TRIPS 协议,这些成员之间应当进行充分的磋商和合作,并交换非秘密性的资料。

虽然 TRIPS 协议没有详细罗列反竞争的滥用知识产权行为,但是指出了技术许可中存在的主要反竞争行为。例如,要求以许可技术为基础的再创新成果的优先权;为防止有效期以外的竞争,采取强制性一揽子许可;等等。由此可见,限制滥用知识产权和非法利用技术垄断都是知识产权保护体系不可分割的一部分。

二、美国的知识产权反垄断实施经验

美国在协调知识产权法与反垄断法的关系以及对知识产权的行使行为进行反垄断控制方面,立法、判例和执法实践都有一个发展的过程。

在涉及知识产权人不正当行使其权利的问题上,美国联邦法院分别在 1917 年和 1948 年发展出“专利权滥用”和“著作权滥用”的原则,国会也就相关方面进行了立法。例如,1988 年美国国会通过了《专利权滥用修正法》。该法的规定成为修改专利法第 271 条的规定,在其中增加(d)款(4)、(5)两项。在 20 世纪 70 年代初期,美国联邦司法部对于知识产权授权行为的审查是以著名的“九不”原则为基础。这种原则在其后被正式纳入行政规则(1977 年的《国际经营活动中的反托拉斯实施指南》)之中,成为正式的审查标准。但到了 80 年代,受芝加哥学派的影响,司法部便逐步放弃了“九不”原则。在司法部 1988 年的《国际经营活动中的反托拉斯实施指南》中就专门有“知识产权许可协议”的内容,其中便已放弃了“九不”原则。

美国是判例法国家,研究知识产权领域的反托拉斯法必须注重美国法院的判决。实际上,《知识产权许可的反托拉斯指南》就是美国法院司法实践的总结,集中反映美国反托拉斯法在这一领域的丰富经验和最新发展动向。

美国司法部和联邦贸易委员会于 1995 年 4 月 6 日联合发布的《知识产权许可的反托拉斯指南》(以下简称《指南》)。该《指南》就知识产权许可行为可能引起的反托拉斯法问题,系统地说明了其在执法中将采取的一般态度、分析方法和法律适用原则,总结了执法部门和判例中在这一领域积累的丰富经验,简明地阐释了两个反托拉斯执法机关对知识产权许可合同方面限制竞争行为的追究原则、方法,使以往有关认识上的分歧和实践中的不同做法渐趋统一,也为公众判断其许可合同行为是否触犯反垄断法提供了指导。

虽然该《指南》只是执法部门的咨询性政策说明文件,既不能约束当事人提起自诉,也不能约束法官审判,但它较好地总结了执法部门和判例中在这一领域积累的丰富经验,简明地阐释了两机关对知识产权许可合同方面反托拉斯法违法行为的追究原则,使以往有关认识上的分歧和实践中的不同做法渐趋统一,也为公众判断其许可合同行为是否会触犯反托拉斯法提供了指导。

1.《指南》确立的原则

《指南》首先分析了知识产权法和反托拉斯法的关系。指出它们有共同的目的,这就是促进创新、增进消费者福利。《指南》包含的三个一般原则是:

(1) 在确认是否触犯反托拉斯法时,反托拉斯部门将知识产权与其他财产同样对待;

(2) 反托拉斯部门并不假定知识产权产生反托拉斯意义上的市场支配力,即知识产权作为垄断权本身并不能导致其权利所有人具有市场支配力的结论;

(3) 反托拉斯部门承认知识产权许可行为让经营者将各种生产要素结合起来,因而一般是有利于竞争的。

《指南》指出,如果一项许可合同有可能对现有的或者潜在的商品或者服务的价格、质量、数量、多样性产生不利影响,就存在是否触犯反托拉斯法的问题,会受到美国反托拉斯部门的关注。在判断知识产权许可合同是否违反反托拉斯法的规定时，美国反托拉斯部门一般要进行如下的分析、评估：首先，分析、评估许可合同可能影响的市场领域；其次，分析、评估许可合同当事人之间关系的性质；最后，分析、评估许可合同限制条款的原则架构。

2.《指南》的分析评估原则

《指南》还指明了反托拉斯部门在运用合理原则对知识产权许可合同进行分析、评估时的一般原则。其中包括：市场的结构状况、协调和排斥，涉及排他性的许可合同，效率与正当理由，反托拉斯的“安全区”。同时，对许可合同中常会遇到的一些限制性条款的具体分析与说明，主要涉及横向限制、维持转售价格、搭售协议、排他性交易、交叉许可与联营协议、回授以及知识产权的取得等。

《指南》是关于美国政府机构在知识产权领域执行反托拉斯法的政策，目的是给企业界和律师界预测知识产权领域的限制竞争提供帮助。《指南》的基本观点是，知识产权法和反托拉斯法没有原则性冲突，它们的共同目的是推动创新和增进消费者福利。但是，《指南》也指出，知识产权许可尽管普遍具有增大社会福利和推动竞争的效果，但仍会出现反竞争的问题。因此，《指南》提供了分析知识产权许可中反托拉斯问题的框架。

三、欧盟的知识产权反垄断实施经验

为平衡协调竞争法和知识产权法的冲突，欧共体有关机构一直在进行着尝试。在长期的实践中，欧共体竞争法发展确立了关于运用知识产权的三大基本原则：知识产权的所有权中“存在权”与“使用权”相区别的原则；权利耗尽原则；同源原则。对于第一个原则，欧洲法院在判例中指出，《欧共体条约》第 36 条所保护的只是知识产权所有权的“存在”，而对所有权的“使用”，则应受到条约有关禁止性规范的约束。

近些年来，欧共体竞争法已明显地表现出其规制知识产权行使行为的能力。在 1995 年的迈吉尔(Magill)案中，欧洲法院确认欧盟委员会有权通过实施强制性的著作权许可来处理滥用拒绝许可的行为。在近期的其他案例中，法院裁定《欧共体条约》中的竞争规则可以被用作防止知识产权人取得拥有相似技术的竞争对手公司、运用掠夺性的折扣和价格策略以及商品捆绑的基础。另外，欧盟委员会已发展出一系列整体(整批)豁免，包括对知识产权许可协议中条款加以详细规定的技术转让新规章。

关于欧共体委员会对知识产权许可协议中条款的整体豁免规定，它也有一个发展、完善的过程。早在 1984 年 6 月 23 日欧共体委员会就颁布了关于对若

干类型的专利使用许可协议适用第 85 条第 3 款的 2349/84 号规章，自 1985 年 1 月 1 日起生效。后来又在 1988 年 11 月 30 日颁布了关于对若干类型的技术秘密使用许可协议适用条约第 85 条第 3 款的 556/89 号规章，自 1989 年 4 月 1 日起生效；在 1988 年 11 月 30 日颁布了关于对若干类型的特许专营协议适用条约第 85 条第 3 款的 4087/88 号规章，自 1989 年 2 月 1 日起生效。

欧共体委员会在 20 世纪 80 年代就发布了专利许可协议和技术秘密协议集体适用条约第 81 条第 3 款的两个条例。1996 年又发布了《技术转让协议集体适用欧共体条约第 81 条第 3 款的第 240/96 号条例》。与 1996 年第 240 号条例相比，2004 年第 772 号条例更加注重经济分析，对技术转让中的限制竞争持更为灵活和宽松的态度，即协议当事人被赋予更大的合同自由。在实体法方面，第 772 号条例将技术转让中的限制竞争分为两类：一类是对竞争明显具有严重不利影响的限制，它们被称为核心限制；另一类是排他性限制。核心限制是指某些情况下的价格、数量、地域以及研发能力的限制。但在当事人不存在竞争的情况下，最高价格限制可以得到豁免。数量限制和地域限制也有很多被豁免的情况。排他性限制主要指独占性回授、不质疑义务和不竞争义务，它们的合法性或违法性需在具体案件中进行具体分析。

《技术转让条例》部分地替代了已于 1995 年 12 月 31 日期满失效的专利许可协议豁免的 2349/84 号规章，并且同时废止了尚未期满失效的技术秘密许可的 556/89 号规章，将涉及专利、技术秘密和其他知识产权的技术许可协议统一予以规范。将技术转让协议中的限制竞争行为区分为三类：(1)一般不被视为限制竞争的条款，又称白色清单；(2)可以得到豁免的限制竞争的条款，又称灰色清单；(3)被禁止的限制竞争条款，又称黑色清单。这种分类简明扼要，明确告知与知识产权有关的技术转让协议中，哪些限制竞争的条款是合法的，从而可以享受豁免待遇；哪些限制竞争的条款是不合法的，从而被予以禁止，为欧共体在知识经济条件下处理技术转让限制竞争问题提供了法律的稳定性，可以提高新技术转让协议当事人对其法律行为后果的可预见性，有利于推动技术转让并维护公平竞争，有利于提高经营者的竞争力。这反映了在新技术革命和产业革命的条件下，以及在世界贸易组织《与贸易有关的知识产权协议》(TRIPs)生效之后，欧盟在平衡竞争法和知识产权法的冲突方面的新动向。

《技术转让条例》的正文部分共 13 条，其中，第 1 条为基本豁免条款，规定集体豁免适用的条件和基本范围，凡符合规定条件并在豁免范围内的技术许可协议，不受《欧共体条约》第 85 条第(1)项的禁止；第 2 条为“白色清单”条款，列举了一般不影响竞争、不妨碍获得豁免的许可合同条件；第 3 条为“黑色清单”条款，规定凡包含了本条列举的限制性条款的许可合同，皆不予豁免，而且不适用合同无效的规则，以防当事人规避法律；第 4 条为“灰色清单”和通知异议程序条款，规定既不在基本豁免和白色清单之内，又不在黑色清单之内的限制性许可合同条件，尤其是本条列举的合同条款，其当事人可将许可合同事项通知欧共体委员会，如后者在四个月以内未提出异议的，即视为已获得豁免。

除了以上专门针对专利和技术秘密许可协议的集体豁免规定外，欧共体也有关于其他方面知识产权如商标权和著作权转让的规范，尤其是欧洲两级法院在涉及这方面的判例法。例如，根据前面提到的“同源原则”，如果两个或者两个以上位于不同成员国的经营者合法地持有商标专有权，而且这些商标均来自同一渊源，任何一个经营者都不得利用其商标专有权阻止另一个经营者的商品进入本国市场。

欧共体委员会 2004 年发布的《技术转让协议适用欧共体条约第 81 条第 3 款的第 772/2004 号条例》，主要规定了技术转让协议中的限制竞争可以依据欧共体条约第 81 条第 3 款得到豁免的条件。该条例于 2004 年 5 月 1 日生效。随着这个条例的发布，欧共体委员会还发布了《欧共体条约第 81 条适用于技术转让协议的指南》，以使企业界和法律界更好地掌握欧共体竞争法适用于知识产权的基本原则。

四、日本对知识产权的反垄断控制

日本《禁止垄断法》在协调与知识产权法的关系方面，一开始就制定了专门的条款。该法第 23 条规定：“本法规定，不适用于被认为是行使著作权法、专利法、实用新型法、外观设计法或商标法规定的权利的行为。”这就明确将行使知识产权的行为纳入了禁止垄断法的适用除外领域，尽管这种垄断权利的正当行使也必然限制了该领域的一定范围的竞争。这种限制应视为实行知识产权制度的必要代价。但是，如果对该条进行反面的或者扩充的理解，那么通常得出的结论则是，有关知识产权的权利人行使权利超出了正当的范围，滥用了权利，不正当地限制了市场竞争，就仍然要受到禁止垄断法的约束。[①]在有关知识产权被许可实施的场合，在判断这种合同条款的违法性的时候，应该适用禁止垄断法的规

① 王先林：《日本关于知识产权滥用的反垄断控制及其借鉴意义》，《中国民商法网》。本部分涉及的其他内容，也多参照王先林的同一论文。

定。这不仅是日本经济法学界通行的看法，而且也是日本公正交易委员会正式解释中的观点。

1968 年 5 月 24 日，日本公正交易委员会发布了《国际许可协议的反垄断指导方针》。这一指导方针是根据《禁止垄断法》第 6 条的规定颁布的。该条规定，事业者不得签订其内容含有不正当交易限制和不公正交易方法事项的国际协定或国际合同。而且，按照当时该条第 2 款的规定，事业者在签订国际协定或国际合同时，必须按照公正交易委员会规则的规定，从该协定或合同成立之日起三十日内，附上该协定或合同的抄件，呈报公正交易委员会。上述指导方针适用于涉及日本的专利、实用新型和技术秘密的国际许可证协议，主要是技术引进合同。

1989 年 2 月 15 日，日本公正交易委员会颁布了《关于管制专利和技术秘密许可协议中的不公正交易方法的指导方针》，同年 4 月 6 日实施。该指导方针提出了公正交易委员会分析许可协议时的适用标准。在某些方面，它明显借鉴了美国法和欧盟法。它在将限制条款分为白色条款、灰色条款和黑色条款三类方面，明显类似于欧盟的整批豁免或整体豁免制度。而另一方面，它在对特定类型限制的必要性与它对竞争不利影响的可能性之间进行权衡方面，又表现出与美国的合理分析原则的类似。

1999 年 7 月 30 日，日本公正交易委员会又颁布了《专利和技术秘密许可协议中的反垄断法指导方针》(以下简称《新指导方针》)，1989 年 2 月 15 日颁布的《关于管制专利和技术秘密许可协议中的不公正交易方法的指导方针》被废止。《新指导方针》根据 20 世纪 90 年代以来的日本国内和国际的新情况，尤其是经济全球化和日本国内放松政府管制的新情况，对在知识产权领域适用禁止垄断法的问题提出了全面、系统的指导意见，为解决知识经济条件下日本知识产权领域的反垄断问题提供了重要的法律依据。

《新指导方针》第一部分说明了在专利和技术秘密转让活动中适用《禁止垄断法》的基本问题；第二部分对有关专利许可协议的《禁止垄断法》第 23 条进行了解释，阐述了公正交易委员会对于专利许可协议与《禁止垄断法》第 23 条关系的观点；第三部分以具体的事例阐明了公正交易委员会从不合理贸易限制和私人垄断的角度对有关专利或技术秘密许可协议的观点；第四部分非常具体细致地阐述了公正交易委员会从不公正交易方法的角度对有关专利和技术秘密许可协议的观点。

五、我国台湾对知识产权反垄断控制

我国台湾地区“公平交易法”并没有直接规定它适用于对知识产权领域垄断行为的规制，反而还在第45条规定，依照著作权法、商标法或专利法行使权利之正当行为，不适用该法。但是，这并不表明有关行使知识产权的行为就一定不受公平交易法的规制，这里的关键就在于对“正当”二字的理解。行使有关知识产权的正当行为当然不受公平交易法的规制，但如果有关行为超出了“正当”的范围或者知识产权本身的界限，那么就不存在“不适用”公平交易法的问题了。这就是所谓的对“公平交易法”第45条规定的反面理解。台湾“行政院公平交易委员会”在执法中就是根据情况对“公平交易法”第45条进行正反两方面解释的。

近年来，台湾有关涉及知识产权，尤其是技术性知识产权方面的垄断行为日益增多，国际性技术交易及技术许可(授权)之纠纷案件亦随之增加。为处理技术授权案件，使公平交易法相关规范更具体化，使执法标准更为明确，有利于经营者遵循并利于相关案件的处理，避免授权协议争议，激发授权意愿，促进技术之转移及扩散，“行政院公平交易委员会”参考该会以往相关案例的经验以及台湾目前产业发展的现况，并参酌美国、日本及欧盟有关技术授权的相关规定，于2001年1月18日制定了《审理技术授权协议案件处理原则》，作为日后各方处理有关技术授权协议案件的参考基准。

《审理技术授权协议案件处理原则》所称技术授权协议系指涉及专利授权、专门技术授权，或专利与专门技术混合授权等授权协议类型。作为一项基本原则，该原则第三点指出“行政院公平交易委员会”审理技术授权协议案件，并不因授权人拥有专利或专门技术即推定其在特定市场具有市场力量。

“审理技术授权协议案件处理原则”，阐明了审理与知识产权有关的技术授权协议案件的适用范围、基本原则、审查分析步骤及审酌事项，并将技术授权协议内容常见之行为类型区分为三类：(1)不违反“公平交易法”的行为；(2)违反“公平交易法”的行为；(3)有违反“公平交易法”可能的行为，并以例示的方式加以规范。同时，为避免不周延，还说明对非例示之行为应以“公平交易法”的相关规定，依具体个案予以判断处理。

第三编

反垄断法的实施

第十章　反垄断法的实施体制

第一节　反垄断法实施体制概述

一、反垄断法实施体制的立法模式

法的实施即是指按法律规范的要求在社会生活中获得实现的活动。法的实施包括两种形式:法的适用,即国家专门机关和国家授权单位依照法定职权和程序将法律规范适用到具体人或组织的活动;法的遵守,即国家机关、社会团体、企业事业单位和全体公民自觉遵守法律规范。我们这里涉及的反垄断法的实施主要是指国家专门机关和国家授权单位依照法定职权和程序将反垄断法规范适用到具体人或组织的活动。

不同国家关于反垄断法的实施体制一般都与其立法体例相一致。从立法角度,反垄断和反不正当竞争总是一对相生相亲的"孪生兄弟",有的国家采取合并立法,譬如澳大利亚、俄罗斯、东欧国家;有的国家采取分立立法,譬如德国、法国、日本、意大利;有的国家采取制定法和判例法并存方式,譬如美国、英国。所以选择比较有代表性的国家进行有关反垄断法执法体制的比较,可以使我国相关制度的确立和完善从不同的角度和方面得到启发和借鉴。反垄断执法不管如何组织,也不管如何复杂,它都不外乎两种模式:一种是司法模式,如美国司法部执行《谢尔曼法》的模式;另一种是行政模式,如欧共体委员会执行欧共体竞争法的模式。

(1) 司法模式。美国反托拉斯法的执行基本采取司法模式,这是源于美国的法律文化。美国在一百多年前制定和颁布反托拉斯法的时候,完全没有可借鉴的外国经验。但另一方面,美国法官的独立性以及他们解释和创造法律的职能已经被确立,法官在美国社会有极高的地位。在这种条件下,国会就有理由通过法官的经验以及他们对法律的认知来执行反托拉斯法。因此,《谢尔曼法》第

4 条明确规定:“美国巡回(地区)法院被授予管辖权,以阻止和限制违反本法的行为。”

(2) 行政模式。一些国家的反垄断法大多采取行政执法的模式,如欧共体竞争法、德国《反对限制竞争法》、日本《禁止私人垄断及确保公正交易法》以及韩国的《规则垄断及公平交易法》等。这些反垄断执法之所以称为行政模式,是因为执行反垄断法的行政机构不仅有权对案件进行调查和审理,而且有权像法官那样对案件做出裁决,包括在被告不执行裁决时有权实施行政制裁。这就是说,这些行政机关在反垄断法的执行中同时充当了检察官和法官的双重角色。

就反垄断行政执法模式来说,又可进一步分为两种模式:一种是一元的行政执行机构模式;另一种是几个行政机构共享执法权的多元模式。现在,世界上大多数反垄断法规定只由一个机构承担行政执法任务。

二、反垄断执法机构的地位

为了维护法律的稳定性和使当事人对其行为后果有可预期性,反垄断执法机构一般在维护市场竞争秩序方面承担着立法任务,如欧共体委员会 1997 年发布的《关于界定相关市场的通告》、2000 年发布的《关于纵向限制的指南》、2001 年发布的《关于欧共体条约第 81 条适用于横向合作协议的指南》等等。美国司法部和联邦贸易委员会也发布了很多类似的指南。

反垄断执法机构的地位最重要的是体现在该机构与执行国家其他经济政策的政府机构之间的关系方面。实际上,竞争政策不是国家唯一的经济政策,任何国家除了竞争政策之外,还有其他各种各样的经济政策,如环境保护、推动中小企业发展、稳定货币、提高就业率、推动社会保障、推动地区间经济协调和经济融合等等。

然而,需要指出的是,在竞争政策与其他各种经济政策的关系方面,特别是与产业政策的关系方面,市场经济国家一般给予竞争政策以优先适用的地位。[①] 正是因为竞争政策在市场经济国家有着优先适用的地位,很多国家授权反垄断执法机构向政府部门提供有关市场竞争的咨询意见。如匈牙利 1996 年修订后的《禁止不正当的和限制性市场行为法》规定,所有涉及或者影响市场竞争(特别如限制经营、限制进入市场、保护专有权或者影响价格或者销售条件)的法律、法规草案必须征求竞争局的意见。匈牙利竞争局在 1999 年收到过要求提供咨询

① 关于竞争政策与其他经济政策的关系问题,我们已经在前面已经做了专门讨论。

意见的法规草案三百多件,竞争局对三分之一的草案提出了自己的意见和看法。

俄罗斯 1995 年的《关于竞争和在商品市场中限制垄断活动的法律》也赋予俄联邦反垄断执法机构极大的权力。根据该法第 12 条,俄联邦反垄断执法机构不仅有权向联邦行政权力机构、联邦各部门的行政权力机关和市政当局提出取消专有权、取消配额等各种建议,而且有权对这些机构发布禁令,制止它们违反反垄断法的行为或者撤销,变更它们与反垄断法相抵触的合同。

在经济全球化的今天,各国反垄断执法机构还承担着在反垄断领域进行国际合作的任务,包括与外国执法机关进行信息交流或者执法协助,此外还负责竞争事务的双边或者多边协定的谈判和订立。

在当前,除经济合作与发展组织、联合国贸发会等一些推动竞争政策的国际性机构外,在 2001 年还建立了一个国际竞争网络。这个国际竞争网络非常活跃,在成立后短短的几年内,已经在核心卡特尔、企业并购、占市场优势地位的企业以及对电信、电力、天然气等行业的管制和执法机构等方面进行了很多研究工作,发布了很多推荐意见。2005 年,参加这个网络的国家和地区达 80 个,网络的成员都是各国和地区执行竞争法的政府机构。[①]这个情况说明,随着频繁的国际合作和国际立法活动,要求反垄断执法机构在本国是一个有地位、有权威的机构,否则它在国际舞台上的声音就很微弱,甚至无权代表本国的政府。当然,反垄断执法机构的地位不单单是一个理论问题,更重要的是一个实践问题。这就是说,一部反垄断法是否有效,一个反垄断执法机构是否有权威,不仅仅取决于法律本身的规定,还取决于整个社会的大环境。

第二节 反垄断法实施体制的比较

一、美国的反垄断执法体制

美国的反垄断执法体系与其立法体例相一致,自成体系,是西方发达市场经济最具典型性和代表性的执法体系,也是目前相比较之下最行之有效的执法体系。美国的反垄断法主要由《反托拉斯法》、《克莱顿法》和《联邦贸易委员会法》三部法律组成,其中《反托拉斯法》(主要内容为禁止垄断协议和独占行为,又称

---

① 关于国际竞争网的具体内容,我们将在第十五章中做专门介绍。

《谢尔曼法》)和《克莱顿法》(主要内容是限制集中、合并等行为)是纯粹的反垄断法;《联邦贸易委员会法》涵盖前二者的内容,同时还包括消费者权益保护和禁止不正当竞争行为(或称不公平交易行为)的内容;另外,还包括大量的典型判例。美国反垄断执法体系在实施主体方面包含四个层面:司法部反托拉斯局、美国联邦贸易委员会、各州政府和民间主体。具体实施途径包括:通过司法部反托拉斯局提起民事诉讼和刑事诉讼;通过联邦贸易委员会直接进行裁决或提起民事诉讼,但不能提起刑事诉讼;通过州总检察长执行州反托拉斯法(部分情况下执行联邦反托拉斯法);通过民间提起禁止违法的民事诉讼,并要求三倍损失赔偿。

1. 司法部反托拉斯局

美国司法部设立反托拉斯局的主要目的是为了行使《谢尔曼法》和《克莱顿法》的执法权。美国司法部在机构设置和功能职责方面更接近中国的检察机关,司法部反托拉斯局就是一个起诉机关,没有裁判权。司法部反托拉斯局的领导是助理检察长,组成人员大部分是律师职员,所以被人称为:"基本上是一个在反托拉斯和相关领域代表政府的大型专业化律师事务所"。在美国反托拉斯执法中,经济分析非常重要。正因为反垄断法涉及很多经济学知识,各国反垄断执法机构一般都有一个专门进行经济分析的班子。美国司法部反托拉斯局局长由司法部一名助理部长担任,他由美国总统任命,并经国会批准。反托拉斯局局长下面有 5 名副局长。反托拉斯局下设 14 个处,此外在全国还设立了 7 个地方机构。这些机构分别负责反托拉斯法的民事(包括并购和非并购案件)、刑事和国际执行,此外还有专门负责网络与技术、电信与传媒、运输、能源和农业等与产业相关的机构。在 2005 年,反托拉斯局有 770 名工作人员,其中 569 名是法学家、经济学家以及相关的专业人员。反托拉斯局在 2006 年的财政预算达 1.444 5 亿美元。

反托拉斯局的工作范围包括:

(1) 反托拉斯民事执行;

(2) 反托拉斯刑事执行;

(3) 反托拉斯国际执行;

(4) 某些行业管制;

(5) 反托拉斯的经济分析。

反托拉斯局的主要职责是根据《谢尔曼法》第 1 条、第 2 条和《克莱顿法》有关合并的规定在普通法院提起民事诉讼或刑事诉讼,同时通过公布《合并指南》、《反托拉斯司执法国际合作指南》,减少提起诉讼的随意性。反托拉斯司提起民事诉讼的请求一般包括禁止继续违法、要求分拆垄断企业、赔偿损失甚至请求三倍损害赔偿金等。刑事诉讼主要针对损害他人利益、公共利益或国家利益达至严重后果，依法应当承担刑事责任（可能被判处单位罚金、个人罚金或监禁）的垄断行为。反托拉斯局作为原告或近似于国家公诉人地位的身份，可以自由地选择被他们认为可能涉嫌违反《谢尔曼法》和《克莱顿法》的行为进行起诉。任何违反《谢尔曼法》和《克莱顿法》有关合并规定的行为，都有可能遭遇反托拉斯局律师"从天而降"的官司诉讼，而且起诉的成功与否已成为衡量反托拉斯局律师职员工作能力和成就感的主要指标。

反托拉斯局的执法权利主要包括调查权和起诉权。反托拉斯局的案源信息一般通过受垄断行为直接或间接影响的企业、个人或消费者投诉取得，有时也通过电视、报纸、互联网等媒体取得，甚至可以采纳专业顾问意见或只凭职员个人接触判断。反托拉斯局一旦决定立案对某个企业提起民事或刑事诉讼，接下来的工作便是进行深入的调查和展开诉讼程序。在提起刑事诉讼程序之前的调查阶段，反托拉斯局可以签发搜查令，以确保能够搜查企业的经营场所并扣押有关文件作为证据；还可以通过联邦大陪审团直接传唤当事人，责令其提供有关违法证据的文件。在民事诉讼准备阶段，反托拉斯局可以通过助理检察长签发"民事调查令"，据此能够传唤当事人和获取文件，但不能进行搜查和扣押。可见，反托拉斯局的调查权是强有力而且适当的。

美国反托拉斯局的诉讼，特别是刑事诉讼，往往需要繁琐冗长的审理程序，有的可能持续数年，甚至超过十年。但被提起诉讼行为本身足以对违反《谢尔曼法》和《克莱顿法》的垄断行为产生震慑和掣肘，从而使有垄断企图的行为主体在主观上变得小心翼翼，愿意尽可能自觉维护正常的竞争秩序。

美国司法部反托拉斯局是唯一有权对某些反托拉斯案件向联邦法院提起刑事诉讼的联邦机构。反托拉斯刑事案件主要涉及恶性卡特尔，即固定价格、串通投标以及分割市场等限制竞争行为。反托拉斯局提起刑事诉讼以及对案件做出判决的一审法院是联邦地区法院。联邦上诉法院有权修正或者推翻地区法院的判决。联邦最高法院有权修正和推翻联邦上诉法院的判决。除了刑事诉讼，反托拉斯局也可以依据谢尔曼法和克莱顿法提起反托拉斯民事诉讼。这方面最重要的案件是1997年美国司法部指控微软公司违反了反托拉斯法的案件，这是一个要求被告停止违法行为的民事诉讼案件。反托拉斯局解决大多数反托拉斯民事案件的方式是与被告达成和解协议。在这些协议中，被告当事人即便可以不承认自己有罪或者违法，但也得根据反托拉斯局的意见采取某些措施，以减少其限制竞争行为对社会造成的不良影响。这样的和解协议得到法院的批准之后才能生效。

2. 联邦贸易委员会

与司法部反托拉斯局并行执行联邦反托拉斯法的另一个联邦机构是联邦贸易委员会。这个机构是1914年随着《联邦贸易委员会法》的颁布而建立的。联邦贸易委员会是因美国反垄断法立法体例的完善而设立的，旨在克服《谢尔曼法》和《克莱顿法》适用范围的局限，同时希望克服司法程序过于繁琐导致的时效不济。联邦贸易委员会在准确意义上是一个不受司法影响的行政执法机关，它对整个反垄断政策享有主管权，其执法范围包括《谢尔曼法》、《克莱顿法》和《联邦贸易委员会法》；而反托拉斯局的执法范围则仅限于《谢尔曼法》和《克莱顿法》，不能执行《联邦贸易委员会法》。随着委员会自身在组织和程序方面的不断改进，目前仍是美国主要和有力度的反垄断执法机构。

联邦贸易委员会有5名委员，他们经总统任命，并经国会批准。联邦贸易委员会委员的任期为7年，但可以连任。在5名委员中，属同一政党的委员不得超过3名。与司法部反托拉斯局的一个不同之处是，联邦贸易委员会不附属于任何政府部门，但其工作受到众议院和参议院下设的商业委员会的监督。

联邦贸易委员会下设三个局：竞争局、经济局和消费者保护局。其中的竞争局和经济局是执行反托拉斯法的主要机关。联邦贸易委员会在全国也有7个地方机关，其中三个机关参与反托拉斯法的执行。根据2005年的统计，联邦贸易委员会的财政预算为2亿美元，雇用的工作人员有1 022名，其中600多名是法学家和经济学家。作为独立的市场监管机构，联邦贸易委员会在执行《谢尔曼法》和《克莱顿法》的过程中不仅与司法部反托拉斯局一样可以作为公诉人向法院提起反托拉斯诉讼，而且还有权做出行政裁决。这个行政裁决是在一个独立于联邦贸易委员会的行政“法官”的参与下完成的。如果联邦贸易委员会和当事人之间不能达成和解，行政法官有权发出禁令，以阻止当事人继续从事限制竞争行为。如果被告当事人违反了联邦贸易委员会的禁令或者其他规则，委员会可向联邦法院寻求民事救济或要求法院发布禁令。对行政法官所作决定不服的当事人可向联邦贸易委员会提出上诉。对联邦贸易委员会的决定仍然不服的当事人，可向联邦上诉法院提出上诉。

联邦贸易委员会的竞争局通过收集情报进而对被指控的反竞争行为采取行动，并负责监管反托拉斯法的遵守情况。竞争局的组成人员大部分也是律师职员，在工作方式上，竞争局的律师与反托拉斯局的律师十分相似。只要发现违反《联邦贸易委员会法》的蛛丝马迹，便可以激起他们“饱满的诉讼热情”。

联邦贸易委员会的经济局主要由经济学家组成，其主要职责是通过调查，为执行机构提供经济上和统计上的分析报告，包括营业竞争分析、管制分析、产业分析、消费者权益保护、反托拉斯、商业计划等，以便顺利地进行案件调查和审理。在实际执法过程中，竞争局的律师和经济局的经济学家之间存在一种相互制约的关系，在案件定性方面，律师的意见总是占主导地位；而在违法程度的确定方面，则更多地尊重经济学家的意见。

联邦贸易委员会在性质上属于行政机关，但又不是单纯的行政机构，其不仅拥有行政权，同时还享有准立法权和准司法权。行政权包括发布禁令、传唤当事人、发出民事调查令、行政指导及向国会提出报告等。

联邦贸易委员会的准立法权是指享有国会授权制定与法律具有同等效力的行政规则和命令的权力。美国的有关反垄断立法一般都比较原则而笼统，只有通过联邦贸易委员会制定的有关规则，才使各种商业行动的法律规定得以具体化和明确化。

联邦贸易委员会的准司法权是指联邦贸易委员会可以对具体案件进行审理，并作出裁决。当事人对裁决不服时，可以请求联邦上诉法院进行司法审查，直至最高法院，但法院一般都会尊重联邦贸易委员会作出的专业性裁决。准司法权还包括联邦贸易委员会拥有民事起诉权，委员会可以自己的名义用自己的律师向有管辖权的法院提起诉讼，请求法庭裁定禁令救济、保护消费者权益、实施强制程序和进行民事处罚等。

3. 联邦州政府

美国联邦州政府实施反托拉斯法的权力行使主体是各州总检察长和他的办公室，对外都以总检察长名义。州政府的执法与司法部和联邦委员会执法统属公共执法，州总检察长除可以执行州反托拉斯法外，还可以在某些情况下，根据联邦反托拉斯法提起对继续违法发布禁令和损害赔偿的民事诉讼。联邦州总检察长的起诉对象非常广泛，甚至可以起诉联邦政府。

州政府的执法权与司法部反托拉斯局的执法权基本一致，主要包括调查权和起诉权，只是执法范围有所区别。州总检察长主要是对违反本州反托拉斯法的行为或在本州范围造成损害后果的垄断行为诉诸法律。州总检察长与反托拉斯局的执法过程都如出一辙，在联邦州总检察长办公室工作的律师职员和在反托拉斯局工作的律师职员，都有一样的工作热情和动因。

4. 民间诉讼

民间诉讼是美国反托拉斯法赋予私人的权利，私人主体包括私人企业、消费者及其他民间组织或机构。通过民间主体提起诉讼也是美国独有的程序，当个人认为其受到违反反托拉斯法行为的侵害时，可以向联邦法院起诉，请求发布禁止继续实施该违法行为的禁令，并请求三倍损害赔偿金，也就是相当于违法行为给原告所造成损害三倍的赔偿金。

美国法院在反托拉斯法执行中的重要地位，尤其表现在反托拉斯法执行中的私人诉讼。《克莱顿法》第 4 条明确规定，任何违反反托拉斯法的行为而遭受财产或者营业损失之人，都可向美国法院提起三倍损害赔偿之诉，此外还可得到合理的律师费用。三倍损害赔偿是美国反托拉斯法推动私人诉讼的一个极有力的法律武器。从 1941 年至 20 世纪 60 年代中期，美国法院的私人反托拉斯法诉讼与政府诉讼的比率是 6 比 1；60 年代中期至 70 年代后期，这个比率达到了 20 比 1；在 80 年代，私人反托拉斯法诉讼曾创过年度最高纪录 1 500 件。近年来，反托拉斯法私人诉讼平均为每年 700 件。因为出口卡特尔问题，我国一些向美国出口维生素 C 以及某些原材料的企业在 2005 年年初也在美国法院受到了反托拉斯指控。此外，我国生产和出口 DVD 的企业在 2004 年 12 月也向美国法院提起了反托拉斯诉讼，指控 DVD4C 专利联盟包括索尼、飞利浦、先锋和 LG 等企业违反了美国的《谢尔曼法》。[①]

民间主体因为缺乏强有力的调查权，所以提起诉讼时一般都比较慎重，没有充分的证据和经济实力，很可能会面临败诉的风险。美国反托拉斯法的三倍赔偿制度，在一定程度上是考虑到违反反托拉斯法的行为在一般情况下对个别民间主体的损害可能微不足道，但对社会整体的危害则可能非常巨大，所以在制度设计上，支持和鼓励民间主体提起诉讼。

二、欧盟的反垄断法实施体制

欧盟的反垄断法实施体制属于行政执法模式。欧共体竞争法的执行机构主要是欧共体委员会，或者简称为欧洲委员会。欧共体委员会是欧共体竞争法的执行机构，被委托实施和执行部长理事会的决定，并向理事会提交立法建议。目前，欧共体委员会有 20 名委员，他们由成员国提名，并经欧洲议会批准。欧共体委员会的委员虽然由成员国选派，但他们并不代表成员国的利益，而是各自负责实施一项或者几项欧共体的政策。

欧共体委员会的委员都有一个或者几个办事机构，这些机构被称为总局，分

① 王晓晔：《关于我国反垄断执法机构的几个问题》，《中国法学网》。

别执行欧共体委员会的各项政策。负责执行欧共体委员会竞争政策的机构是竞争总局。除了局长，竞争总局还有 3 名副局长分别负责执行欧共体条约第 81 和第 82 条、经营者集中控制和国家援助。

竞争总局下设 10 个局：A 局负责竞争政策、立法以及各局之间的协调工作；B、C、D、E 局负责处理欧共体大部分的限制竞争案件包括经营者集中控制；F 局专门负责卡特尔案件；G、H 和 I 局负责国家援助案件；R 局负责竞争总局的战略计划以及人力、财力和技术方面的资源。10 个局的下面都各自设有分支机构，如在负责信息、通讯和传媒市场竞争问题的 C 局下面设有 4 个分局：C—1 局负责电信、邮政和信息社会的协调；C—2 局负责传媒；C—3 局负责信息产业、互联网和娱乐电子商品；C—4 局负责这些行业中的企业并购活动。现在，欧共体委员会竞争总局的 10 个局下面共设有 36 个分局。2005 年，竞争总局共计有 560 名全日制工作人员，其中有 398 名处理欧共体条约第 81 条、第 82 条和企业并购的案件，有 162 名处理国家援助的案件。由于人力严重不足，竞争总局常邀请成员国竞争机构的工作人员协助工作。2005 年，竞争总局有 33 名处理反垄断案件和 9 名处理国家援助案件的工作人员来自成员国的临时援助。2005 年，竞争总局的财政预算为 9 000 万欧元，约合 1.08 亿美元。

作为一元化行政执法机构，欧共体委员会在处理市场竞争案件时享有很大的权力，集检察官和法官的功能于一体。这即是说，委员会不仅被授权对案件进行调查和检查，且被授权对案件作出决定，包括作出禁止经营者从事违法行为的决定或者作出经营者没有违法行为的决定。在认定经营者从事了违法行为时，或在经营者不服禁令或在案件调查中不与其配合时，委员会还有权对经营者征收罚款等等。如前面指出的，欧共体委员会 2004 年 3 月对微软处以的巨额罚款，是委员会迄今对一家企业处以罚款的最高纪录。从程序和司法公正出发，如果被告或者任何第三人对欧共体委员会的行政裁决不服，可以到欧洲初审法院提出上诉。

欧洲初审法院既可审查欧洲委员会对事实的认定，也可审查其适用法律是否适当。对欧洲初审法院判决不服的当事人有权向欧洲法院提出上诉。与欧洲初审法院的不同之处是，欧洲法院只是从适用法律的角度审查案件。欧洲初审法院和欧洲法院的判决对欧洲竞争法的发展有着极其重要的影响。

欧共体是一个当前有着 27 个成员国的经济共同体。以欧共体委员会现有的人力和财力，它没有能力执行欧共体竞争法的全部任务。因此，欧共体委员会的一元化行政执法除了它本身的行政执法活动外，还包括它领导下的欧洲竞争网络，即成员国竞争机构在执行欧共体竞争法方面的活动。

随着欧盟和欧洲内部大市场的不断扩大，欧共体委员会近年来改革了过去几十年在适用欧共体竞争法中的集权制度，即将部分权力下放给了欧共体成员国。这个改革的成果就是欧洲理事会2003年第1号条例。根据该条例，欧共体委员会和成员国竞争主管机构应在适用欧共体竞争法方面通力合作。成员国竞争主管机构根据条例第81条和第82条采取行动时，应不迟延地以书面形式向委员会进行通报。它在作出停止违法行为、接受承诺、撤销集体豁免等决定前的三十日内，也应通告委员会。此外，成员国竞争主管机关如果认为自己在执行欧共体竞争法方面的经验不足，还可向欧共体委员会进行咨询。根据欧共体理事会2003年第1号条例，成员国的法院也是执行共同体竞争法的重要机构。特别在私人请求损害赔偿的案件中，成员国的法院可以根据本国保护私人财产权的法律制度，对受害者给予损害赔偿。然而，为确保欧共体竞争法的统一适用，成员国的法院根据条例第81条和第82条对委员会已经决定了的协议、决定或者行为作出判决时，其判决不得与委员会所作的决定相背离。

为了保证欧共体竞争法的统一适用，执行欧共体竞争法的重要权限几乎都在欧共体委员会的手中。根据欧共体理事会1962年第17号条例，欧共体委员会不仅享有对案件的调查、审理、裁决以及制裁违法者的权力，还享有授予经营者豁免欧共体竞争法的权力。只是由于执法资源不足，同时也是为了提高效率，欧共体理事会2003年第1号条例对企业豁免采取了简化行政管理的措施，将该权力下放给了成员国竞争主管机关和法院。根据欧共体理事会2003年第1号条例，欧共体委员会不仅有权认定经营者违反竞争法的行为，有权对违法行为发布禁令和进行制裁，如征收行政罚款或者日罚款，要求违法者履行与委员会进行合作的义务，而且为了有效制止限制竞争行为，委员会还有权对违法经营者采取结构性措施，即拆散现存的大企业。2004年3月，欧共体委员会认定微软市场优势地位滥用。作为惩罚性措施，委员会不仅对微软处以4.97亿欧元的巨额罚款，还针对微软公司阻止竞争者的商品与其“视窗”相兼容的反竞争行为，勒令微软在一百二十天内必须与其竞争者“共享秘密编程资料”。

当然，欧共体委员会在执行竞争法的过程中也受到法院的约束，如其工作人员尽管有权进入嫌疑人可能保存商业记录的任何地方包括私人住宅，但这一权利的行使必须得到司法机关的批准。从程序和司法公正的角度出发，对欧共体委员会裁决不服的当事人有权向法院提出申诉，请求修改或者推翻委员会的行政裁决。但是由于下列原因，司法审查对行政裁决的影响是有限的：首先，进入司法审查的案件即便存在行政执法中适用法律不当或者认定事实严重失误的问题,但有严重问题的案件毕竟是少数;第二,在司法审查中,法院掌握的信息一般不会超过行政执法机关;第三,按照"不告不理"的原则,法院要推翻行政执法机关的裁决,首先需要向法院提出申诉的原告,而与行政裁决的总数相比,向法院提出申诉的案件比例很小;第四,司法审查的时间一般很长,很多原告为此望而却步。

总而言之,在反垄断执法中,如果行政机构兼具案件调查和裁决的权力,它们就是执行反垄断法最重要的力量。美国学者 David J. Gerber 曾从历史角度研究过欧共体竞争法以及德国、法国等反垄断执法机构采取行政模式的原因。他认为,欧洲倡导和推动竞争的力量往往不是来自法院,而是来自拥有较高行政职位以及广泛政治影响的行政官员,这些人同时也拥有管理经济的广泛权力。在这种情况下,竞争法的制定和执行自然就主要依赖行政机构和行政官员。此外,他还认为,行政执法模式较司法模式有很多优点,如执法成本较低,因为行政官员只需换一个办公室就可以执行一部法律。另外,行政执法比较灵活,例如当政治或者经济形势不需要严格执行竞争法的时候,执法者可以随时放慢手脚。

第三节 我国反垄断法实施体制

一、反垄断中央执法机关

我国反垄断执法由中央和地方两级机关承担。国务院设立反垄断委员会,并由国家商务部、国家工商行政管理总局、国务院发展和改革委员会三家机关分头执行反垄断法。我国反垄断执法机构的主要任务是发动反垄断调查程序、审理案件和对案件做出行政裁决。因此,我国的反垄断执法机构是一个准司法机构。

1. 国务院设立反垄断委员会

根据《反垄断法》第 10 条的规定,国务院设立反垄断委员会,负责组织、协调、指导反垄断工作,目的在于保证反垄断执法的统一性、公正性和权威性。国务院反垄断委员会依法履行以下职责:

(1) 研究拟定有关竞争政策。竞争政策是市场经济国家为保护和促进市场竞争而实施的经济政策。竞争政策是市场经济国家经济政策的核心,其他的经济政策如产业政策、劳动就业政策等，均围绕竞争政策研究制定，或作为其补充。《反垄断法》是法律化的竞争政策。《反垄断法》实施的一个重要特点是，仅依据《反垄断法》本身规定往往不能达到立法的目的，结合相关竞争政策权衡考虑是执法通例。因此，需要由国务院反垄断委员会作为统一组织、协调、指导全国反垄断工作的机构，更多地从宏观角度出发，综合分析经济发展状况及市场结构，拟定相关的竞争政策，以适应《反垄断法》执法的需要。

(2) 组织调查、评估市场总体竞争状况，并发布评估报告。《反垄断法》防止垄断行为的目的在于维护市场竞争，保障竞争机制正常发挥作用。市场总体竞争状况如何，既关系到《反垄断法》的执法功效，也关系到执法力度。因此，调查、评估市场总体竞争状况，并发布评估报告，就成了为反垄断执法工作提供不可缺少的参考和依据。很多国家的《反垄断法》中都作了类似的规定。

(3) 制定、发布反垄断指南。反垄断执法工作是一项专业性很强的工作，对经营者的市场行为是否排除、限制竞争，构成垄断行为，仅靠《反垄断法》这样一个基本框架以及原则性的规定，往往是不够的。在很多情况下，《反垄断法》本身也规定，需要根据实际的市场竞争状况来判断一项行为是否构成垄断，而这种判断又往往离不开经济学上的分析方法。制定、发布反垄断指南，有利于反垄断执法机构正确、合理操作，也有利于经营者正当实施市场行为避免进入反垄断禁地。例如，帮助反垄断执法机构判断在什么情况下已构成垄断协议的行为可以得到豁免，在什么情况下经营者集中不必担心申请许可问题或必须考虑这一问题等。

(4) 协调反垄断行政执法工作。《反垄断法》授权国务院规定具体的反垄断执法机构。根据国务院规定，应由国家工商行政管理总局、国家发展和改革委员会、商务部三部门按职责分工负责反垄断行政执法工作。既然多部门负责同一部法律的执行，就有可能出现尺度不一的问题，无论是定性，还是量罚方面。为了保证执法的统一性，法律规定了专设国务院反垄断委员会负责有关协调工作。同时，在对重大反垄断案件的处理上，当有关部门之间发生重大分歧，需要协调、解决方能保证执法工作顺利进行时，国务院反垄断委员会就可以发挥重要作用了。

(5) 国务院规定的其他职责。除了上述四项职责外，国务院还可以根据《反垄断法》实施中的需要，赋予国务院反垄断委员会其他的职能，发挥其他的功能作用。

国务院已经批准印发了《国务院反垄断委员会工作规则》，规定了委员会组成、会议制度、工作制度和工作程序。

2. 商务部

商务部享有反垄断执法权的主要依据是2006年以商务部为首的六部委共同发布的《外国投资者并购境内企业的规定》。根据这个规定的第10条,商务部对外资并购境内企业享有审查权,包括反垄断审查的权力。在经商务部审查的外资并购活动中,引人注目的有美国凯雷收购中国的徐工案,法国SEB集团收购中国的苏泊尔案。2006年,法国SEB收购中国苏泊尔的反垄断调查是商务部启动的第一个反垄断调查。反垄断法颁布之后,国家商务部对外资并购的反垄断审查权将扩大到所有的企业并购活动。

国家商务部设反垄断局,其主要职责包括:

(1) 起草经营者集中相关法规,拟定配套规章及规范性文件。

(2) 依法对经营者集中行为进行反垄断审查;负责受理经营者集中反垄断磋商和申报,并开展相应的反垄断听证、调查和审查工作。

(3) 负责受理并调查向反垄断执法机构举报的经营者集中事项,查处违法行为。

(4) 负责依法调查对外贸易中的垄断行为,并采取必要措施消除危害。

(5) 负责指导我国企业在国外的反垄断应诉工作。

(6) 牵头组织多双边协定中的竞争条款磋商和谈判。

(7) 负责开展多双边竞争政策国际交流与合作。

(8) 承担国务院反垄断委员会的具体工作。

(9) 承担部领导交办的其他事项。

目前商务部已经制订颁布了一系列的关于经营者集中审查的规范性文件,包括《关于实施经营者集中资产或业务剥离的暂行规定》、《经营者集中申报办法》、《经营者集中审查办法》以及经由国务院签发的《国务院关于经营者集中申报标准的规定》等。

3. 国家工商行政管理总局

国家工商行政管理总局享有反垄断执法权的依据主要是1993年颁布的《反不正当竞争法》。这部法律规范不正当竞争行为,也规范某些限制竞争行为,如该法第6条和第7条的规定。根据以往的工作经验,国家工商行政管理总局公平交易局的反垄断执法活动将集中在禁止市场优势地位滥用的方面。此外,它还有权监管不涉及价格问题的垄断协议。

为了配合《反垄断法》顺利施行,国家工商行政管理总局于2008年7月25

日成立“反垄断与反不正当竞争执法局”，负责《反垄断法》实施的相关具体工作。新成立的反垄断与反不正当竞争执法局将承担以下工作：

（1）负责垄断协议、市场优势地位滥用、滥用行政权力排除限制竞争方面的反垄断执法工作（价格垄断行为除外）。

（2）具体负责拟订有关反垄断、反不正当竞争的具体措施、办法。

（3）承担有关《反垄断法》执法工作。

（4）查处市场中的不正当竞争、商业贿赂、走私贩私及其他经济违法案件，督查督办大案要案和典型案件。

据此，国家工商行政管理总局将负责：除价格卡特尔（即价格垄断协议）之外的大部分垄断协议的禁止和查处工作，除价格垄断行为之外的大部分市场优势地位滥用行为的禁止和查处工作，滥用行政权力排除限制竞争行为的有关执法工作。在《反不正当竞争法》修订之前，《反不正当竞争法》中若干禁止垄断行为的规定，如串通投标、公用企业市场优势地位滥用、不正当贱卖、搭售等行为之禁止，在没有被正式删除并与《反垄断法》的规定保持一致前，仍然属于现行有效之规定，凡与《反垄断法》规定不冲突的，仍可作为工商行政管理机关反不正当竞争执法的依据。

4. 国家发展和改革委员会（以下简称国家发改委）

国家发改委享有反垄断执法权的主要依据是我国 1997 年颁布的《价格法》。该法第 14 条第 1 款规定，经营者不得“相互串通，操纵市场价格，损害其他经营者或者消费者的合法权益”。根据该法第 5 条，国务院价格主管部门统一负责全国的价格工作，包括执行《价格法》第 14 条第 1 款的任务。国家发改委执行反垄断法的机构主要是其下属的价格司，其任务主要是禁止价格卡特尔以及涉及价格的其他垄断行为。国家发改委 2003 年发布过《制止价格垄断行为暂行规定》，依法查处过一些串通价格的行为。

《反垄断法》颁布后，国务院规定，依法查处价格违法行为和价格垄断行为属于国家发改委的一项职责。按照“三定”方案规定，国家发展和改革委员会内设价格监督检查司，负责依法查处价格垄断行为等工作。今后可能在执法中需要进一步明确价格垄断行为的内涵和外延。比如，无正当理由以低于成本价格销售商品，其行为本身涉及价格，是否属于价格垄断行为？在《反垄断法》颁布实施之前，它是被列入不正当竞争行为的。再如，串通投标，涉及抬高标价和压低标价及投标者和招标者相互勾结问题，是垄断协议的一种，但其是否属于价格垄断行为？根据《反不正当竞争法》的规定，应属于工商行政管理部门规制的范围。

二、地方反垄断执法机构

出于建立全国统一、开放和竞争性大市场的需要，我国反垄断法把反垄断执法作为中央事权，明确规定由国务院规定的承担反垄断执法职责的机构负责反垄断执法工作。这即是说，地方各级人民政府及其有关部门均不享有反垄断行政执法权。然而，考虑到我国辽阔疆域，人口众多，如果所有案件全部由国务院反垄断执法机构来处理，工作量势必太大，反垄断执法机构事实上也不可能有足够的时间进行反垄断调查，反垄断执法工作就会成为一句空话。因此，反垄断法第10条第2款规定，国务院反垄断执法机构根据工作需要，可以授权省、自治区、直辖市人民政府相应的机构负责有关反垄断执法工作。这即是说，省、自治区、直辖市人民政府的相关机构虽然没有执行反垄断法的职责，但它们可在国务院反垄断执法机构授权的范围执行反垄断法，例如授权处理省、自治区、直辖市行政区域具有限制竞争影响的案件。

三、我国反垄断执法机构设置的反思

有学者认为我国现有反垄断执法机构的设置不能满足反垄断执法专业性、独立性及权威性要求，其理由如下：

(1) 独立性欠缺。在我国国家工商行政管理部门、发改委及商务部主管部门都是政府的组成部分。根据行政规划，它们分别受各级政府的直接领导，独立性远远不够，在我国现行体制下难以独立地执行反垄断法。特别是涉及行政垄断时面临着非常大的困难。从某种意义上讲，反行政垄断是我国反垄断法最重要的任务或者说是当前我们的第一任务，而反行政垄断的任务不适合由承担了其他各种经济管理职能的现有机关完成。因为“自己处理自己的案件，实属法治之大忌，难以使人信服”，自己制约自己等于没制约。

(2) 专业人才欠缺。这三家行政部门的执法人员都是一般的行政管理人员，缺少经济学、法学和其他相关学科的专门素养，难以应付反垄断案件高度专业化的复杂任务，对事实的认定和处理的结果均缺乏权威性。因为反垄断的对象往往是实力雄厚、规模庞大的企业，甚至是超级企业，其执法活动涉及面广、专业性强，这就要求执法人员不仅要具备法学、经济学方面的知识，还要具备企业管理、统计等方面的专长。另外，当前在我国这些执法人员本身承担的业务就已经相当的繁重，要承担反垄断法这样专业要求非常高的业务，恐怕分身乏术。

(3) 权威性欠缺。这三家反垄断执法机构的权威性与反垄断执法应该具备的"权威性"标准相差甚远。而专业性、独立性的缺失,更是进一步证明其缺乏作为反垄断执法机构的权威性标准。因为权威性是由专业性和独立性所决定的,也就是说反垄断执法机构的专业性和独立性决定了它必然具有权威性。正因为其在执行反垄断方面具有高度的专业性,所以它受到人们的尊重;也正因为其具有较高的独立性,其做出的决定才会受到人们的普遍认同和遵守。

(4) 效率欠缺。多头机关执法容易产生成本高而效率低的问题。反垄断法分割在这三家机构手中,就难免出现多头执法,职能交叉重叠,出现纠纷和冲突是必然。例如根据现行反不正当竞争法,公用事业滥用行为应由工商行政部门监督管理;按照现行价格法的规定,价格垄断行为应由发改委监督管理,那么公用企业凭借垄断地位实施价格垄断的行为该由谁管呢?这肯定会产生管辖权的问题。另外,在几个政府部门有权制止限制竞争行为的情况下,它们之间即便不存在管辖权的冲突,实践中也很难操作。例如,一个占市场优势地位的企业同时操纵价格强制交易行为,前一个行为应由价格部门管,后一个行为应由工商部门管。在这种情况下,两个部门没有管辖权的冲突,两班人马处理一个经营者的违法行为也明显存在执法资源配置不当的问题。

四、我国反垄断执法体制预想

我国反垄断执法体制应该采用司法模式或是行政模式,还是维持目前的准司法模式,在学界各有争论。有学者认为可以借鉴美国的司法模式,即由检察院作为公诉人向法院起诉,禁止限制竞争的行为。这种模式的好处是:(1)检察机构与经营者、经济部门或者行业没有直接的联系,不存在经济利益关系,因此在反对限制竞争案件中,特别在消费者与被告经营者的争议中易于处于中立的态度。(2)检察机构依据法律享有广泛的社会监督权,可以直接立案处理国家工作人员的腐败行为,从而较其他部门更有权威处理政府机构滥用行政权力限制竞争的案件。

但是,也有学者认为我国不宜采用司法模式,其理由包括:

(1) 我国管理经济的任务是由政府承担的,反垄断法作为维护市场竞争秩序的基本手段和政府调节经济的重要方式,它的执行就成为政府的重要职能。在这种情况下,立法者不可能把执行反垄断法的任务交给检察院和法院。

(2) 我国现行反垄断法体系中,还包括反不正当竞争法、价格法以及其他相关的行政法规,各政府部门在执行这些法律法规的实践中已经取得了一定经验,在这种情况下,应充分发挥它们的优势而不宜把反垄断执法任务交给没有经验的新手。

(3) 如果由检察机构作为公诉人向法院提起反垄断诉讼,法院就会在反垄断执法中唱主角。然而,我国的法官现在还不具备美国法官那样高度的独立性,甚至没有独立审判的意识。如果"长官意志"起决定作用,反垄断案件的审理和判决就难保证做到透明、公正和公平。这样,反垄断法不仅难以在人们心目中建立起权威,而且也难以遏制经营者包括大跨国公司的限制竞争行为。

(4) 反垄断法不像合同法那样,比较容易认定一个行为的合法性或者违法性。比如大企业的合并,或者微软公司的搭售行为,它们合法还是违法,往往需要复杂的经济分析。因此,反垄断执法不仅需要高水平的法学家,而且还需要高水平的经济学家。因此,反垄断执法机构不像普通法院,可以处理任何类型的案件,而仅是处理竞争案件的专业性机构。因此,我国反垄断执法体制不宜采用司法模式。

也有学者在总结各国经验的基础上,就完善我国现行反垄断执法体制提出几点有价值的建议:

(1) 我国三个政府机关共同执行反垄断法,它们之间应按照行业划分管辖权,而不能像现在这样依照不同市场行为划分管辖权。按照行业划分管辖权,尽管也不可避免会出现管辖权的冲突,例如来自两个不同行业的企业之间的合并,但这相对在价格行为和滥用行为之间划分管辖权而出现的冲突要少一些。例如,占市场优势地位企业的价格行为很多同时就是市场优势地位滥用的行为。

(2) 反垄断执法机构在业务上应具有独立性。反垄断执法机构的独立性除了表现在它与其他政府部门的关系方面,即它能够独立地执行竞争政策和反垄断法,另一方面还表现在它与经营者的关系上。因为这个机构的任务是推动市场竞争,反对限制竞争行为,它的工作人员就不能够与被这个机构监督和管制的经营者之间存在着经济利益关系。如德国《反对限制竞争法》在这个方面作了非常明确的规定,严格禁止垄断委员会的成员和联邦卡特尔的成员与企业发生关系。该法第 51 条第 5 款规定:"联邦卡特尔局的成员既不得是企业所有人或者领导人,也不得是企业、卡特尔、经济联合会或企业联合会的董事会或监事会的成员。"

五、反垄断执法机构与监管机构的关系

我国现实经济生活中的垄断很多来自电信、电力、邮政、铁路、石油、民航、银行、保险等过去被视为自然垄断或者国家垄断的行业,媒体经常讨论的一个问题

就是电信、电力、银行等行业的“垄断福利”。因此,反垄断执法不可避免地会涉及这些行业。然而,另一方面,我国在这些行业都设立了行业主管机关或者监管机构,如信息产业部、电监会、银监会、保监会等。鉴于这些行业的特殊性,国家还制定了专门的法律制度,如2000年颁布的《电信条例》,现在还在起草电信法。因为这些行业监管法除了市场准入和安全生产等方面的规定外,还有市场竞争秩序的规定,如电信法把促进电信市场的公平竞争和维护电信市场秩序作为该法的立法宗旨之一,这些行业的监管机构与反垄断执法机构在管辖权上就存在着交叉。现在,世界各国在解决反垄断执行机构与监管机构的关系方面,基本上有两种做法:一是由竞争机构负责特殊行业的监管;二是在特殊行业设立专门的监管机构。

(1) 反垄断执法机构监管特殊行业。有些国家或者地区把行业监管放在反垄断执法机构之内。例如欧共体委员会,竞争总局除了负责执行条约第81条和第82条、经营者集中控制以及国家援助政策外,它还负责在电信、能源、银行、保险、传媒等行业的监管任务。例如监管能源市场的任务属于B—1局,监管邮政市场竞争的任务属于C—1局,监管银行和保险业的任务则属于D—1局。总体上说,电信、电力、银行、保险等行业在欧共体已经被视为竞争性的行业,它们在适用法律以及执法机关上与其他行业没有特殊的待遇。澳大利亚和新西兰也设有负责电信、电力等行业监管的专门机关。即这些行业同其他一般行业一样,监管它们的权力被交给了反垄断执法机构。在澳大利亚,行业监管任务属于澳大利亚竞争与消费者委员会,委员会的下面设立了涉及电力、天然气、运输和电信等行业竞争问题的“监管事务局”。新西兰的商业委员会是一个独立的准司法机构。它除了执行竞争法,还执行新西兰1998年颁布的《电力改革法》、2001年颁布的《电信法》和2001年颁布的《奶制品业重组法》,承担着对电力、电信和奶制品业的监管。荷兰从2005年7月1日起,也将过去独立的能源监管局并入了荷兰竞争局,由此使竞争局成为负责执行荷兰1998年电力法和2000年天然气法的机关。此外,运输监管的部分职能也归于竞争局,即竞争局有权监管铁路以及城市地铁、公共汽车等公共交通运输部门的竞争问题。

(2) 独立的行业监管机关。除上述澳大利亚、新西兰等国家或者地区的模式,也有很多国家把某些行业的监管任务授权给一个独立的机关,由这个机关处理被监管行业的竞争问题。这种授权一定程度上削弱了反垄断执法机构的权限,但一般不会彻底剥夺这个机关对这些行业的管辖权。如德国负责电信和邮政监管的机关有权处理电信和邮政市场上的滥用行为,但在界定相关市场以及认定企业的市场地位方面，这个机关则得征求联邦卡特尔局的意见。此外，联邦卡特尔局在处理电信和邮政市场的企业并购问题上以及卡特尔案件中还有专属管辖权。美国在电信、电力、金融和航空业也建立了监管机关，如联邦通信委员会负责电信监管。传统上，联邦通信委员会有权依据电信法或自己的监管标准审查电信市场的企业并购，但电信市场的其他竞争行为得由反托拉斯执法机关来处理。如在 20 世纪 80 年代初期，美国司法部指控 AT&T 违反了反托拉斯法，最后导致这个公司一分为八。美国在 1996 年颁布了新《电信法》之后，审查电信市场的企业并购不再是联邦通信委员会的专属管辖权。新《电信法》不仅规定，司法部反托拉斯局和联邦贸易委员会也有权审查电信市场上的企业并购，而且还规定，联邦通信委员会审查电信市场的企业并购时，必须依据反托拉斯法。其实在管辖权的冲突和适用法律的冲突方面，联邦通信委员会与反托拉斯执法机构经常出现争执，如在 1999 年关于 SBC 和 Ameritech 的合并问题上，双方分歧很大，以致美国国会甚至考虑要限制联邦通信委员会对电信企业并购的审查权。在银行业方面，美国最高法院 1963 年关于费拉德菲亚国民银行案的判决有着很大的影响，该案件涉及一个全国性银行和一个州政府批准的银行之间的合并。随着这个判决，银行业并购的管辖权在美国一直被分割给了反托拉斯机构和监管机构共同所有。此外，美国国会 1966 年通过的银行并购法就反托拉斯机构和监管机构的关系作出了以下规定：第一，监管机构评价合并时必须适用《谢尔曼法》和《克莱顿法》，即任何导致垄断或者推动共谋或者企图垄断银行业的合并都得予以制止；第二，对于银行监管机构批准的合并，司法部在 30 天内有进行干预的权力。即一个得到了监管机构批准的合并，仅当在批准后的 30 天内没有受到司法部的干预，它才最终得到了反托拉斯法的豁免。

(3) 我国的选择。在反垄断执法机构与监管机构的关系上，我国不可能采取澳大利亚或者新西兰的做法。这不仅因为我国现在已建立了很多监管机构，这些机构有很大的政治权力，它们不会轻易放弃自己对被监管行业的管辖权。另一方面，我国的经济规模远远大于澳大利亚或者新西兰，如果反垄断执法和行业监管置于同一个机关，这个机关的规模就可能过于庞大，不便管理。因此，建立独立的行业监管机关在我国是势在必行。

然而，即便我国的反垄断执法和行业监管相互独立，它们在管制被监管企业的限制竞争方面，也会存在管辖权的冲突。监管机关处理被监管行业竞争案件的最大问题是，它们在被监管企业与其竞争对手或者消费者的争议中，往往站在被监管者的立场上，损害处于弱势地位的经营者或者消费者的利益。这即是监管者被“俘获”的理论。特别在我国目前仍然存在政企不分的情况下，政府机关运用行政权力维护垄断企业利益的现象司空见惯。因为监管者和被监管者往往属于一个利益集团，是政企同盟，人们担心行业主管或者监管机关处理本行业的竞争问题时不能保持中立，不能保护消费者。另一方面，我国监管机关在权力配置、执法程序以及执法手段等方面，不是以建立竞争性的市场结构和规范企业的市场行为为目标，这些机关一般没有很强的反垄断意识，不能适应执行反垄断法的要求。还有一个问题是，现在我国几乎在所有与国计民生比较重要的行业都设立了主管部门或者监管机构。如果这些监管机关各自适用自己的部门法处理限制竞争案件，这不仅政出多门，浪费执法资源，降低执法效率，我国也不可能建立统一的市场竞争秩序。现在，比利时、法国、日本等很多国家的监管机构只是从市场准入和安全生产的角度进行监管，被监管行业在涉及竞争案件时，管辖权则统一交给了反垄断执法机构。有些国家如美国和巴西，反垄断执法机构和监管机关共享被监管行业竞争案件的管辖权。但在这种情况下，监管者处理被监管行业竞争案件的法律依据是竞争法，而不是与之相冲突的其他法律。如美国1996年《电信法》第601条(b)(1)明确指出：“本法中的任何规定及其修订都不得被解释为对适用反托拉斯法的修正、损害或者取代。”如果竞争执法机关和监管机关对被监管行业的竞争案件有并行管辖权，这两个机关应当通力合作。一方面，因为电信、电力等行业存在某些技术问题，反垄断执法机构处理这些竞争案件时，应征求监管机关的意见；另一方面，监管机关处理竞争案件时，因为会涉及很多竞争法的专业问题，如市场的界定或者市场优势地位的认定，它们也应征求反垄断执法机构的意见。因为并行管辖权的存在往往会产生冲突，大多数国家如巴西在这方面的经验是，案件最后的决定权交给竞争执法机构。

第四节　反垄断法的私人实施

一、反垄断法私人实施概述

反垄断法私人实施制度有利于实现资源的分配正义。因为法律是由国家强制力保证实施的，不论是公共实施还是私人实施都离不开公共资源（如财政、司法等）的支持。如果仅规定公共实施，无疑剥夺了私人对公共资源本应享有的权利。其次，有利于实现利益的分配正义。公共实施主要是通过行政罚款、行政禁令、刑法惩罚等方式制止和制裁违法行为，但无法直接赔偿受害人，对受害人而言是一种损失；而私人实施却可以使受害人得到直接的经济赔偿，这更符合“有损害就有救济”的法理精神。

公共利益与私人利益保护具有一致性。但是，公共利益是一个模糊概念，与私人利益之间也存在着相互的冲突性，两种利益之间的关系是一个几千年来争论不止的问题。在特定情况下，私人利益部分可以转化为公共利益；同样，公共利益也会以一定形式表现为私人利益。当两者冲突的时候，公共利益总是以限制部分人的私人利益而得以实现，过于追求私人利益则会损害公共利益。可见，两者的关系并非一成不变，而是不断在变化的。反垄断法保护的既是与绝大多数私人利益相一致的，也与个别的私人利益相对立的公共利益，其一致性体现在公共利益的实现就是私人利益的实现，私人利益的实现同样也是公共利益的实现。因此，反垄断法的私人实施不仅是维护私人利益的方式，同时也是维护公共利益的重要途径。

反垄断法的私人实施一直是国外反垄断法研究者和实务工作者关注的重要课题。最近三十年以来，美、日等国学者在不断反思、检讨本土反垄断法私人实施制度的得失，对本国反垄断法私人实施制度的完善及反垄断法的有效实施起了较大的推动、促进作用。欧洲学者对该制度的关注虽然较晚，但其社会效果显著。欧盟委员会于 2005 年和 2008 年先后颁布了违反欧共体竞争规则的损害赔偿《绿皮书》和《白皮书》，要求其成员国通过国内的法律制度导入反垄断法的私人实施。

我国《反垄断法》第 50 条规定，“经营者实施垄断行为，给他人造成损失的，依法承担民事责任”，正式奠定了反垄断法私人实施的制度基础。自 2008 年 8 月 1 日该法生效之日起，就不断有中小企业、消费者对政府机关、中国移动通信、中国网通、百度、盛大网络、中石化等机构涉嫌垄断的行为提起诉讼，但被许多媒体称为我国反垄断第一案的北京四大防伪企业诉国家质检总局案，因“超过法定起诉期限”被北京市第一中级人民法院裁决驳回起诉；而周泽诉中国移动通信北京有限公司与中国移动通信集团公司涉嫌垄断案以被告给予原告 1 000 元“奖励”这种方式和解结案；其他案件却在提交法院之后有如泥牛入海，“未有任何结果”。显而易见，我国反垄断法中的私人实施目前遇到了难题。

二、反垄断法私人实施的模式

当前，世界上典型的反垄断法私人实施模式是美国和日本的模式。

1. 美国私人实施模式比较

美国反垄断法的私人实施与公共实施同等重要。美国建立了一系列私人实施的特色制度，主要体现在以下几个方面：

(1) 规定了原告资格，其认定采用“损害”标准。任何因反托拉斯违法行为遭受财产或营业损害的人都可以提起反托拉斯诉讼。这里的“人”应作广义理解，除了个人以外，还包括公司、合伙以及其他商业实体、市政当局、州和外国政府，但不包括间接购买者。此外，美国还设立了集团诉讼制度。集团诉讼适用“要么选择，要么出去”制度，这意味着在集团诉讼中的每个成员如不明确将自己从该集团诉讼中排除出去，那么案件的审理结果将对其有约束力。

(2) 诉讼范围的规定，即任何垄断违法行为都可以成为私人实施的对象。公共实施和私人实施所针对的违法行为会有所不同，前者侧重于对公共利益造成严重损害的案件，后者则倾向于那些容易被证明违法、容易获得赔偿的案件。其次是救济程序的规定，即商业或财产利益受到损害的私人可以直接向法院提起反垄断法民事损害赔偿之诉或禁令之诉。

(3) 管辖法院的规定。任何普通法院对私人诉讼案件都有管辖权，联邦法院对在全国范围内有影响的或上诉的反托拉斯违法案件有管辖权，州或地方法院对本州或本地区有影响的反托拉斯违法案件有管辖权。

(4) 救济方式的规定。受害人可以向加害人请求三倍损害赔偿，此为美国独具特色的私人诉讼制度。

(5) 证明责任问题。美国规定了审前证据公示制度，一方当事人可以要求另一方当事人提供文件资料，如果对方当事人拒绝提供或销毁文件资料，将会因藐视法庭罪被判处最高五年的监禁。

2. 日本模式

日本实行的是以公共实施为主、私人实施为辅的执行模式，主要体现为以下几个方面：

(1) 原告资格问题。日本规定，具有原告资格的人应包括任何受到垄断行为损害的私人，并且在“鹤冈油灯案”①中确立了直接购买者的原告资格。

(2) 启动程序的规定。私人首先得向公正交易委员会提出违法控告，等待作出行为违法的认定才被允许向法院起诉。公正交易委员会常对涉案的公司采取非正式的手段，如警告、劝告等，造成起诉的机会非常少，使私人实施程序基本

① 参见李小明、邓文锋：《我国反垄断法私人执行制度之构建》，《求索》2009年第12期。

上得不到应用。

(3) 管辖法院和诉讼范围的规定。损害赔偿之诉由东京高等法院专属管辖，诉讼范围主要限于私人垄断化、不正当贸易限制或不公平商业行为；签订内容包括不正当限制贸易或不公平商业行为的国际协议或国际合同；在某一商业领域限制企业的数量；要求其他企业从事不公平商业行为。

(4) 证明责任问题。举证责任由原告承担，除了证明违法行为外，还要证明损害、损害数额以及损害和违法行为之间的因果关系。法院对案件损害和违法行为之间因果关系的认定提出了非常高的证明标准。另外，高等法院还确立了一个原则，即公正交易委员会的审查所认定的事实不能约束法院。

3. 美、日模式的比较

美国与日本在反垄断法私人实施方面存在着很多不同之处，主要体现在以下几个方面：

(1) 程序设置不同。私人实施有直接执行模式和审决前置模式之分，美、日两国对私人实施程序规定不同。日本实行审决前置程序，其一，利用执法机构的专业性判断，增强私人实施的针对性，防止滥诉的发生；其二，设置审决前置程序避免诉累，能较好地权衡审判成本与效益的关系。美国采用两者并重的执行体制，主要与其司法体例渊源和美国人长期信奉的"私权"文化有关。私权是天赋的、神圣的，只有私人实施与公共实施并行，才能最大化地保障私权。

(2) 管辖法院不同。美国是反托拉斯法发源地，法院积累了审判反托拉斯案件的丰富经验；美国是判例法国家，"先例约束"的惯例确保了案件的专业审判。而日本反垄断法是舶来品，移植于西方发达国家，且反垄断法实施的历史相对较短，再加上其成文法国家的性质，案件只有在专门的法院才能确保专业的审判。

(3) 诉讼范围不同。美国没有限制诉讼范围，而日本对诉讼范围作了限制性规定。日本的做法可能是基于对公共利益的保护，目的是防止私人滥用诉权而损害公共利益。美国的做法似乎更可取，因为一国的法律应当从程序上而不应当从实体上去限制个人权利，否则有违公平和正义的法理原则，同时也会使某些损害无法得到司法的最后救济。

(4) 证据制度不同。美国的审前证据开示制度和执行机构的事实认定对法院有约束力的规定大大减轻了私人提供证据的负担，提高了私人胜诉的几率；而日本过高的证明标准及执行机构的事实认定不能约束法院的规定，不可避免地增加了私人诉讼的难度。

三、我国反垄断私人实施现状

与美国、欧盟、日本等反垄断法的私人实施一样，我国反垄断法的私人实施也面临受害人数广泛、原告资格难以确认，被告违法行为难以证明，损害赔偿数额难以计算等诸多困难。而竞争文化的缺失、法律工具主义的流行，可能使我国反垄断法的私人实施变得更为困难。这些困难主要有以下几个方面：

1. 原告资格确认方面的困难

反垄断法所反对或禁止的垄断行为，从行为性质上说，大都属于侵权行为。根据《侵权责任法》的有关规定，只有"被侵权人"才有权请求侵权人承担侵权责任。但《反垄断法》所禁止的行为所造成的损害具有显著的"涟漪效应"或"伞形效应"，即其危害后果不但直接作用同一层次（水平层次）的多个、多种相对人，而且像涟漪一样向不同层次（纵向层次）传递。简言之，垄断案件中的"被侵权人"人数众多。譬如，微软公司的捆绑销售不仅损害了网景公司等应用软件开发商、开发商股东的利益，同时也损害了众多消费者的利益，至少损害了消费者的选择权。垄断行为"被侵权人"的多元性、社会性，使法院在确认反垄断诉讼的原告资格方面处于两难困境：允许各类"被侵权人"提出反垄断诉讼，则法院大门洞开，不仅法院因每天要审理大量损害赔偿案件并在"被侵权人"之间分配损害赔偿数额而不堪重负，而且对被告来说也极不公平，因为这将导致重复赔偿从而加重被告的责任；如果只允许部分"被侵权人"提出诉讼，则一方面找不到合适的方法将有权提出诉讼的"被侵权人"与无权提出诉讼的"被侵权人"区分开来，另一方面可能使反垄断法所建立的私人实施制度落空。譬如，在一个固定批发价格的案件中，零售商因多付了价款成为直接"被侵权人"，但零售商又通过成本分摊将损失转嫁给了消费者，从而使消费者成为间接的但却是实际上的"被侵权人"。如果零售商和消费者都有权提出诉讼，则肯定会发生重复赔偿问题；如果只有零售商才能提出诉讼，则权益真正受到损害的消费者得不到法律保护；如果只允许消费者提起诉讼，则可能出现消费者因难以证明零售商将损失转嫁给了自己，或因自己遭受的损害较少而不愿提出诉讼的情况，使得私人实施制度名存实亡。

2. 原告在承担举证责任方面的困难

几乎所有的国家都承认，在反垄断诉讼中，证明违法行为、损害事实及两者之间因果关系的责任在于原告。我国最新颁布的《侵权责任法》也没有将违反《反垄断法》的行为作为特殊侵权行为处理，所以，根据《侵权责任法》第5条和《民事诉讼法》第64条的规定，反垄断诉讼的原告必须对自己提出的主张承担证明责任。但国外已有的经验表明，原告很难凭借自身的力量独立地完成这一任务。

（1）在卡特尔案件中，原告很难证明被告从事了《反垄断法》所禁止的行为。卡特尔特别是价格固定、划分市场、串通招投标等“硬核”卡特尔极为隐秘，即使是具有相关专业知识且有强制力做支撑的专业执法人员，要发现这类行为也非常困难，私人原告既“不具备相关专业知识，没有助手，没有资金实力，也无强制力”，因而更“不可能拿到证据”。在搭售、价格歧视、拒绝交易等市场优势地位滥用案件中，虽然原告在证明此类行为的存在方面较为容易，但要证明被告的行为违法却并不容易，因为这些行为不属于“本身违法”行为，其合法性需要根据合理原则，即对其进行社会成本与社会收益的比较、分析之后才能作出判断。而对垄断行为进行合理性分析是一项非常专业、非常复杂的工作，需要丰富的经济学专业知识和市场营销知识，绝大多数私人原告不具备这方面的知识。

（2）确认原告所遭受的损害及实际损害数额也是一件极不容易的事情。美国联邦最高法院有一个这样的判例：一个濒临破产的企业甲被另一个企业乙收购，甲的同业竞争者因失去了眼看就能得到（如果甲破产的话）的市场份额而对乙向法院提出三倍损害赔偿诉讼。法院经审理后认为，被告的收购行为确实违反了反垄断法，原告也确有损害存在，且这种损害确实是因被告的收购行为引起的，即损害与违法行为之间存在因果关系，但法院最后却驳回了原告的诉讼请求，其理由是原告所遭受的损害不是反垄断法所力图阻止的那种损害，即反垄断损害。此案足以证明确认垄断损害的复杂性。在垄断损害的计算方面，除多付价款等少数损害容易确定之外，绝大多数损害表现为交易机会丧失、市场供应量或市场份额减少、被迫退出市场等形式。这些形式的损害数额的计算，需要运用复杂的经济模型和假想市场价格，由于经济模型与假想市场价格都具有很大的不确定性，因而原告要证明此类垄断的损害额也是困难的。

（3）即使部分原告能够完成前述两个方面的举证责任，但要证明其损害与被告的违法行为之间存在因果关系仍很困难。因为交易机会丧失、市场供应量或市场份额减少、被迫退出市场等有多重原因或多种因素，除了被告的侵权行为之外，还有新的替代商品问世、市场趋于饱和、商品质量下降等原因或因素。在一果多因情况下，要准确地界分各类原因与损害之间的关系是十分困难的。

3. 反垄断法私人实施观念上的障碍

除上述制度层面或技术层面的困难之外，反垄断法的私人实施还存在观念层面的障碍，即私人实施会遇到一些传统文化因素的阻挠。私人实施之观念障碍，首先可能是国民，其中主要是政府官员对竞争的冷漠，甚至是某种程度上的抵制。反垄断法倡导自由竞争和公平竞争，而我国传统文化的基本精神是尚公、重礼、贵和，主张“不竞不争”，排斥那些可能引起或加剧社会分化或分裂的因素。直至20世纪80年代初期，主流意识形态仍然认为，竞争是资本主义社会特有的现象，社会主义经济只有竞赛、没有竞争。甚至到了90年代初期，人们还对竞争自由、市场经济等言论噤若寒蝉。1992年，建立社会主义市场经济体制的目标确立之后，虽然“市场经济就是竞争经济”的口号广为传播，但竞争理念与竞争文化并没有深入到该体制本身，没有渗透至国民之思维模式之中。

《反垄断法》私人实施的另一个观念性障碍，源自于对公法私人实施正当性的质疑。我国的法律文化传统属于公法文化，这种文化在对法本质认识上的体现，就是“法律工具”论。根据法的“工具论”本质解说，法的实施是统治者的专利。尽管国外学界关于公法私人实施的价值有过许多论述，并且国外已经有相当多的成功经验，但在我国，理论与实务两界对公法私人实施的正当性还疑虑重重。这种心态在十多年前法学界、司法实务部门关于“王海打假”现象的论争中可略见一斑。虽然“王海打假”案件的核心争点是“知假购假”是否可获双倍赔偿，但围绕这一争点引发出来的公民是否有权打假的问题，本质上已经涉及公法私人实施的正当性。在这场论争中，有学者曾明确指出，打假属于执法机关的权力，公民个人不能打假。这场争论在当时非常激烈，现已基本平息，而且此后关于公法私人实施正当性的讨论再也没有发生过。但这场争论至少表明，私人实施公法在我国的传统观念中还缺乏正当性基础。也许可能正是基于对这种质疑的担心，目前各法院对反垄断案件的立案和审理都极为审慎。

四、我国反垄断法私人实施对策建议

鉴于对积重难返的垄断体制危害的深层认识，以及长期压抑在心中的对垄断的积愤与不满，在《反垄断法》实施的第一天，就有经营者向垄断行为开战。此后，相继有一些消费者或经营者对垄断行业提出反垄断诉讼。但这种诉讼的结果与原告的期望及普通公众的预期相差太远，并因此极大地挫伤私人提出反垄断诉讼的积极性。为了使《反垄断法》第50条的规定落到实处，建议最高人民法院就《反垄断法》的实施制定一个司法解释，对反垄断诉讼的原告资格、证明责任等作出较为明确的规定，以增强反垄断诉讼的可操作性，同时建议反垄断执法机构进一步重视竞争文化的培育和传播。

从整体上考察，世界各国处理垄断行为的法律基础是侵权法和民事诉讼法，因此，侵权责任法和民事诉讼法的一般性规定都应适用于反垄断法的私人实施。但为了促进反垄断法的私人实施，大多数国家也制定有一些特殊规则，如在归责原则上实行推定过错原则；在证明责任上实行因果关系推定原则，减轻原告的举证责任；在法律责任方面建立惩罚性赔偿制度，制定专门的计算或估算经济损失的规则；等等。有学者建议我国《反垄断法》司法解释的内容应当包括但不限于以下几个方面：

（1）明确规定请求权的主体资格。垄断案件中的被侵权人虽然人数众多，但大致可以分为三类：国家、同业竞争者、购买者。作为被侵权人的国家所遭受的损害，主要是垄断行为破坏了反垄断法所要保护的竞争秩序。因为这种损害属于非财产性损害，所以除极少数建立了国家损害赔偿制度的国家如美国之外，绝大多数国家都没有规定国家可以成为国内反垄断法上的损害赔偿请求权主体。我国没有建立国家损害赔偿请求权制度，相关的国家利益与社会公共利益有专门的执法机关保护，故可以将国家排除在损害赔偿请求权主体范围之外。

经营者的同业竞争者，无论是从理论层面分析还是从国外的经验考察，都应当具有请求权主体资格。争议较大的是购买者尤其是消费者的诉讼地位。美国法通过"非直接购买者规则"，也称"第一购买者规则"，排除了包括消费者在内的全部间接购买者的损害赔偿请求权；欧共体则承认全部间接购买者的诉讼主体资格；日本承认间接购买者的原告诉讼主体资格，但只限于消费者作为间接购买者的情形。这三种立法规定各有其优缺点，不过，从操作性层面进行比较，美国的"第一购买者规则"的可操作性最强，易为我国法院的法官所理解和运用。故建议在《反垄断法》司法解释中规定，只有那些直接受违反《反垄断法》行为影响的人才可提起反垄断损害赔偿诉讼。

需要特别指出的是，在消费者作为第一购买者的情况下，由于其受到的财产损害在数额上较少，而诉讼成本较大，因而往往不太愿意提出损害赔偿诉讼。英美法或大陆法通过建立集团诉讼或代表诉讼制度解决了消费者的诉讼激励问题。我国《民事诉讼法》第53条、第54条建立了共同诉讼、代表诉讼制度。这两种制度在理论上均可适用于消费者诉讼，但操作性都不强，譬如哪些人有权分配被告赔付的财产、根据什么规则分配等没有明确的规定，所以需要在相关司法解释中予以明确和细化。

（2）明确规定减轻原告举证责任的措施。为了解决反垄断诉讼中原告在举证方面所遇到的困难，《反垄断法》司法解释可以建立初步证据规则降低证据标准，即只要原告证明被告有限制竞争的行为，就算已经完成了举证责任。另外一种更有效减轻原告举证责任的方法，就是设立前置条件，即法院受理垄断损害赔偿案件以反垄断执法机构或法院作出被告违法的有效决定或判决为前提条件。

反垄断诉讼是否应受前置条件之限制，国内学者有不同的看法。从促进反垄断法私人实施的角度来说，设立前置条件的最大好处，是极大地减轻了受害人的举证责任，而其最大的弊端是给当事人民事权利的实现设置了障碍，有剥夺受害人诉权之嫌。不过总体上考察，设立诉讼前置条件还是利大于弊，除了减轻原告的举证负担之外，至少它还具有预防滥诉、避免法院判决与反垄断执法机构的决定发生矛盾和冲突等优势。从比较的角度考察，许多国家对反垄断私人诉讼都设置了前置条件。如德国《反对限制竞争法》第 33 条第 4 款规定，因违反该法或违反《欧共体条约》第 81 条或者第 82 条的行为请求损害赔偿，以受理诉讼的法院能够根据卡特尔局、欧共体及其他成员国的竞争机构或者相关法院已经生效的决定认定该行为违法为前提条件。日本《禁止垄断法》第 26 条规定，在日本公平交易委员会尚未对一个行为做出审决的情况下，受害人不能依据该法的特别损害赔偿制度对该行为提起诉讼，要求损害赔偿。西班牙《1989 年竞争法》、英国《2002 年企业法》都有前置条件的限制。

设立诉讼前置条件，在我国民事诉讼中是有先例的。不过，在反垄断民事诉讼中设立前置条件，还必须注意处理好以下关系：一方面，法律应当规定原告有权从反垄断执法机构或司法机关查询、复制、获取相关证据材料，相关机关不得拒绝。另一方面，又要保证这种证据获取不会损害《反垄断法》第 46 条所规定的宽大制度的实效。减轻原告举证责任的第三个方面的措施，就是在因果关系的证明方面，引入司法推定规则，即由被告对其违反《反垄断法》的行为与原告之损害之间不存在因果关系承担举证责任。

(3) 明确损害赔偿数额的计(估)算方法。对于反垄断诉讼的原告来说，损害的计算与评估具有至关重要的作用。因垄断所遭受的损害多种多样，不同国家对垄断损害赔偿范围的规定与计(估)算方法是不同的。如有些国家规定，失去交易机会可以获得赔偿，但另一些国家的规定却相反；再如，多数国家的损害赔偿范围不包括精神损害，但也有少数国家规定，原告可向被告主张精神损害赔偿。

我国反垄断损害赔偿数额的计(估)算方法，应符合我国整体的损害赔偿制度。根据价格法、知识产权法等相关法律的立法经验，可将垄断损害分为多付价款损害、现行营业损害、终止性营业损害三种类型。多付价款损害，指作为购买者的原告由于销售者违反《反垄断法》所禁止的行为为其商品支付了过高的价格而遭受的损害；现行营业损害，也叫利润损失与收入减少损害，指原告因《反垄断法》所禁止的行为已经遭受的财产损失，主要是利润损失，包括已经损失的利润、减少的收入及预期利润的减少；终止性营业损害，指原告被被告排挤出市场所遭受的利润损失。这三种损害的计(估)算方法虽然有相通之处，但整体上是不同的。对于第一种损害的计算，《价格法》第 41 条有原则性规定："经营者因价格违法行为致使消费者或者其他经营者多付价款的，应当退回多付部分"。在具体操作中，可用"前后方法"或"标杆方法"，即将违法行为发生前的价格水平与违法行为发生后的价格水平，或受被告违法行为影响的价格与其他未受被告违法行为影响的价格进行比较，计算两者之间的差额确定损害赔偿数额。对于利润损失与收入减少损害的计算，《反不正当竞争法》第 20 条规定的两种方法可供参考："经营者违反本法规定，给被侵害的经营者造成损害的，应当承担损害赔偿责任；被侵害的经营者的损失难以计算的，赔偿额为侵权人在侵权期间因侵权所获得的利润。"

在操作中，可综合运用"市场份额方法"、"前后方法"、"标杆方法"、比照"非法所得"法等多种方法，确定损害赔偿数额。至于终止性营业损害的计算，是一个难度比较大的问题，主要是因为它涉及的事项，即如果原告继续留在市场能否获利及能获多大利等具有极大的不确定性。对这种"难以确定的损失"的计算，国外尚未有可资借鉴的经验，可以考虑借鉴《著作权法》、《商标法》中的"法定赔偿制度"来解决这一难题，即"损失难以确定"的，由人民法院根据侵权行为的情节判决给予若干万元(具体数额可在通过立法听证后确定)以下的赔偿。通过上述方法计(估)算的损害赔偿数额，都应加上胜诉的原告所支付的律师费用和相关的调查费用。

第十一章 反垄断法的豁免

第一节 反垄断法豁免概述

一、反垄断法豁免的含义

反垄断法豁免又称适用例外或者适用除外,①是反垄断法的重要条款之一,也是各国反垄断法所共有的一项制度。反垄断法豁免的含义有不同的表述。有些学者认为反垄断法豁免是以反垄断法对于特定行业、特定经营者或者特定行为在触犯反垄断法基本原则、基本制度的情况下给予的宽容对待。也有学者认为反垄断法豁免仅仅是指某种垄断行为被反垄断法或相关法律认可而合法的行为,或者经反垄断执法机构许可而合法进行的行为。我们认为反垄断法豁免应是针对违反了反垄断法的某种行为而言的,其前提是该行为已经违反了反垄断法,但反垄断执法机构决定免予追究反垄断法规定的相应责任。

需要说明的是,我们认为从严格意义上反垄断法豁免的概念并不能完全等同于反垄断法除外适用的概念。反垄断法除外适用应是指在反垄断法制订时就被规定为不受反垄断法审查的行为,这种行为不论是否违反了反垄断法,都应排除在反垄断法效力范围之外,而无须经过反垄断执法机构审查的行为。但是,在涉及反垄断法领域研究时,人们往往对反垄断法豁免与反垄断法除外适用的概念并不作特别的区分,而是用"反垄断法豁免又称反垄断法适用除外"进行表述。因此,我们在这里讨论时也不做区分地使用这两个概念。

反垄断法豁免的情形一般包括:

---

① 从严格意义上讲,豁免与适用例外、适用除外之间有着一定的区别。豁免强调的是行为属于法律调整的范围之内而给予的一种优惠,而适用例外、适用除外则是行为本身就排除在特定法律的调整范围。但是,在这里,我们对这三个概念不做区分,强调的都是某些限制市场竞争的行为不适用反垄断法的情形。

(1) 对自然垄断情形。

(2) 对国计民生等有重大影响的情形。如各国的印钞厂、制币厂、军工企业。

(3) 对互助型农业联合企业。

反垄断法豁免的性质是对原属于垄断的行为，在特定情况下，适用反垄断法时，予以豁免。豁免制度通常是权衡比较的结果，即从经济效果上对限制竞争行为的性质和影响进行比较，在限制竞争行为带来的经济后果利大于弊时，将其排除适用反垄断法的禁止。一旦某种垄断行为或限制竞争行为符合豁免条件而适用反垄断法的豁免规定时，该行为将不承担反垄断法上的法律责任。

规定反垄断法豁免的规范往往被称为豁免条款，豁免条款所涉及的情形主要表现在：

(1) 对无害的垄断行为予以豁免；

(2) 以政府的经济发展战略和竞争政策为标的，对特定行业和特定垄断情况予以豁免；

(3) 以局部或个别的反垄断豁免，保障整体竞争力和整个经济的持续发展。

二、反垄断法豁免的立法模式

各国反垄断法豁免的立法模式主要有三种。一种是在反垄断法中专章或专节规定反垄断法豁免，如日本《禁止垄断法》第 6 章、德国《反限制竞争法》第 5 章即专门规定了反垄断法豁免的领域及行为。一种是制定专门的反垄断法豁免法，如日本的《关于禁止私人垄断及确保公正交易法律适用除外的法律》。三是在其他专门性法律中明确反垄断法豁免条款，如日本的《保险业法》。

从立法实践来看，许多国家往往将上述几种形式结合起来使用。最常见的结合形式是一方面在反垄断法中对豁免情形做了原则性规定，另一方面又在其他专门性法律中对反垄断法豁免作了具体的规定。也有就如前面介绍的日本反垄断法体系中，同时采用了三种形式来共同形成反垄断法豁免规则。

各国反垄断法豁免的内容则可从实体规则和程序规则两方面考察。如美国反垄断法例外条款中涉及反垄断法豁免的实体规则包括三类：一类是不适用，是指由联邦储备委员会负责的银行、信贷机构，受专项商业法规调整的公共运输业(民航、海运、公共运输)，电力、电信、农业，受联邦或州授权的正当贸易(包括执行国家委托特殊任务的国有企业)；一类是不限制，是指为了互助的农业组织的存在和活动，其组织和成员不是限制贸易的非法联合或共谋；一类是不禁止，是指公共运输商拥有或占有另一运输商的股票或财产扩大其运输线。反垄断法豁免还涉及程序法方面的规则,如为欧盟规定具有竞争危害的申报审批违法否定和个别豁免的程序。因为具有竞争危害,本质是一种违反法律的行为,需要寻求个别的或集体的豁免。此外,知识产权的行使行为豁免适用反垄断法,以专利权为例,附加限制是一种通常的做法,反垄断法不能轻易指控,只能从程序上运用"合理原则"进行规范。

我国《反垄断法》关于反垄断法豁免的规定分别规定在不同的条款中。①另外,根据世界各国的惯例,银行业和保险业大多免受反垄断法的追究,因此我国在一些专门性的法律法规中,如《商业银行法》、《保险法》、《电信条例》等也对反垄断法豁免作出了具体的规定。尽管我国于 2001 年 12 月 11 日加入 WTO 后对外资开放金融保险市场,但对必要的竞争限制仍然作了法律保留。由此可以看出,我国反垄断法豁免的立法模式也是采取基本法原则规定与特别法特殊规定相结合的办法。

第二节　反垄断法豁免的价值

一、反垄断法豁免的价值基础——法律的不确定性

反垄断法豁免制度为什么能在各国反垄断法中都有涉及,并且与反垄断制度相得益彰,形成反垄断法制完整架构?弥合反垄断法自身不确定性的缺陷是反垄断法豁免得以存在的主要价值诉求之一。反垄断法具有极大的不确定性。"作为防止、限制,甚至是禁止垄断的法律,它涉及的不是一个或几个经营者,而是一个地区或一国,甚至是几国的经济,因此,反垄断法涉及的范围相当广,内容相当多,概念的定义和行为或结构的违法性难以确定。"反垄断法的不确定性首先表现在垄断的不确定性。反垄断法中涉及的不确定性表现为:垄断本身难以定义;市场的不确定性;违法确认原则的不确定等。那么,法律规则的确定性要求与反垄断法的不确定性表现之间就产生了冲突。如何解决这个矛盾,在反垄断法中创设豁免制度就有效地弥合了此缺陷。

"迄今为止,垄断只停留在经济上的描述性解释,尚不能精确成一个法律概

① 本章第五节专门介绍我国的反垄断法豁免制度。

念”，经济学研究垄断源于两个理论支持，即规模经济效应和沉淀成本理论。垄断经营是规模经济的内在需求。按照经济学家的理解，平均成本下降导致的规模经济。沉淀成本也称积淀成本或固定成本，指没有重新选择机会的投入或开支。有人形象地指出，沉淀成本所描述的，是已发生的一切都是既成事实，对于其后发生的变化皆应视作新的开始。

经济学家们从上述两个理论出发，认为垄断有其存在的合理性，并非都应受到法律的否定或制裁。

(1) 垄断能带来规模效益。它是商品经济高度发达和科学技术进步的产物，本身就是社会进步的标志。正如有学者指出："反垄断法反对的并非一般意义上的大企业，而是任何独占市场的企图，它所努力消除的并非简单的企业优势，而是借助该种优势对于竞争机制的扭曲与蹂躏；它限制的并非企业通过先进的技术，优秀的经营策略等正当商业行为获得的市场优势地位及高额利润，而是其出于减灭竞争压力，长期轻松获取垄断利润的目的，以非正当的方式对于该地位的维持与滥用；它所保护的并非弱小企业的弱小，而是保证它们获得平等的发展机会。"由此可知，反垄断与促进规模经济是不矛盾的。

(2) 依照国家的产业政策和其他经济政策，在某些领域需要避免过度竞争。因为，在这些领域里进行自由竞争无益于公共利益，对社会经济发展和国计民生均不利，而进行适度的垄断则是符合公共利益的。如从沉淀成本理论考察，公用企业在设备和基础设施方面需要数额巨大的投资，固定资本一旦形成，折旧需要一个长期的过程，并且设备和基础设施很难转用于其他用途，这些资本沉淀在这个产业中很难再抽回。这也决定了在公用企业这个市场中，原有的经济要素很难退出原有的领地，而单薄的私人资本也很难介入，这就必然形成垄断。

但是在法学上，垄断不仅指状态还被表述为一种行为，即“限制竞争行为”，构成反垄断法上的垄断必须具备以下两点：违法性和应受处罚性。垄断的双重性决定了反垄断法的双重职能，即一方面要抑制垄断的消极因素，另一方面又要保护垄断的积极成分。反垄断法的适用除外制度就是保护垄断的积极方面。这也是符合法律本身的性质和规律的。因为任何法律都不是绝对的、封闭的，总会有例外的存在。法律规范作为对千变万化的社会经济生活的反映更会经常出现例外适用的情况。而且垄断的概念具有不确定性，对垄断的法律界定会随着时代、地域的不同而有所改变，适用除外制度作为反垄断法的例外规范可以比较灵活地应对垄断的动态发展变化。特别是发展中国家，在国际贸易竞争中，与发达国家相比，处于弱者的地位，如果能够善于利用反垄断法的某些制度将会有助于增加其国际竞争力。

二、社会公益价值

由于各国在不同时期经济发展和竞争政策不同，反垄断法的豁免条款或者说豁免度也可有所不同。反垄断法适用范围的大小与反垄断法豁免范围的大小一般呈负相关性。如何合理地界定反垄断法豁免的适用范围，需要从社会公益价值角度考量反垄断法豁免制度。

各国在确定反垄断法豁免条款时往往会从多个层面进行考察，试图寻找反垄断法豁免制度适用的理论依据。有学者认为，反垄断法豁免制度产生是社会决策机构基于人们对政治价值、理性价值、公平价值的合理诉求；也有学者把该制度同社会公益、效率和公平、伦理道德的价值联系起来，认为"反垄断法应在维护自由、公平、民主的竞争秩序与利用规模经济效益之间寻求某种平衡。一个国家的反垄断立法要做到这一点，就必须正确运用适用除外制度"，"适用除外制度仍然存在独有的价值目标，即社会公益的首要价值目标、效率与公平的基本价值取向、伦理道德的固有价值追求"；还有学者认为豁免制度的出现也是为了实现有效竞争。"采取适用除外制度，允许垄断的存在，虽然限制了竞争，但限制的是过度竞争，其所能达到的目的与优化市场结构提供的结果是一样的，都旨在避免社会资源的浪费，有利于社会整体利益。据此，除外适用制度实现的也具有效竞争这一目标模式"；更有学者直接把这一制度归因于经济效率、垄断效果和公益，"反垄断法适用豁免制度的形成主要源于三个因素：垄断的直接经济效率性、垄断的竞争效果和公共利益。"这些观点从不同角度和相异的层面探讨了反垄断法豁免制度生成缘由抑或价值诉求。

众所周知，反垄断法的价值取向就是保护有效竞争。同时，反垄断法作为经济法的核心，也必然体现经济法社会本位的价值取向，突出社会公共利益。垄断作为竞争的对立面，正如竞争具有两重性一样，具有两重性。在某些经济领域如邮电、通信、自来水、铁路等公用事业以及银行、保险等社会影响大的产业允许存在垄断状态，纯粹是出于"社会公益"价值考虑。因为这些领域关系国计民生，需要稳健经营，如果过度竞争，在各市场主体追求个人利益最大化的情况下，极易造成市场混乱，破坏国民经济稳定、健康运行的秩序，对公共生活造成损害。我国台湾地区 1999 年"公平交易法"第 14 条明确将"有益于整体经济和公共利益"的"联合行动"排除在反垄断之外。德国 1998 年《反对限制竞争法》第 8 条"部长特许"的根本理由就是"出于整体经济和公共利益的重大事由必须对竞争进行限制”。由此可见，社会公益价值是蕴涵在当代反垄断立法中的。

三、公平正义与效益价值

“正义所关注的是如何使一个群体的秩序或者社会的制度等适合于实现其基本目的的任务……满足个人的合理需要和要求，并促进生产进步和社会内聚性的程度。”这里的公平指的是实质公平和社会总体公平。社会总体公平是从社会整体来看待公平，而不是从个体的角度衡量，个体公平的总和并不必然产生总体公平。社会总体公平要求绝大多数个体和团体间必须公平，但不要求所有个体和团体间都绝对公平。为了总体公平，有时需要在法律设计上允许某些个体和团体间存在某种不公平。反垄断法的适用除外制度注重的是社会公平和实质公平。因此，有时为了实现总体公平，必须对个体公平做一些限制甚至禁止。

“法和效益关系，实际上就是法与其所确认、分配、保护和促进实现的社会利益的关系”。这种关系经由经济分析法学的努力，大多数法学家已经认可经济效益为法的价值观之一，然而，反垄断法作为典型的经济法，其所追求的社会效益，在于它不是一般而言的经济成果最大化，同时更是宏观经济成果、长远经济利益以及人文和自然环境、人的价值等诸多因素的优化和发展。“效益”也不等同于“效率”。“效益”强调的是有效产出，侧重“质”的优化。随着经济全球化的迅速发展。反垄断法中的“效益”的内涵与外延也在不断丰富与扩展，不仅从市场主体的微观经济效益扩展成社会整体利益（尤其是广大消费者利益），而且将“生态效益”、“国际竞争力”纳入其中。例如，法国 1987 年《公平交易法》第 41 条“竞争危害与利益评估”中就明文规定：“竞争审议委员会评估结合计划，是否对经济进步带来充分贡献，而能弥补对竞争所造成的损害。该委员会对涉案企业面对国际竞争的竞争力，应予考虑。”

四、伦理道德价值

从社会规范的意义上讲，法律与道德伦理是人类社会两类基本的社会规范；从法的价值层面上来说，伦理道德是衡量法的“良”、“恶”的价值标准。道德与法的关系可以从上述相互关联的两个方面作全面的把握。从第一个方面来讲，在中国古代思想家的学说中，儒家主张法律必须建立在道德的基础上，正如孔子所言：“礼乐不兴，则刑罚不中；刑罚不中，则民无所措手足。”把制约着法律的道德视为人类的普遍道德，并归纳为“仁、义、礼、智、信”。博登海默认为，“尽管我们可以假定所有或大多数社会都以某种形式将法律规则与道德准则区别开来，但并不总是能够严格而准确地划出上述两类社会规范之间的界限的。”“法律的制定者们经常会受到社会道德中传统的观念或新观念的影响。……这种道德中的大多数基本原则不仅已几乎不可避免地被纳入了法律体系之中，而且在那些已成为法律一部分的道德原则与那些处于法律范围之外的道德原则之间有一条不易确定的分界线。”他进而认为美国“在不公平竞争法中，近年来由法院和立法机构所进行的一些变革必须归因于道德感的加强与精炼，同时伴随着进行这些变革的还有一种信念，即商业社会必须依靠比道德谴责更为有效的保护手段，才能抵制某些应受指责的毫无道德的商业行为”。而在“变革”中“加强与精炼”了“道德感”的反垄断法，正是反映了法与道德的另一个方面的关系，即这时道德便成为衡量法律的价值体系之一；这些“具有实质性的法律规范制度，其目的是保证和加强对道德规则的遵守，而这些道德（伦理）规则（的价值）乃是一个社会的健全所必不可少的”。正是基于这种法律理性考量，许多国家都在其反垄断法中规定某些特殊组织和自由职业者，如律师、医生等应有自己的道德规则和职业操守，放弃盲目的价格竞争，认为这种竞争例外有利于维护社会伦理道德价值。

五、反垄断豁免价值的评析

(1) 豁免的法律规定应将普遍性与特殊性结合起来。反垄断法豁免制度的设计，一方面需要简化执法程序，节省执法的成本，提高执法效率；另一方面还要保持适度的灵活性。因此，反垄断豁免的法律规定应将普遍性与特殊性有机的结合起来。对于那些经济理论已经明确证明并不具有反竞争效果或者积极意义远大于成本的行为，即具有明显的经济合理性的行为，没有必要对每个案件进行分别的审批，可以采用集中的明确规定形式的成批豁免制度。这样既可以节省执法成本，提高执法效率，又可以提高豁免制度的明确性，使经营者形成稳定的预期，增强了法律的可信性。但是如果所有的豁免都采用成批豁免就有可能出现僵化、不灵活的缺点，难以解决特殊性问题。因此，对于个别的特殊性问题，可以采取个案处理的方式来进行。在豁免制度中，成批豁免和个案豁免的结合可以很好地解决豁免的法律规定的普遍性和特殊性问题。

(2) 豁免应以效率为导向。各国早期的反垄断豁免制度很大程度上受到产业政策导向的影响，反垄断豁免主要是针对某些特定的行业。近年来各国反垄断改革越来越减少对行业豁免的数量，越来越多的国家在反垄断法中采用了一般的原则性豁免规定。这些反垄断豁免的原则性规定的核心条件是其具有改进生产和销售、促进技术或经济进步，以及能够改善消费者福利，并且不会对竞争带来严重的伤害。反垄断豁免效率导向的另一个重要体现就是，近年来越来越多的国家在反垄断法适用中，日益突出对知识产权、合作研发等创新行为的反垄断豁免。

(3) 对特定行为豁免是反垄断豁免范围规定的主体。根据各国反垄断立法的实践，反垄断豁免通常包括两个方面:特定行业和特定行为。对特定行业豁免通常是出于产业政策的考虑，在实践中常带来经济低效率，各国行业豁免的范围越来越窄。从各国反垄断豁免的发展趋势来看，行业豁免将逐步被行为豁免所取代。反垄断法豁免的特定行为通常包括:在特定情况下的联合行为，如经济危机或经济不景气而进行的联合行为;中小企业为应对大企业的竞争压力而进行的协调或联合;促进经济效率和技术进步的专业化分工、知识产权、合资研发等行为。

(4) 反垄断豁免应是有条件的，并具有动态性。反垄断法应对豁免制度规定严格的条件，只有满足这些条件才能获得反垄断法的豁免。各国对豁免条件的核心规定是豁免的行为不会对市场竞争造成严重的伤害。如果某一行为对竞争造成了严重的伤害，即使其具有经济合理性，也不会得到豁免。由于反垄断豁免是建立在一定的条件基础上的，在豁免期间，这些条件会随着经济发展而发生变化，从而使豁免不具有现实的经济合理性。因此，反垄断豁免制度还应具有一定的动态性，对授予豁免权的行为采取一般审查制度，如果豁免的条件不具备，可以终止反垄断豁免。

(5) 反垄断豁免制度的执行要有对行政审批权力的制衡机制。反垄断豁免通常是由经营者提出申请，然后由反垄断机构做出审批。在一些国家，在特定情况下，国家行政部门甚至可以直接批准反垄断豁免。因此，反垄断豁免是典型的行政审批。为了防止反垄断豁免行政审批中的职权滥用，一方面要通过法律对反垄断法豁免的条件和程序作出明确规定，另一方面要有一定的权力制衡机制，制约反垄断法豁免行政审批权力，防止滥用豁免行政审批权，以保证反垄断豁免制度的有效执行。这包括法院或其他国家权力机构对反垄断执法机构滥用豁免审批授予权的行为可以予以撤销或宣布无效，反垄断豁免的授予应该向社会公开公布，接受社会监督。

(6) 反垄断豁免制度要注重国际协调的发展趋势。对于出口卡特尔行为的反垄断豁免，不同国家有不同的法律规定，但共同的一点是各国基本都不在反垄断法中对出口卡特尔做出明确的规定。这主要是因为，对出口卡特尔的豁免一方面会促进本国产业的利益，但同时也会引起国家之间的贸易纠纷，尤其是在反垄断国际协调趋势日益明显的情况下，出口卡特尔的豁免制度日益成为各国竞争政策协调解决的核心问题之一。在此背景下，没有必要在反垄断法中具体规定对出口卡特尔的豁免，但是可以在其他与进出口贸易相关的单行法律中对此加以规定。

第三节 主要国家反垄断法豁免介绍

一、美国反垄断法的豁免制度

总的来说，美国的反垄断法有着普遍的适用性，基本上涵盖了所有的行业和所有的经济活动，反垄断豁免的范围相对狭窄。在美国的反垄断司法实践中，合理推定原则和本身违法原则同时使用，并根据成文法和判例来对案件做出司法判断，从而能够灵活、有效地解决竞争性领域的特定行为的反垄断适用除外问题。对于某一反竞争行为是否应该免予反垄断处罚，通常是采用“合理推定”原则来进行具体的分析和判断。从反垄断豁免的立法形式上看，与其他国家不同的是，美国反垄断法本身并没有规定豁免问题，而是采取单行立法的形式，在各单行法中专门规定反垄断法适用除外的事项。

美国反垄断法适用除外主要是国会明确宣布的行业豁免。目前，美国反垄断法只对少数特殊行业和特殊领域直接规定了反垄断法的适用除外，其中主要包括保险业、州政府行为、请愿行为、劳工工会、体育运动等。

(1) 保险业适用除外。1945 年《麦克卡兰—飞古森法》授权州政府对保险业进行规制，规定只有在州政府没有规制保险业时，反垄断法豁免制度才适用保险行业，但保险业中的联合抵制、强迫、威胁行为或协议，不能豁免适用联邦反垄断法。但近年来，保险业正受到国会的调查以确定是否撤销对其适用除外。

(2) 州政府行为适用除外，是指为了保护本州的利益，州政府有时制定一些限制竞争的法律性文件的适用除外。但是，州政府行为豁免要满足两个条件：一是必须是州政府明确公布的政策；二是该政策必须在州政府的积极监督之下。近年来，联邦法院已缩小了州政府使用除外的行动范围。目前，州政府的限价企图已处在《谢尔曼法》的管辖之下。

(3) 小企业适用除外，是指容许小企业在不触犯反垄断法律的限度内从事某些一致的活动。这一立法工作始于 1953 年的中小企业法。

(4) 请愿行为适用除外，是指企业或企业联合组织要求联邦政府或州政府采取措施限制贸易等请愿行为的适用除外。因此，它不是商业行为，而是政治行为。

(5) 劳工工会和集体谈判协议，是指雇主之间、雇员与雇主之间、雇员之间因雇佣条件而产生的争议的适用除外。1932 年《诺里斯—拉戈尔迪阿法》明确指出反垄断法不适用于工会通过集体谈判提高工资待遇的行为，但是工会不应该通过与非工会组织的联合来达成此目的。

(6) 体育运动的适用除外。美国对体育行业豁免主要是针对棒球，因为按照《谢尔曼法》的最初看法，它不是商业活动，所以在今天没有被作为商业活动对待。其他商业性的体育活动是适用反垄断法的。

(7) 知识产权和研发基金。美国认为这对维持美国产业界的竞争力以及应对国际竞争是十分必要的，但是对于滥用知识产权行为仍然适用反垄断法。

(8) 出口贸易的适用除外。对出口贸易作出有限豁免规定的法律是《韦布—伯米林法》和《出口贸易法》。《出口贸易法》规定：仅仅为了出口和实际上仅从事出口的企业(联合体)，或由出口企业签订的协议、从事的活动，如果不会限制国内贸易或其他国内竞争者的出口，并不会在国内实质性的减少竞争，将免除《谢尔曼法》的制约。

近年来，美国反垄断法适用除外制度中，除劳动争议与集体协议适用除外的范围有所扩大外，其他适用除外制度如保险业适用除外、州政府行为适用除外、请愿行为适用除外、体育运动适用除外等都趋向于严格。

二、德国反限制竞争法中的豁免规定

德国在《反限制竞争法》中直接规定了反垄断豁免的行为和行业。根据《反限制竞争法》，德国反垄断豁免的领域较宽，包括卡特尔豁免、纵向协议豁免、市场支配性限制竞争行为的豁免和特定经济领域(行业)的豁免。

1. 卡特尔豁免

根据德国《反限制竞争法》第 2 条至第 8 条对卡特尔豁免的规定，下列 7 种类型的卡特尔可以得到豁免：

(1) 条件卡特尔；

(2) 专门化卡特尔；

(3) 中小企业卡特尔；

(4) 合理化卡特尔；

(5) 结构危机卡特尔;

(6) 其他卡特尔;

(7) 部长特许卡特尔。

卡特尔要得到反垄断豁免需要向联邦卡特尔局申请批准,因此卡特尔豁免是一种行政审批制度。为了保证卡特尔豁免执行中的有效性,在实体法的卡特尔豁免列举、豁免条件明确规定的基础上,德国《反限制竞争法》还对卡特尔豁免的程序作出了相应的规定。

2. 纵向协议的豁免

根据《反限制竞争法》第2章第15条、第17条和第18条的规定,对出版物的价格约束和知识产权许可合同可以得到反垄断适用豁免。

(1) 出版物的价格约束,是指企业在法律上或经济上对购买其出版物的购买人进行约束,要求他们在转售出版物时必须约定一定的价格,或者要求责成他们的购买人在向最终消费者转售时接受相同约束,这种协议可得到豁免。该协议以其涉及的价格和价格要素为限,并须以书面形式订立。

(2) 许可合同,是指知识产权授予合同在知识产权保护范围内的相关限制,可以得到豁免。但以被许可人的经济行动自由未受到不公平的限制,并且市场上的竞争未受到实质伤害为限。

3. 市场支配性限制竞争行为的豁免

根据《反限制竞争法》第3章第22条和第23条的规定,旨在增强中小企业竞争力和统一交易条件的建议可得到豁免,对品牌商品的无约束性价格建议可得到豁免。

(1) 禁止提出建议的豁免,是指中小企业联合会对改善中小企业竞争能力不具有约束力的建议,可以得到豁免。

(2) 对品牌商品的无约束性价格建议,是指企业在转售其品牌商品时,如该商品与其他制造人的同类商品处于价格竞争之中,则对于该企业提出的无约束性价格建议,可以得到豁免。

4. 特定经济领域的豁免

根据《反限制竞争法》第5章第28条至第31条的规定,不适用《反限制竞争法》的某些重要禁令的特定经济领域是农业、金融业与保险业、知识产权以及体育行业。其中,体育主要是指体育协会集中转让其依章程举行的体育比赛的电视转播权的行为,这样的规定主要是考虑体育协会承担社会性的责任。

三、日本反垄断法的豁免制度

日本是反垄断豁免领域最宽和反垄断法律规定最详细具体的国家。在日本反垄断法中，有关适用除外制度由以下三类法律、法令组成：一是在《禁止垄断法》中明确规定适用除外的7种情形；二是制定专门的反垄断适用除外法，即《关于禁止私人垄断及确保公正交易法律适用除外的法律》；三是在其他相关的法律中明确指出各种适用除外条件。在这些法律中，被列入豁免对象的包括特定的行业、特定的行为和特定情况下的共同行为。

1. 特定行业的豁免

(1) 自然垄断行业的固有行为。根据《禁止垄断法》第21条的规定，反垄断法不适用于铁路事业、电力事业、煤气事业以及其他性质上为自然垄断事业的经营者所实施的企事业所固有的生产、销售或者供应的行为。

(2) 其他的行业。根据1996年修订后的《禁止私人垄断及确保公正交易法适用除外的法律》规定，水产业合作法、中小企业合作法、森林合作法、健康保险法、农村负债整理合伙法、国民健康保险法、农业合作社法、农业灾害补偿法、证券交易法等法律设立的团体适用除外。

2. 特定行为的豁免

(1) 行使知识产权。根据《禁止垄断法》第23条的规定，禁止垄断法不适用于行使著作权法、专利法、适用新型法、外观设计法及商标法规定的权利和行为。

(2) 一定的合伙行为。根据《禁止垄断法》第24条的规定，满足下列四个条件设立的合伙行为可以得到豁免：一是以小规模事业人或者消费者的相互扶持为目的；二是任意设立且合伙人可以任意入伙或者退伙；三是各合伙人有平等表决权；四是在对合伙人进行利益分配时，其限度为法令或者章程所规定。但是使用不公正交易方法时，或者因实质性限制一定交易领域的竞争从而不正当的提高价格时，不在此限。

(3) 一定的维持转售价格行为。根据《禁止垄断法》第24条第2款的规定，公正交易委员会制定的易于识别质量的相同商品的维持转售价格行为和发行著作物的维持转售价格行为可以得到豁免。

3. 特定情况下的共同行为

(1) 克服萧条的共同行为。根据《禁止垄断法》第24条第3款的规定，旨在克服经济萧条的共同行为实行豁免，但是应满足的条件包括：其商品供需关系明显不平衡；其商品价格低于平均生产费用；其经营者有难以维持的风险；仅通过经营者的合理化方法难以改善前述所列事项。

(2)经营者合理化的共同行为。根据《禁止垄断法》第24条第4款的规定,禁止垄断法不适用于为实现技术进步、质量改善、成本降低、效率提高等经营者合理化及旨在实现合理化的共同行为。该行为得到豁免的条件是:生产企业不损害购买者利益,不侵害一般消费者及相关企业的利益,没有不正当区别对待、限制其他企业加入或退出以及限制参加者相互之间商品生产。

近年来由于经济环境的变化,对自由公平的竞争环境的追求日益凸显出来,日本正陆续取消了一些传统的豁免领域。如已经删除了对自然垄断行为、基于事业法令的正当行为、不景气卡特尔和合理化卡特尔、转手价格维持等的豁免,并废止了《禁止垄断适用除外法》。

四、欧共体竞争法的豁免制度

欧共体在垄断协议的豁免制度上采取了成批豁免和个案豁免相结合的制度结构。

1. 成批豁免

成批豁免是指欧洲理事会和欧洲委员会通过立法的形式,将特定类型的垄断协议从欧共体条约第81条第1款的禁止规定中豁免出去的制度。目前,欧洲理事会所做出的成批豁免规定中的行业豁免主要包括对农业部门、公路、铁路和内陆水运、空中交通、海运、保险部门的豁免。欧洲委员会规定的成批豁免还对特定领域的行为做出了豁免规定,这些规定主要涉及下列方面:独家销售协议、独家购买协议、专业化协议、研究与开发协议、特许协议、保险协议、航空服务协议、海上运输协议、汽车销售协议以及技术转让协议等。

欧洲委员会执行成批豁免极为严格,获得豁免的案例数量并不多。成批豁免通常建立在符合一定条件基础上,即受保护的商品能够自由流动,并且商品之间继续存在着竞争。对已经授予的成批豁免还采用一般的审查程序,如果条件不具备,欧洲委员会则认为该协议阻碍了有效竞争,可以行使"安全阀"的权利,撤回该豁免。同时,为了保证对成批豁免的行政审批得到有效的执行,竞争法中还对执行程序作出了详细的规定,如豁免的条件限制、期限、申请、向社会公开等。

2. 个案豁免

如果协议属于欧共体条约第81条第1款管辖,而且不能享受成批豁免,则可申请个案豁免。欧洲委员会的一个重要行政职能就是批准个案豁免。依第

81条第3款的规定，个案豁免要同时满足下列四个条件：

(1) 有利于改善商品的生产或销售，或有利于促进技术或经济进步；

(2) 消费者能公平分享由此产生的利益；

(3) 不对经营者施加对这些目标的实现并非必不可少的限制；

(4) 不会致使经营者有可能在相关商品市场的重要部分消除竞争。

个案豁免的授予不是绝对的，在很多方面有附加条件。这些条件可能会涉及豁免期限，或要求当事人定期向委员会报告等。委员会往往对协议的执行情况进行监督，监督的方式根据条件而变化，有时只要求经营者提供年度账册、联合组织成员名单以及拒绝加入者的名单，也可以对被豁免经营者的个别合同或经营行为进行详细调查。

第四节　反垄断法豁免的一般情形

一、横向协议的反垄断法豁免

根据各国反垄断法的规定，对某些横向协议规定了反垄断法的豁免。一般来说，下列横向协议可以考虑反垄断法的豁免。

1. 研究与开发协议

研究与开发协议是指当事人订立协议，约定联合从事约定的研究与开发活动。研发活动如果只涉及共同进行研究与开发活动，在开发出约定的商品或工艺后即行终止，一般并不危害竞争，尤其是当事人只是中小企业时，更是这样。不过，如果相关市场的竞争主要表现为研发能力的竞争，则这种合作也会影响竞争。更常见的是，研究与开发完成后，合作并未终止，而是扩展到以后的环节，对研发成果进行共同利用，这时当事人必然会在价格、产量、创新、商品质量与多样性方面相互协调，从而引起反垄断法上的问题。

如果研发合作的目标是对现有商品进行重大革新，甚至开发出一种新的商品，从而取代现有商品，则这种取代可能是渐渐实现的，需要一个过程，因此在研发协议的成果完成之初，该成果与现有商品一般并不属于同一个相关市场，在对协议进行考察时，一般不需要考察其对现有商品市场的影响。如果研发协议的目标是对现有技术进行重大的改进，或开发出一种全新的技术，则这种商品显然构成独立的技术市场，与现有技术市场不存在竞争关系。如果研发协议的目标是开发出新的技术或者新的商品，则无法根据当事人在现有商品与技术市场上的地位，来对协议进行准确评价。开发出的新商品、新技术取代现有的商品与技术；或者并不取代现有商品与技术，而是开发出一种全新的需求，则这种研发协议对现有商品或技术市场的竞争影响并不大。对这种协议进行评价时，主要关注其对创新竞争的影响。反垄断法应当维持在创新活动方面的竞争自由，而不能利用研发协议来消除在创新活动方面的竞争。

在当事人具有强大市场力量的前提下，研发协议也会产生消极的影响。这些消极影响包括：

（1）可能会限制当事人在创新领域的竞争。因为如果不订立协议，则各当事人有可能独立从事研发，谁最先取得成功，谁将赢得竞争优势。研发协议则会消除当事人之间在创新方面的竞争。

（2）当事人之间在创新方面的合作关系，可能延伸到其他领域，从而会使当事人更容易在现有市场上协调彼此的行为。

（3）在研发成果利用上，可能会产生市场排斥问题。当某个当事人在某项关键技术上具有显著的市场力量，并对研发成果进行排他性使用时，研发协议就会产生排斥性。

但是，研究与开发具有投资额大、投资回收周期长、成功与否的风险大、预期收益不确定等特点。因此，对单个经营者来讲，往往承受不了新技术的研究开发。如果不允许经营者之间进行合作研究开发，则会大大阻碍技术的进步。因此，从整个社会的角度考察，为了避免许多重复研究，减少不必要的浪费，通过合作研究与开发，让经营者之间互担风险，共享智慧与经验，加速开发进程等，应当允许经营者通过联合开发新商品和新技术。但是，联合行为难免会在当事人间存在限制竞争的条款，则有必要对某些限制予以豁免。

2. 生产协议

生产协议是若干企业约定共同从事某种商品生产的协议。共同生产可以采用多种形式，如联合生产协议、分包协议、专业化协议等。对生产协议进行反垄断审查时，同样要界定相关市场的范围。在一个市场实施的生产协议，不仅可能影响这一市场上的竞争，而且可能对其上游或下游市场，或者与该协议密切相关的相邻市场的竞争产生影响。①生产协议所处的市场，应为实际上的或潜在的竞争者。这类协议引起的主要竞争问题，在于可能会促进或便利当事人协调彼此

---

① 上游市场、下游市场或者相邻市场被称为溢出市场，而这种效果被称为溢出效应。

的竞争行为，削弱价格等方面的竞争。在当事人具有市场力量时，也会对第三人产生排斥效果。生产协议其实也可能产生与横向协议同样的固定当事人价格、限制产量、划分市场或消费者范围的效果，因此也应受到反垄断评价。

但是，大多数生产协议能够产生一定的经济利益，有助于实现规模经济、范围经济等。如果生产协议没有被用做固定价格、限制产量、划分市场的工具，而且当事人的市场地位并不强大时，则可以认定这类协议具有积极的效果，可以给予反垄断法豁免。另外，生产的专业化合作，即互为实际或潜在的竞争者之间，对各自生产的商品种类进行分配，从而使每个生产商专门生产一部分或一定范围的商品，也有利于促进经济与技术的进步，改善商品的生产与销售。但是如果当事人之间需要在上游市场进行专业化分工，则竞争法需要防止这种分工扩散到下游市场上，因为这种协议可能会被用来充当划分市场的工具，或者至少使当事人划分市场更加容易。

非竞争者之间的生产协议，通常不会产生协调问题，因而协议的存在不会恶化竞争状况。有些企业生产某种投入物，然后供自己生产某种最终商品，如果该企业将该种商品的生产外包给其他企业，或通过单向的专业化协议，交由第三人生产，然后再从该第三人那里购买这种商品的，这类协议也不受反垄断法评价。另外，如果某个经营者要进入新市场、投放新商品或服务，如果合作是唯一的途径，则为了实现这种效率，应当对这种合作给予反垄断法豁免。

3. 购买协议

若干个经营者为联合购买某种商品而订立的协议，称为购买协议。购买协议可能既包括横向协议，也包括纵向协议。因此，在考察这类协议的反垄断法问题时，要分别从横向和纵向两个维度进行考察。

在经营者规模比较小的情况下，由于购买量不大，因而不容易得到优惠和折扣，造成进货成本较高，与自己的大竞争者相比，处于不利的竞争地位。但是如果这些小规模经营者联合购买某种商品，将各自的购买量累加起来，形成一笔大额交易，则可以从生产商或供应商处获得优惠的价格或者折扣，从而与自己的大竞争者取得同样的竞争条件，这通常是促进竞争的。

购买协议所能产生的主要积极效果是在购买与运输环节实现规模经济，一般可以给予反垄断法豁免。但是，在是否给予反垄断法豁免时仍然应考察购买协议当事人的真正目的，以及当事人是否具备了压迫供应商、排斥协议以外的购买商在下游市场上的竞争力量。

横向购买协议的性质决定了当事人之间在购买市场上处于竞争关系，订立购买协议后，彼此之间在购买活动上的竞争消除了，并整合成一个购买实体，而这一新实体比任何当事人个体的力量均强大。虽然这种联合对促进市场消费者利益有一定的好处。但是，如果购买协议当事人在市场上力量过于强大，则也会抑制供应商，迫使供应商在竞争性价格以下出售商品。在这种情形下，生产商就会减少创新、降低商品质量、服务质量下降等。同时，购买协议还将会排斥没有加入该类协议的购买人。供应商可能会对没有加入联合购买协议的购买人设定不同条件，而使其处于不利的竞争地位。

纵向购买协议，需考察该协议当事人在下游市场上的价格是否传递给消费者，从而使消费者获得好处。如果这种价格不能传递给消费者，而是将价格维持在其他购买商的价格水平上，则应纳入反垄断审查视野。对其他购买商来说，一种商品的价格往往能够反映其真实的成本结构，但纵向购买协议当事人的进货成本更低，销售价格却并不降低，因而其自身利益增加，而消费者却没有获得什么好处。

4. 商业化协议

商业化协议是当事人之间为了在商品的销售与促销方面进行合作而订立的协议。商业化协议的主要目的是为了联合起来销售，如当事人共同决定销售条件，包括销售价格；提供共同的售前或者售后服务；共同进行广告宣传等。商业化协议有可能对两类市场产生影响，一是该协议所处市场，即当事人联合销售活动的市场；二是对于协议当事人在相邻市场的竞争。

如果当事人之间订立的商业化协议具有横向性质的，其最主要的问题是价格固定，从而消除当事人之间的竞争。所以在考察其反垄断问题时，还要看当事人的市场力量。但是，如果协议当事人之间并不存在实际或潜在的竞争，则商业化协议一般不会产生横向的竞争问题，除非协议中含有转售价格维持、禁止被动销售等限制。商业化协议能否得到反垄断法豁免，除了市场力量考察外，还应从效率角度进行考察。

5. 标准化协议

标准化协议是指若干个经营者之间就它们的商品技术、质量要求进行约定，当事人生产的商品均要符合这一标准要求的协议。标准化协议的优势是非常明显的，如对商品系统、技术规格的统一；质量标准、资质要求的统一等，这些都有利于消费者并对消费者产生引导效果。因此，一般情况下应排除标准化协议的反垄断审查。

但是，标准化协议也可能对市场产生消极的影响：通过对商品市场的标准化，可能会影响其中一些经营者的竞争条件；标准制定者之间因制定不同的标准所提供的一种服务，也存在着竞争关系；在评价某种商品是否符合标准时，往往需要独立的机构对其进行测试、认证，这种服务也构成一种独立的相关市场。标准化协议对这类市场的竞争都会产生影响。标准化协议的主要消极效果在于对不采用该种标准的经营者产生可能的排斥作用。特别是当某些经营者达不到这种标准时，而实际上该商品可能并不需要这么高的标准，就会对这些经营者产生排斥作用。另外，标准化协议如果要求成员必须采用其所确定的标准，也会妨碍各个成员自主开发新的标准，阻碍技术的进步，同时也会更便于当事人之间协调竞争行为。

6. 环境协议

环境协议是指经营者之间为减轻污染、或达到环境法所规定的环境目标而订立的协议。例如经营者间订立协议约定淘汰某种污染物，或规定彼此的生产工艺与商品必须达到某种环保性能，或就某些物资的循环利用、减少排放、能效改正而达成的共同环境目标。如果环境协议书并未针对特定的经营者施加限制，而只是一般性地承诺要实现某种环境目标，而不对当事人采用的手段、技术进行限制，则协议不违反反垄断法的要求；如果环境协议所涉及的商品市场份额甚微，该协议也不存在明显的竞争限制。另外，当单个经营者无力实现环境目标，则是可以允许当事人通过订立环境协议来从事这种行为。

如果环境协议用作掩盖卡特尔，其真正目的并不是为了保护环境，而是从事固定价格、限制产量、划分市场，或者用于排斥竞争者，则不能获得反垄断法的豁免。环境协议可能产生的负面影响主要是可能产生限制竞争，不仅限制当事人的竞争，还会影响第三人的竞争，同时还可能会增加经营者的成本。那么，对环境协议是否适用反垄断法豁免，就需要从经济效率进行分析。尽管保护环境十分重要，但仍然必须与维护竞争的目标相互协调与平衡。

二、纵向协议的反垄断法豁免

（1）中小企业间的协议。由于中小企业之间的协议大多属于市场影响力不大，其对竞争不可能产生限制性的影响，因此，各国反垄断法一般给予这类协议以反垄断法豁免。当然，这里要考虑“累积效果”问题，以及在协议中是否含有“核心限制”问题。

（2）代理协议。在商事代理关系中，代理人是附属于委托人一方的，是委托人的组成部分。代理商所从事的法律行为后果由委托人承担，所以代理商的地位与雇员的地位大致相当。欧共体竞争法对销售商与代理商的法律规制是不同的。有些限制性行为若发生于生产商与销售商之间,将为反垄断法所禁止。但它们发生于代理关系时,则为反垄断法所允许。因为代理商为委托人的利益而行为,这种关系本身的属性决定,它们之间的关系不是竞争性关系。但是如果所施加的限制超出了从事代理行为所必需的限度,又将为反垄断法所禁止。

代理合同中双方可能还会相互施加其他一些限制。代理人可能会要求获得排他的代理权,禁止本人就同样的交易再委托其他人,这种独家代理条款只涉及同一品牌内部的竞争,一般不会产生反竞争效果。反过来,人们可能会禁止代理人充当与本人有竞争关系的经营者的代理人或销售商,这种条款则涉及不同品牌之间的竞争,如果它导致在购买、销售合同商品的相关市场上产生了排斥效果,就要适用反垄断法。

(3) 知识产权条款。如果纵向协议中含有知识产权转让的内容,则要仔细分析其在协议中所占的地位,以确定是适用有关知识产权的反垄断法规则,还是适用有关纵向协议的调整方法。对于为商品买卖而订立的纵向协议,要使其得到适当履行,可能需要供应商向购买商提供一定的知识产权,这些知识产权有助于改正商品的使用、销售、转售,因而在对该纵向协议予以豁免时,对其中的附属性的知识产权条款也应能一并豁免,而且必对后者再进行单独考察。这就要求这些知识产权条款从属于该纵向协议,而且是适当的履行该纵向协议所必需的。在具体考察时,一般应注意:知识产权条款必须是纵向协议的一部分,而该协议本身必须是商品的买卖协议,所规定的当事人之间购买、销售、转售的条件,而不是纯粹的知识产权许可协议,也不是生产协议;知识产权必须是由供应商向购买商转让,或供应商许可购买商使用,而不是反过来由购买商向供应商提供知识产权;知识产权条款不以知识产权的转让或许可为主要目标,而是为履行该纵向协议服务的,具有附属性;知识产权条款必须与购买商或者消费者使用、销售、转售商品直接有关;知识产权条款不得过度限制竞争。

第五节 我国反垄断法豁免制度

一、我国反垄断法豁免的一般规定

我国关于反垄断法豁免主要规定在《反垄断法》中。如果我们从《反垄断法》

条文的先后顺序来观察，那么在该法第7条规定：“国有经济占控制地位的关系国民经济命脉和国家安全的行业以及依法实行专营专卖的行业，国家对其经营者的合法经营活动予以保护，并对经营者的经营行为及其商品和服务的价格依法实施监管和调控，维护消费者利益，促进技术进步。前款规定行业的经营者应当依法经营，诚实守信，严格自律，接受社会公众的监督，不得利用其控制地位或者专营专卖地位损害消费者利益。”本条是对承担国家公共利益职能企业的反垄断法豁免规定。《反垄断法》第15条规定：经营者能够证明所达成的协议属于下列情形之一的，不适用中国反垄断法第13条、第14条禁止卡特尔的规定：

(1) 为改进技术、研究开发新商品的；

(2) 为提高商品质量、降低成本、增进效率，统一商品规格、标准或者实行专业化分工的；

(3) 为提高中小企业经营者竞争力的；

(4) 为实现节约能源、保护环境、救灾救助等社会公共利益的；

(5) 因经济不景气，为缓解销售量严重下降或者生产明显过剩的；

(6) 为保障对外贸易和对外经济合作中的正当利益的；

(7) 法律和国务院规定的其他情形。

属于前面第(1)项至第(5)项情形，不适用中国反垄断法第13条、第14条规定的，经营者还应当证明所达成的协议不会严重限制相关市场的竞争，并且能够使消费者分享由此产生的利益。

《反垄断法》第15条在列举了垄断协议的反垄断法豁免的各种情形后，又规定了豁免适用的条件：

(1) 经营者还应当证明所达成的协议不会严重限制相关市场的竞争；

(2) 同时能够使消费者分享由此产生的利益。

《反垄断法》第28条规定经营者集中具有或者可能具有排除、限制竞争效果的，国务院反垄断执法机构应当作出禁止经营者集中的决定。但是经营者能够证明该集中对竞争产生的有利影响明显大于不利影响，或者符合社会公共利益的，国务院反垄断执法机构可以作出对经营者集中不予禁止的决定。这一条规定了经营者集中的反垄断豁免条件：

(1) 能够证明该集中对竞争产生的有利影响明显大于不利影响；

(2) 或者符合社会公共利益。

《反垄断法》第55条是针对知识产权的反垄断法豁免：“经营者依照有关知识产权的法律、行政法规规定行使知识产权的行为，不适用的本法；但是，经营者滥用知识产权,排队、限制竞争的行为,适用的本法。”第 56 条规定:“农业经营者及农村经济组织在农产品生产、加工、销售、储存等经营活动中实施的联合或者协同行为,不适用中国反垄断法。”

从我国反垄断法关于豁免规定的功能和定位上看,主要体现在垄断协议,而对经营者集中的反垄断豁免规定得比较简单。另外,我们也注意到我国反垄断法豁免制度在适用上还表现为界定过于宽泛,实际操作中把握难度很大。例如第 28 条规定的“其他有可能排除或者限制竞争,但有利于国民经济发展和社会公共利益的行为”。这样的规定一方面容易导致反垄断法豁免的标准过宽,任何垄断协议都可以借此名义求得豁免的优待;另一方面,增大了反垄断执法机构处理具体案件的难度,同时也给予反垄断执法机构在裁量具体案件时过大的自由裁量权。

反垄断法所赖以存在的经济环境已从国内竞争走向了国际竞争,从国内经济集中转向国际经济集中,反垄断法的国内控制日益弱化,国际控制日益强化,经营者集中的反垄断法规制从严厉走向宽容,也使得经营者集中的反垄断法豁免制度日益重要,也理应更加关注其制度研究。生产的国际化、全球化,使国际竞争成为各国面临的一个越来越尖锐的问题,加强企业在国际上的竞争力,经营者集中不是唯一途径,但却是非常重要的途径。目前,各国在控制经营者集中时,不再孤立地审查合并对国内竞争秩序的影响,而是要对合并所带来的对国际竞争的积极影响和对国内竞争的消极影响进行利益权衡。总之,在全球范围内,都比以往更加关注企业经济实力的提高,对经营者集中更加宽容。正如有的学者谈到的:“由于国际市场的竞争促使政府在市场面前变得‘现实’起来,商业伦理精神暂时让位于商业竞争精神,希望能通过增强企业的竞争力来保住或提高本国的国际竞争力。”但是,在考虑合并对整体经济的不利影响时,也要一并考虑对国际竞争的损害。一个以开放国际市场为宗旨的经济政策和竞争政策不应当鼓励企业通过合并的途径,在世界上谋求垄断地位。因此,在德国,如果一个合并可同时导致在国际市场和国内市场显著的市场势力,联邦经济部长将在职权范围内,从竞争政策出发,严格地审查合并。而在现阶段,中国的国际竞争力无论以企业为单位还是以国家为单位,与世界先进水平尚存不少差距,提升我国的国际竞争力还有很长的路要走,但是,我们也反对任何以提高国际竞争力为借口而实际上损害国内竞争的经营者集中。欧盟委员会认为,竞争政策在国际市场中具有双重作用,对内要保护欧盟内部大市场的公平竞争,对外则要保护欧盟企业进入外国市场,因此,反垄断法豁免制度也就肩负起了在反垄断过程中,保护有利的垄断行为的政策性责任，是否“有利”的判断基础是本国的经济利益。同样，随着经济全球化和市场全球化，美国也越来越注重调查和制裁国际卡特尔。美国之所以紧紧盯住国际卡特尔，采取内外有别的反垄断政策，其目的就是要维护美国的竞争优势。

二、知识产权的反垄断法豁免

知识产权的基本特点之一即是其具有独占性或垄断性，它在本质上是法律赋予的一种合法垄断；而反垄断法的基本使命就是反对垄断，保护自由公平的竞争。知识产权的反垄断法豁免必然存在着复杂的法律价值选择。

在现实生活中，知识产权的行使既有促进经济竞争的一面，也有排除或限制经济竞争的一面。在排除或者限制竞争的情况下，如果知识产权的行使是在法律保护的范畴之内，它属于合法的垄断行为，不适用反垄断法的禁止性规定；相反，如果权利人违反了法律民事权利不得滥用的原则，对知识产权的行使超出法律保护的权限和时效等范围，又在实质上损害了竞争，则仍将受到反垄断法的规制，不能豁免。

在实践中，最常见的非法排除或者限制竞争行为是权利人对知识产权的滥用，如没有正当理由的拒绝许可即拒绝交易行为。对于拒绝许可行为，我国《专利法》已提供了处理拒绝许可问题的有效机制。该法第 14 条规定，国务院主管部门和省级人民政府，在一定条件下可以决定允许指定单位实施某项专利；第 48 条规定，具备实施条件的单位以合理条件申请使用许可而遭拒绝的，专利局可根据其申请给予实施发明和实用新型专利的强制许可。此外，专利权人虽许可他人实施专利，但在有关专利实施合同或其他技术转让合同中附加反竞争的限制性条款，这也属于非法限制竞争的行为，也应受反垄断法审查。在知识产权领域，对于权利人在法律许可的范围内正当行使知识产权的排除或者限制竞争行为，不适用反垄断法的禁止性规定，相反，如果属于知识产权的滥用行为，则应适用反垄断法和其他专门性法律予以禁止。

三、农业领域的反垄断法豁免

农业领域是一个广义的概念，包括农、林、渔、牧等诸多农产品领域。农业的特点有三：

(1) 农业生产不仅靠人力、资金、物质、技术等要素的投入，而且深受动植物生长发育规律和自然条件的制约和影响，存在着很大的自然风险。

(2) 农产品的需求弹性很小,可替代性低,而且实现其价值的难度大。因此,在自由竞争的市场条件下,农产品市场容易出现供求不平衡和波动。而供求波动会给社会造成极大的危害:如果供大于求,就会"谷贱伤农"影响农民的生产积极性,损害农民的利益;如果供不应求,农产品价格就会上涨,从而影响消费者的利益和影响国民经济的整体发展。

(3) 农业是工业以及整个国民经济的基础。这主要表现在农业为工业和整个国民经济提供基本的生产资料和生活资料。

由于农业的基础地位和风险性很大,为了稳定农产品的有效供给和稳定农民的收入,世界上许多国家都对农业实行了保护政策。反映在反垄断法方面,就是实行比较宽松的反垄断政策,对农业领域的一些卡特尔行为、合并行为不适用反垄断审查。例如美国《克莱顿法》就规定反垄断法不禁止那些为合法目的而采取互助措施的农业和园艺组织的活动。德国《反限制竞争法》也对农业领域的一些垄断行为予以反垄断法适用的豁免。该法第 28 条规定,农业经营者企业和农业经营者企业联合会除了不得订立价格卡特尔外,他们可以订立有关农产品生产、销售、储藏、加工等各方面的卡特尔协议或者决议。欧盟更是将农业作为唯一的反垄断法适用除外的领域。在欧盟,绝大多数农产品是由共同体统一管理,由各国共同协议它们的最高限价和最低限价。《欧共体条约》第 42 条更明确规定欧共体的农业政策优先于竞争政策。

我国是一个农业大国,农业在国民经济中的基础性地位不可动摇,可以说农业发展的好坏与快慢直接关系到我国现代化能否实现以及国民经济能否协调、快速和可持续发展。再加上我国农业还比较落后,基础薄弱,农民收入明显偏低,而工业发展和人民生活的需求很大,这就需要国家对农业采取更多的扶持和保护措施。一方面国家应当对粮食等重要农产品实行保护收购价,甚至由国家给予一定的补贴,以改善农民的收入状况,调动其从事农业生产的积极性;另一方面,国家应当通过各种措施控制农药、化肥、农机具等重要农业生产资料的价格,减轻农民的负担。尤其重要的是,国家应允许农民在生产、销售、储存、加工等各方面签订各种联合协议和进行集中。同时,为避免国外农产品对国内农产品市场的冲击,国家可在一定时期内对农业进行特殊保护,禁止或限制外国农产品加入到国内的农产品市场上进行自由竞争。为此,我国《反垄断法》第 56 条规定:"农业经营者及农村经济组织在农产品生产、加工、销售、运输、储存等经营活动中实施的联合或者协同行为,不适用本法。"

四、银行业和保险业的反垄断法豁免

银行业和保险业在我国长期由国家垄断经营，这是由于银行保险业与社会稳定、经济安全密切相关所决定的。自1995年我国颁布《商业银行业法》和《保险法》后，明确了银行业和保险业可以在国家垄断为主的情况下适当引入竞争机制。事实证明，我国目前在社会主义市场经济体制尚未完全建立，相关法律、法规等管理制度尚不健全的情况下，暂对银行、保险以及公用事业等自然垄断行业以及其他与国家利益和社会公共利益密切相关的行业实行适度的国家垄断是明智之举。

现在随着我国各项法律制度的日趋完善，经济实力的增强，银行业和保险业都开始适度地引入了竞争机制。我国已经在一些大城市批准设立了外资银行和股份制银行。但即使引入适当的竞争机制，也不能否认国家对银行业、保险业的适度垄断。这就意味着，在国家垄断的范围内，某些垄断行为可以得到反垄断法的宽松适用、甚至豁免适用。例如国家应当允许银行和保险公司在利息、费用以及其他方面相互协调和合作，甚至达成卡特尔协议，以避免在这些行业存在过度竞争的情况。

五、自然垄断行业的反垄断法豁免

长期以来，以公用企业为典型代表的自然垄断行业一直被各国反垄断法列为反垄断法豁免适用的领域。其理由有三：一是为公用企业等自然垄断行业普遍存在着规模经济或组合经济的效益；二是公用企业等自然垄断行业与社会公共利益息息相关，国家应亲自掌管，以防止其为品德不良之人掌握后有害于社会公共利益；三是公用企业等自然垄断行业投资巨大，利润微薄，使得一些想参与竞争的其他企业力有不逮。

20世纪80年代以来，美国、英国、德国、日本诸国纷纷检讨和质疑将公用企业为主体的自然垄断行业由国家实行独家垄断的合理性，并开始改变对自然垄断行业的国家独家垄断，逐渐引入了竞争机制，并取得了良好的经济效益和社会效益。

近些年来，我国公用企业等自然垄断行业由国家独家垄断的局面已经在实践中被打破。为改善我国公用企业等自然垄断行业运营效率低下，服务质量和态度恶劣和凭借独占地位滥用垄断力等不法行为，有必要改革公用企业的政府管理体制，实行真正的政企分开。与此同时，逐渐地引入竞争机制，促进公用企业提高经济效率。这就意味着要对公用企业等自然垄断行业改变国家独家垄断的为寡头垄断,并尽可能促使寡头之间展开适度的竞争。以通信邮政业为例,过去中国电信(主要是指固定电话业务)都是由国家授权邮电部独家垄断经营的,后经国务院批准,中国联通于1994年成立,并展开与邮电部所属电信企业的竞争,从而结束了中国电信由邮电部统一组网和独家经营的局面。其结果一方面促进公用企业经济效率大幅度提高,另一方面大大改善了公用企业的服务质量,增进了社会福利,取得了明显的经济效益和社会效益。

可见,结束以供水、供电、供热、供气、邮政、铁路交通等公用企业为主体的自然垄断行业国家独家垄断的局面,将其纳入反垄断法调整范围,依法规制是民心所向、大势所趋。但是,这些自然垄断行业由于关系到国计民生,只能适度引入竞争机制,绝对不可完全放开,自由竞争。也就是说,国家对公用企业等传统自然垄断领域还应当实行适度的垄断,而适度垄断的实现意味着对公用企业等传统自然垄断领域企业的某些垄断行为在适用反垄断法时,实行较为宽松的反垄断审查,或者在专门性法律中将某些利大于弊的垄断行为直接列入反垄断法豁免领域。

第十二章　反垄断法的域外效力

第一节　反垄断法域外效力概述

一、反垄断法域外效力的含义

法律空间效力可以分为域内效力和域外效力。前者是法律在颁布者权力所及范围内有效,后者指法律的效力扩展至立法者管辖区域之外。反垄断法的域外适用,是指当位于本国领土以外的外国经营者在境外实施的行为,对本国相应市场内的竞争产生不良影响时,在多大程度和范围内,本国的反垄断法可以适用于该外国经营者行为的国家管辖权问题。

根据属地管辖原则,一国国内法的效力仅及于其主权范围之内,对域外的行为不产生规范作用。作为国内法体系中的反垄断法,自然不具有域外适用的效力。但是随着经济全球化进程的推进和贸易与投资自由化浪潮的高涨,市场已超越主权空间向世界范围内扩展,跨国垄断行为对内国经济发展的影响日益突出,在国际反垄断法缺位的情况下,国内反垄断法如何对其进行有效规制成为反垄断法所面临的重大挑战。针对这种情况,一些国家开始突破传统管辖原则的限制,主张本国反垄断法具有一定的域外效力。这就产生了反垄断法的域外适用问题。

跨国垄断行为往往全部或部分地发生在受害国境外或特定市场之外,各国在通过单边域外适用本国反垄断法来规制跨国垄断行为以应对该行为对本国的损害时,面临着一个至关重要的问题就是一国的反垄断法到底有没有域外效力,或者说本国有没有国际法上的义务尊重和遵守他国反垄断法的域外效力。这是一个在理论上和实践中都极富争议而又必须解决的问题。

反垄断法属于国内法,其效力仅限于一国主权范围之内。最初,世界各国的反垄断法也都严格遵循属地原则要求,但随着贸易障碍的减少,国际经济竞争的日趋激烈，跨国垄断日益突出和严重，在国际反垄断立法缺位的情况下，反垄断法的域外适用就成为一种较为可行的选择。自 1945 年美国铝公司案（Aluminum）确立了美国反垄断法的域外效力之后，世界各国纷纷效仿，经过半个多世纪的发展，反垄断法的域外适用制度已在世界范围内广泛确立并不断完善。

二、反垄断法域外适用的国际法根据

反垄断法域外适用涉及一个国家的司法能力范围问题。一般而言，一国的司法能力至少包括两个方面，即规定权和执行权。规定权是指通过立法、行政和司法机构制定一般或个别规则的权力，执行权是指一国有权对制定的一般或个别规则通过实际的执行措施而赋之以效力。规定权和执行权的范围并不必然一致，可以不具有共同的外延。规定权是由一国主权决定的，在行使过程中不会对他国利益产生影响；而执行权在行使过程中超出一国的管辖范围，就会产生法律冲突问题。所以，反垄断法域外适用产生冲突的根源在于执行权而非规定权。

一国宣称其法律具有域外效力应当符合国际法的要求。反垄断法域外适用也应符合国际法的合法性依据。为了寻求一国反垄断法域外效力的理论根据，国际法协会自 1964 年以来就对该问题进行研究，并于 1972 年 8 月 21 日在纽约召开的国际法年会上，确认下列原则可以作为一国对在其领域外实施的垄断行为行使管辖权的理论依据。

（1）属地原则。传统的属地原则是指本国法的规制范围和效果仅限于在本国领域以内的人、物和事件。依此原则，一国的反垄断法只能适用于发生在本国领域内的垄断行为，即应当根据行为发生地来确定是否享有管辖权。但随着行为涉及某种涉外因素时，便发生了如何确定行为发生地问题。针对这一问题，国际法理论界基于行为的客观要件把属地原则加以扩张，认为属地原则不仅包括依行为发生地确定管辖权的主观属地原则，还包括依结果发生地确定管辖权的客观属地原则。依据这个原理，一国的反垄断法不仅可以规制发生在本国领域内的垄断行为，而且如果行为发生在国外，只要其中有一部分行为是在国内实施的，或者行为结果是在国内产生的，一国同样可以行使管辖权。

（2）行为归属原则。该原则将行为概念抽象化，把具有控制、支配关系的国外母公司和国内子公司看作是一个有机联系的整体。如果子公司的垄断行为是按照母公司的指示来实施的，根据揭开法人面纱理论，可以将国内子公司的行为归属于国外母公司，从而实现对该国外母公司域外行使管辖权。

（3）效果原则。该原则认为违反反垄断法的构成要件包括两个方面：一是当事人在国外的行为；二是该行为对国内所产生的效果。当发生在国外的垄断行为对国内产生某种程度的影响效果，并且这种效果正是作为当事人的主观意图的结果而出现时，就可以域外行使管辖权。依此理论，即使是发生在本国领域外的垄断行为，只要该行为对本国产生了限制竞争的某种程度的效果时，即可域外适用本国反垄断法。

尽管国际法协会确认的上述原则对各国反垄断法域外适用产生了重大影响，但这些原则均未被条约化、法律化，其作为反垄断法域外适用制度的国际法根据尚有待国家乃至国际立法与司法实践的确认和发展。

三、反垄断法涉及的域外因素

在反垄断领域具有涉外因素的垄断行为主要有包括以下五种：

(1) 国内经营者在境外实施的违反国内反垄断法的垄断行为；

(2) 外国经营者在境内实施的违反国内反垄断法的垄断行为；

(3) 外国经营者在境外实施的，但在境内完成，或利用分支机构在境内实施的违反国内反垄断法的垄断行为；

(4) 分别位于境内外的具有控制、支配关系的两个独立的实体在境内实施的违反国内反垄断法的垄断行为；

(5) 外国经营者在境外实施的对国内产生某种程度影响的违反国内反垄断法的垄断行为。

对于第(1)、(2)种情形，国内可以依据属人原则和属地原则适用其反垄断法，且具备充足的国际法依据，亦为国际社会所普遍接受，因而不涉及严格意义上的反垄断法域外效力问题。后三种情形都不发生在境内，行为主体的国籍也没有与国内发生任何联系，行为在国内也未产生直接的侵害后果，因而适用国际法上公认的传统属地原则、属人原则均不能解释其域外效力问题。我们通常所说的反垄断法的域外适用仅是针对后三种情形而言的。

针对第(3)种情形，如前所述，试图通过管辖上的属地原则的扩张来寻求反垄断法的域外效力缺乏充足的国际法依据。从国际私法角度分析，契约的准据法以缔约地法为主，同时兼采履行地法。而垄断行为是通过协议的方式达成的，也就是说这也是一种契约式的限制竞争行为，依据支配契约的准据法，适用履行地法管辖具有一定的合理性。但该原则要求有多大程度的行为在境内实施才能采用履行地原则存有很大分歧，如果对境内行为程度要求过高，会抑制该原则功能的发挥，但如果过于灵活地认定协议的实际履行地，将会导致反垄断法域外管辖权的滥用。

第(4)种情形是欧洲法院采用的反垄断法域外适用原则——单一经济实体原则。它是专门针对跨国公司垄断行为的规制原则,即在共同体市场内的子公司,根据共同体市场外的母公司的指示在共同体市场内实施了垄断行为时,可视子公司与母公司在经济上是一个单一体,欧盟反垄断法不仅可以适用于子公司,还可以适用于其境外的母公司,从而将子公司的行为归责于其母公司。这是根据母公司与子公司的控制、支配关系,或根据代理学说,让母公司对其失去自主性的子公司的行为承担责任,从而实现反垄断法的域外适用。在没有立法规定的情况下,以“代理”为根据,或依“经济实体论”,让母公司对其失去自主性的子公司的债务负责的观点是可以接受的。但是,这一原则在适用过程中也存在诸多问题:首先,该原则运用需取决于法院地国对揭开法人面纱理论的态度与实践,如果国内法上无这方面的规定,则势必会增加反垄断法适用上的不可预见性;其次,母公司与子公司之间的控制、支配关系以及母公司的控制权与子公司的垄断行为的关系均无法明确衡量,加上实际操作中很难明确否定跨国公司各实体的独立人格和法律地位,所以该原则适用范围较小,且适用过程中也充满不确定性。

第(5)种情形下反垄断法的域外适用能否成立也是有问题的。根据国际私法的一般原理,行为适用行为地法,并且行为地可以分为行为实施地和结果发生地,似乎可以把这种情形视为一种特殊的地域管辖。但由于主张这种管辖时往往对行为人无法施加实际控制,所以这种属地管辖很难获得优先地位,这与通常情况下属地管辖优先适用原理不协调。于是,更多国家将其称之为效果原则。

为了寻求反垄断法域外适用制度的合法性基础,有关国家和组织提出了各种理论,虽然各有其合理性,但均因缺乏充分的国际法理论的支持,不能使问题得到圆满解决,并且在国际上引起了强烈的争议和法律冲突。

第二节 反垄断法域外效力的冲突与协调

一、反垄断法域外效力冲突的原因

反垄断法的域外适用实际上是一国针对外国经营者在本国境外实施的垄断行为适用本国反垄断法行使管辖权,这已超出传统意义上的属地管辖原则和属人管辖原则的范畴,势必与依属地管辖原则或属人管辖原则行使的管辖权产生冲突,而且这种冲突直接和国家主权与经济利益密切相关。

在反垄断法的域外适用问题上,国家之间存在着激烈的冲突,究其原因,主要有以下几个方面:

(1)由于各国的经济发展水平以及法制传统的不同,各国的反垄断法具有差异性,反垄断法的域外适用则为规制跨国垄断行为提供了不同的规则标准。一个国家根据本国反垄断法的域外适用原则对发生在另一国领域范围内的垄断行为主张管辖权的时候,如果这个国家不认为这种行为是违反垄断法的限制竞争行为,甚至是支持和鼓励这种行为,那么国家之间的冲突就产生了。由于缺乏国际反垄断统一立法的全面调整和能公正解决争议的国际性机构,加上各国尤其是发展中国家主权观念的敏感性,这种冲突就愈显激烈。

(2)伴随着经济全球化和贸易与投资自由化,国际市场日益一体化,跨越两个或两个以上国境的垄断行为日益突出和严重,各个国家都试图用自己的国内反垄断法来规制这种限制竞争行为,以维护国内的竞争秩序,维护本国的经济利益,这样就不可避免地产生矛盾和冲突。同时,随着反垄断法域外适用原则的多样化,国家之间的冲突范围也随之扩大。

(3)素有"经济宪法"之称的反垄断法是具有公法性质的国内法,按照传统的法律理论,公法的适用具有严格的地域性,如果一国超出其管辖范围去适用其国内公法,势必会导致国家之间的冲突。同样道理,如果一国超出其管辖范围,对本国境外的外国经营者域外适用本国的反垄断法,发生冲突势必不可避免。而且其他国家应对这种反垄断法域外适用的对抗措施,除了制定阻却条款抵制其域外效力外,纷纷仿效这种做法赋予本国反垄断法的域外效力,这就进一步加重了冲突的严重程度。

(4)反垄断法以维护自由、公平的竞争秩序为己任,各国反垄断法在保护本国利益和市场秩序的同时,也在一定程度上维护着国际经济贸易中的竞争秩序。但是各国反垄断法对内功能和对外功能既有一致的一面,也有不协调的地方。如有些国家对那些有利于本国经营者扩大规模、提高经济效益、增强在国际市场上的竞争力的经营者集中行为通过适用除外制度予以豁免,而另一方面又通过本国反垄断法的域外适用严格管制外国经营者对本国企业的合并。经济上的民族主义往往使得反垄断法在国际经济贸易中被当作推行贸易保护主义的手段。这样,保护本国经济利益与维护国际市场竞争秩序的冲突也就不可避免的产生了。

二、反垄断法域外效力冲突的表现

由于上述一系列因素的存在，反垄断法域外适用产生了一系列的法律和事实上的冲突。这些冲突主要表现在以下几个方面：

1. 国内法上的冲突

由于反垄断法的域外适用带有经济霸权主义色彩，所以许多国家对这种制度表示不满，在出于无奈的情况下，纷纷采用国内立法措施来应对外国反垄断法的域外适用。这种措施包括以下两个方面：

(1) 制定"抵制法"阻止外国反垄断法的域外效力。这一措施是防御性的，通过限制和禁止域外机关在本国领域内的调查取证，以及拒绝承认和执行外国的判决来限制外国反垄断法效力在本国领域内的扩张，使外国域外管辖权无从实现，从而达到保护本国利益的目的。

(2) 制定"仿效法"，通过赋予本国反垄断法以域外效力，积极行使域外管辖权来保护本国的利益。

这种通过攻防并举的方法来应对外国反垄断法域外效力的做法，势必导致国家之间的反垄断行为上的紧张关系。

2. 国际法上的冲突

国际法的首要原则是国家主权原则，而反垄断法的域外适用势必产生干预他国主权的嫌疑。反垄断法的域外适用，究其本质，是以国内法来规范国际经济行为，由于国内法和国际法有着不同的正义要求和标准，用国内法代替国际法来规范国际经济行为，其结果可能与国际法的正义标准不符，即与已存在的国际法所体现的基本价值不符。因此，反垄断法的域外适用在缺乏国际法规则的调整时就会与国际法存在着冲突。

3. 管辖权上的冲突

如前所述，对于本国境外的人、物和事件，只要不违反协约国际法和习惯国际法，国家就可以行使规定权，确定本国法的域外效力，而不会引发更多的争议。但是如果域外行使执行权，就会不可避免地和其他国家的执行权发生冲突，从这个意义上说，这种执行权的冲突，实质就是国家管辖权的冲突。当一国依本国反垄断法对发生在他国的垄断行为行使管辖权时，必然会遇到他国法律的抵制。同时，由于各国的适用原则和经济目标的差异，往往会出现同时对某一垄断行为行使管辖权，从而产生管辖权上的积极冲突。美国波音公司与麦道公司合并案即是管辖权冲突的典型例证。

4. 国家利益上的冲突

反垄断法的域外适用的主要目标在于维护本国的经济利益，而在绝大多数情况下，作为适用国均无视他国利益。在经济全球化、国际市场一体化和国际垄断行为日趋增强的背景下，越来越多的国家会借助本国反垄断法的域外效力来规范国际经济行为，维护本国经济利益，这样势必会导致国家间利益冲突的不断扩大。而且，反垄断法域外适用问题往往会演变成国家间实力的较量，使经济问题政治化，加剧了国家之间的利益冲突。

三、反垄断法域外效力冲突的协调

由于反垄断法的域外适用导致上述诸多方面的冲突，因而谋求合作与协调是对各国经济乃至世界经济有利的选择。合作与协调的方法和途径多种多样，但无外乎国内法上的协调和国际法上的合作两大层面。

1. 国内法的协调

反垄断法的域外适用是各国通过单方面的行为来实施其竞争政策，片面保护本国利益的措施。所以如要从根本上消除这种冲突，世界各国必须调整国内法，采取同样措施来禁止垄断行为，并制定一个全球性的国际反垄断法，以统一各国的国内反垄断法。就现阶段而言，各国可以采取下列单边措施来减少或避免反垄断法域外适用所产生的冲突：各国应在立法和司法上兼顾其他国家的政策和利益，并进行利益平衡分析。同时减少反垄断法域外适用的不确定性因素，增强管辖权的行使和法律后果的可预见性。各国尽量减少实体法上的差异，使各国法律逐渐趋向一致，这样，即使发生了域外适用也容易被他国接受，不至于引发不必要的冲突和争议。

2. 国际法的合作

同其他国际问题一样，通过国际法上的合作是迄今为止解决反垄断法域外适用所导致的法律冲突的最好途径。目前，国际反垄断领域的合作主要在以下四个层面展开：①

(1) 双边合作。国家间以双边协定的形式来协调相互间的冲突是国际社会常用的方法。反垄断法域外适用上的双边合作有助于各国在国际反垄断领域形成共同实践，有利于反垄断立法的趋同化，从而建立一个统一的国际反垄断法律机制。

① 反垄断法的国际合作相关问题将在第十四、十五章专门介绍。

(2) 区域合作。反垄断法的区域合作协定一般都订有实质性的竞争规则，规定了某种程度的权利与义务的协调，而不仅仅限于合作的程序规则。反垄断法区域合作的典型代表当属欧盟。欧盟订有超国家性质的竞争规则，这些规则通过《罗马条约》与建立欧洲共同市场的基本目标连在一起。尽管欧盟的竞争法规则是区域性的，其目标也只是试图在共同体市场内建立起统一而协调的反垄断法制，而并不是统一各成员国的反垄断法律制度，但它确已成为国际反垄断法的雏形。

(3) 多边合作。例如经济与合作组织是发达国家探讨反垄断国际合作的重要论坛。1967 年经合组织会议通过了《关于成员国之间就影响国际贸易的限制性商业行为进行合作的推荐意见》，要求各成员国在反垄断方面进行合作和磋商，并成立了竞争与政策委员会，作为成员国之间进行合作和磋商的中介。

(4) 国际反垄断法的进程。虽然迄今为止尚未形成一个具有法律约束力的国际法律文件，但建立国际反垄断法的构想早已有之。

第三节　各国反垄断法域外效力简介

一、美国反垄断法域外适用制度

美国是世界上最早规定反垄断法域外适用制度的国家。1945 年美国铝公司案开创了反垄断法域外适用的先河，确立了影响深远的“效果原则”。该案中，法国、瑞士、英国和加拿大的铝生产商在美国国外订立了一个国际卡特尔协议，分配铝的生产限额，限制美国铝的生产和出口，影响到了美国的对外贸易。不过，美国铝公司并没有直接参与订立该国际卡特尔协议，而是其子公司——加拿大铝业有限公司涉及该协议。美国第二巡回法院的 Hand 法官指出，《谢尔曼法》也适用于外国企业在美国境外订立的协议，如果“它们的意图是影响对美国的出口，且事实上也影响了对美国的出口”。并且强调指出，“任何国家都有权规定，即使不属于本国的臣民，他们也不得在该国领土之外从事一种受该国谴责且对该国境内产生不良后果的行为”。此即所谓的反垄断法域外适用的效果原则。根据这一原则，发生在美国境外且与美国反托拉斯法的精神相抵触的任何行为，不管行为者是何国籍，也不管行为发生在何地，只要该行为对美国市场产生限制竞争的影响，美国就对其享有管辖权。

效果原则确立之后，美国凭借其经济实力在域外适用反托拉斯法，追究外国企业的法律责任。美国的这种做法遭到了其他国家的强烈批评和坚决抵制。为了缓和反托拉斯法的域外适用引起的冲突，美国开始考虑外国的利益，对效果原则进行适当限制，确立了合理管辖原则。在1972年汤伯莱恩木材公司诉美洲银行案中，法院指出，法庭提供效果原则如果不考虑另一国家的合法利益是不完善的，法庭应考虑到美国法与外国法的冲突程度，当事人的国籍以及该诉讼对美国对外关系的影响等因素。随着合理管辖原则在判例法上的确立，1982年美国《对外贸易反托拉斯改进法》也改变了传统的效果原则，指出"《谢尔曼法》实际上只适用于某些外国人的交易活动，即它们对美国国内、对美国的出口贸易或者对美国出口企业的出口机会，有着直接的、实质性的且可以合理预见的后果"。美国司法部也于1977年发布了《反托拉斯国际操作执行指南》(以下简称《指南》)，指出美国反托拉斯法"只适用于那些对美国商业有着实质性的和可预见的影响的国际交易"。1995年，美国司法部和联邦贸易委员会对该《指南》进行了修订并规定，如果第三国企业间的合并对美国国内、对美国的出口贸易或者对美国企业的出口机会，有着直接的、实质性的且可以合理预见的后果，得依据《克莱顿法》第7条决定是否批准合并。至此，美国反垄断法域外适用的合理管辖原则得以完整确立。

在美国反垄断法域外适用的原则上，合理管辖原则虽然比效果原则显得合理，但本质上仍只是效果原则的改进与完善。因而在美国，无论是成文法、判例法还是政府的执法当局，实质上都坚持效果原则的基本立场。

二、欧盟反垄断法域外适用制度

欧盟在批评与抵制美国反垄断法域外效力的同时，也将其竞争法适用于共同体市场以外发生的影响成员国贸易的限制竞争行为。其竞争法的域外适用，是将欧共体视为一个整体，将竞争法适用于共同体领域外。欧共体反垄断法的域外效力并非明确规定在某一条文中，而是在反垄断法执行过程中通过欧盟委员会决定以及欧洲法院的判例确立的。1971年别格林(Beguelin)案、1972年染料(Dyestuffscase)案、1988年造纸材料(Woodpulp)案分别确立了欧盟反垄断法域外适用的履行地原则、单一经济体原则和效果原则，反垄断法的域外适用制度在欧盟逐渐得以形成。

(1) 履行地原则。履行地原则是欧洲法院通过1971年别格林(Beguelin)案确立的，是指虽然垄断协议的签订地或形成地在欧盟领域外，但只要其履行地点在欧盟领域内,就可以适用欧盟反垄断法。法院在该案的判决中指出:“一个协议必须具有影响各成员之间贸易的后果,并且以阻碍共同体市场内的竞争为目的或者效果,才与共同体市场不相容,并为条约第 85 条所禁止。”而对于 1971 年别格林案来说,“虽然协议的一方当事人是居住在第三国的一家企业,但并不能阻却(罗马)条约第 85 条的适用,因为这个协议是在共同体市场领域内履行的”。该原则依据国际私法中契约的准据法来确立反垄断法的域外适用,具有一定的合理性。但该原则可以灵活地认定协议的实际履行地,在一定程度上纵容了反垄断法的域外适用,同时对于不在某一市场内履行,但可能对该市场产生垄断效果的垄断行为无法适用该原则进行规制。

(2) 单一经济体原则。单一经济体原则是专门针对跨国公司垄断行为的规制原则,指将跨国公司中位于不同国家的母公司和子公司视为一个经济实体,当欧盟领域内的某一公司实施了垄断行为时,欧盟反垄断法不仅可以适用于该公司,而且还可以适用于其在境外的其他关联公司。这一原则是欧洲法院在 1972 年染料案(Dyestuffscase)中首次确立。在该案中,ICI 等三家在欧盟境外的染料制剂公司,通过它们所控制的位于欧盟领域内的分支机构或子公司,就三家公司在欧盟内的商品销售价格达成了一致的协议。欧盟委员会在查处这一垄断协议时,对三家母公司及其位于欧盟境内的子公司分别作了罚款处罚。被罚公司不服欧盟委员会的处理决定,即向欧洲法院提出起诉。欧洲法院经审理后认为,三家外国公司在欧盟境内的子公司,是实施前述价格卡特尔行为的主体,但三家外国公司作为母公司,与其下属的设在欧盟境内的子公司实际上是一个经济实体,属于一体化企业,同样应受欧盟反垄断法的约束。因此,法院裁定三家外国公司滥用其在共同体市场内的市场优势地位,违反了《罗马条约》第 86 条的规定,维持了欧盟委员会的处罚决定。欧盟通过跨国公司中母子公司的关联关系,将其反垄断法适用于其领域外的母公司,使其反垄断法的域外效力得以进一步扩张。当然,在司法实践中,欧洲法院主要根据母公司控制权的实际行使来确定是否要求其承担责任,如果母公司虽然拥有 50%以上的股份,但并未干预子公司的经营与决策,则免于承担责任。由于单一经济体原则强调企业间的结构性关系,只适用于跨国公司垄断案件中,且受揭开法人面纱理论的影响,因而适用范围相对较小。

(3) 效果原则。欧共体竞争法中效果原则直接吸收了美国反托拉斯法和德国反限制竞争法的精神,只要某种垄断行为在欧盟领域内发生了可能影响成员之间贸易的后果,即使行为人位于欧盟领域外,也可以适用欧盟反垄断法。1988

年造纸材料（Woodpulp）案开始效果原则的争论，使欧盟反垄断法的域外管辖原则回归到效果原则。在该案中，所涉 41 家纸浆制造商均为欧盟以外的外国公司，它们之间达成了一个关于欧盟境内限定商品销售价格并交换有关这方面信息情报的协议，并且每家公司都按照这个协议与欧盟境内的公司进行了交易。欧盟委员会认为，这些纸浆制造商达成的价格协议在一段时期内适用于欧盟市场内的绝大部分销售，对市场的价格及收费的影响不仅客观存在，产生了直接而实质性的后果，而且有主观意图。据此，欧盟委员会根据效果原则对这些纸浆制造商的行为适用《罗马条约》第 85 条规定进行了罚款处罚。制造商们对处罚不服，起诉至欧洲法院，认为欧盟委员会处理该案时对位于欧盟领域外的企业处以罚款有悖国际法原则。欧洲法院审理后指出，纸浆制造商之间订立的协议，试图固定其商品在欧盟市场的销售价格，该行为显然产生了限制竞争的效果。同时，由于价格协议的最终执行是在欧盟市场，欧共体竞争法对于这种行为具有适用效力是完全符合国际法中普遍接受的属地原则的。在这个案件中，欧洲法院虽未明确地支持欧盟委员会的效果原则，但亦未否决欧盟委员会的决定，最终以履行地原则认定欧盟反垄断法对该案有适用效力。

在欧共体竞争法中，履行地原则、单一经济体原则和效果原则并存于其域外适用制度，并根据不同情况进行域外适用。对于外国经营者在共同体市场外签订的在共同体市场内履行或者利用分支机构在共同体市场内进行的垄断行为，依履行地原则域外适用其反垄断法；对于分别位于共同体市场内外的具有控制关系的跨国公司的母子公司，如果子公司是根据共同体市场外的母公司的指示而实施了垄断行为，依单一经济体原则域外行使管辖权，追究母公司的法律责任；对于在共同体市场以外进行的垄断行为，如果对成员间的贸易产生影响，则依效果原则进行规制。在这三项管辖原则当中，欧盟委员会倾向于效果原则，欧盟第 4064/89 号规则较明确地采纳了效果原则，规定“只要共同体市场外所为的行为对共同体成员国之间的贸易产生影响，就可以适用欧盟反垄断法”。而欧洲法院倾向于采用履行地原则和单一经济实体原则，对效果原则虽不明确否认，但对其适用持谨慎的态度，不愿公开以效果原则来阐述欧盟反垄断法的域外效力，而是运用履行地原则和单一经济实体原则进行解释。

三、其他国家反垄断法域外适用制度

反垄断法域外适用制度确立之后，长期遭到其他国家的批评与抵制，但随着国际垄断行为的日益突出和严重，越来越多的国家仿效美国和欧盟的做法，赋予

本国反垄断法以域外效力。如德国 1998 年修订的《反限制竞争法》第 130 条第 2 款规定，该法“适用于所有的在本法适用范围内产生影响的限制竞争行为，即使限制竞争的影响系本法适用范围以外的原因所致，亦同”。日本《竞争法》第 6 条也规定，“企业家不得签订不合理地限制交易和采取不公平交易做法的国际协定或国际合同”。俄罗斯 1995 年《关于竞争和在商品市场中禁止垄断活动的法律》第 2 条第 1 款明确规定：“当上述主体在俄罗斯联邦领域之外所从事的活动或者所订立的协议，可能对俄罗斯市场上的竞争产生限制性的或者其他不利影响时，本法也将予以适用。”匈牙利《竞争法》第 1 条规定：“本法适用于由自然人、法人和没有法律人格的公司，包括第 6 章管制行为以外的外国企业。……除第 2 章和第 3 章规定的行为外，本法还适用于企业在国外实施的行为，如果其在匈牙利共和国产生影响的话。”波兰 1991 年《反垄断法》第 1 条规定：“本法旨在确立制止在波兰境内造成影响的经营者或者经营者联合体的垄断行为的基本原则和基本程序……”就连坚决反对美国效果原则的英国，在其 1998 年颁布的《竞争法》第 2 条第 3 款中亦规定，该条的禁止性规定仅适用于在英国实施或者意图在英国实施的协议、决议或者行为。这一规定虽未明确采用效果原则，但其适用范围已由行为发生地扩大到行为结果地。

从上述几个国家的反垄断法的规定可以看出，其他国家反垄断法的域外适用制度的规定是在仿效美国和欧盟的基础上作出的，并随着国际反垄断形势的扩展而不断进行调整。迄今为止，在已颁布反垄断法的国家中，已有五十多个国家对反垄断法的域外适用制度作出了规定。这似乎可以表明，反垄断法的域外适用制度已成为反垄断立法的普遍趋势和通行制度。

第四节　我国反垄断法域外效力的适用

一、我国对反垄断法域外效力的态度

反垄断法的域外效力制度已成为各国立法的普遍趋势。我国《反垄断法》第 2 条明确规定：“中华人民共和国境内经济活动中的垄断行为，适用本法；中华人民共和国境外的垄断行为，对境内市场竞争产生排除、限制影响的，适用本法。”本条原则性规定了我国《反垄断法》在空间效力上不仅及于我国境内的垄断行为，而且及于发生在我国境外而对境内市场产生影响的垄断行为。简言之，我国

《反垄断法》适用于我国市场上产生的或者将要产生的限制竞争，而不管行为人国籍、住所，也不管限制竞争行为的策源地在哪个国家。由此确立了我国反垄断法域外效力的适用原则。

我国自改革开放以来，国内经济逐渐地融入国际竞争之中，外国资本大量进入。自20世纪90年代后，跨国公司从以前的试验性投资（如设立办事处、举办小型合资企业等）改为进行实质性地大规模投资。这些投资有两个明显的特点：一是合资、合作的对象为国有大中型企业，由参股发展到控股，甚至是收购；二是外资以独资的形式抢占中国市场。由于国内经济不断融入国际市场之中，国际上的垄断与限制竞争行为也必将对我国经济造成相当大的影响。因此，以制定反垄断法的方式对外资进行控制或追究国内公司的外国总公司或母公司的责任是相当有必要的。

随着中国加入WTO，国内理论界和立法部门已对反垄断法的域外适用问题基本达成了共识，认为“反垄断法应具有域外适用的效力，即反垄断法不仅适用于中国境内的限制竞争行为，而且还应适用于那些在国外实施的但对中国市场竞争有着不利影响的限制竞争行为”。

在国际层面，我国也积极参与双边、区域和多边协调机制，以有效地缓解与消除反垄断法域外适用的冲突及其不利影响。如我国政府已于1996年和1999年分别与俄罗斯和哈萨克斯坦签订了《在反不正当竞争和反垄断领域开展合作的协定》。2004年5月，中国与欧盟也正式建立了中欧竞争政策对话机制。此外，中国还参与了亚太经合组织论坛下竞争问题讨论机制，并参加了WTO贸易与竞争政策关系工作组的工作，就WTO框架下贸易与竞争政策国际合作发表了意见。

二、我国反垄断法域外效力适用条件

根据我国反垄断法的规定，并不是所有的境外垄断行为都要适用我国的《反垄断法》，境外垄断行为适用我国《反垄断法》是要具备一定的前提条件的，即该境外垄断行为对我国境内市场竞争产生排除、限制影响。对境内市场没有影响的境外垄断行为，则不应当适用。简言之，我国反垄断法域外效力适用的原因，是由于域外行为产生了域内效果。这一规定无疑借鉴了美国的“效果原则”。依据这一原则，发生在美国境外且与美国反托拉斯法相抵触的任何行为，不管行为者的国籍，也不管行为的场所，只要该行为对美国市场能够产生限制竞争的影响，美国法院对之就有管辖权。

另外,是否只要是境外垄断行为对我国境内市场产生排除、限制影响,就适用我国《反垄断法》,无需考虑对境内市场产生“影响”的程度?根据美国反垄断执法机构在适用效果原则的情形,只要对美国国内市场或进出口贸易产生了“任何影响”,都应采用“效果原则”予以禁止和处罚。但是,由于美国在适用“效果原则”时触角如此之长,遭到了来自世界其他国家的政府和企业的强烈不满。1972年“汤伯莱恩木材公司诉美洲银行”,美国第9巡回法院对效果原则做了相应的修正,创设了反垄断法域外适用的“合理管辖原则”,法院认为,确定重大的影响是认定是否具有管辖权的最低要求。有鉴于此,对于境外垄断行为对我国境内市场的影响应达到“直接的、实质性的且可以合理预见的后果”的程度。

在反垄断法的对人效力方面,即对外国人的范围没有明确的对象效力范围。不过从《反垄断法》第12条规定中对于“经营者”的定义可以看出,本法并不区分中国经营者和外国经营者,而一概用自然人、法人和其他组织。因此,不管经营者的国籍、住所如何,只要其从事的垄断行为符合本条空间效力的规定,都适用我国《反垄断法》,我国《反垄断法》对它们就拥有域外管辖权。

三、完善我国反垄断法域外效力的设想

我国《反垄断法》域外效力的规定是一个单边性冲突规范,虽然在适用上比较简单,但却缺乏灵活性,容易导致我国与外国反垄断法律规则的冲突,这需要我国加强反垄断的国际协调和合作。我国虽然在其他法律中也有域外效力规定及国际合作的经验,但对于反垄断法域外效力方面是一个全新的课题。我国在反垄断国际协调与合作方面规定的不足,会随着反垄断域外适用案件增多而呈现。

从价值论的角度说,反垄断法的功能在于维护公平、自由的竞争秩序,在国际经济领域,反垄断法成为维护自由竞争和公平交易的重要手段。但在实践操作中,反垄断法又往往充当了贸易保护主义和本国法效力域外扩张的工具,一方面对外国企业在境外实施的对国内产生影响的垄断行为通过域外行使管辖权进行规制,另一方面对本国企业在外国的垄断行为采取宽松的管制政策。面对日益突出的国际垄断问题和反垄断国际统一规则的缺失,在世界上主要国家均规定了反垄断法域外适用制度的情况下,我国反垄断法的域外适用制度不仅是被迫接受的防御盾牌,更应是保护国家利益的进攻长矛。在具体制度设计过程中,可以从五个方面进行规定:

(1) 制定具体的实施规则使反垄断法域外效力得以落实。反垄断法规定在

我国境外从事的对境内竞争产生排除或限制影响的垄断行为进行规制，在此基础上，反垄断执法机构根据当前的现状具体列举不同类型的垄断行为并施以不同的适用原则。这样就能确保即使实施细则中未列举的垄断行为，也可以依据反垄断法进行规制。在具体适用原则上，可以吸收国外先进经验，如欧盟的履行地原则、单一经济体原则和合理管辖原则相结合的混合原则。对于外国企业在境外实施在境内完成，或利用分支机构在境内实施的违反国内反垄断法的垄断行为，依据履行地原则行使管辖权；对于分别位于境内外的具有控制、支配关系的两个独立的实体在境内实施的违反国内反垄断法的垄断行为，则依据单一经济体原则进行规制；对于外国企业在境外实施的对国内产生某种程度影响的违反国内反垄断法的垄断行为，采用合理管辖原则进行管辖，一方面规定对我国境内产生排除、限制竞争效果的垄断行为，我国享有管辖权；另一方面规定在行使管辖权时应作利益平衡分析，综合考虑各种相关因素，确定是否行使域外管辖权。

(2) 制定抵制立法阻却外国反垄断法的域外效力。通过禁止或限制外国机关在我国境内调查取证及执行其裁决等活动来抵制外国反垄断法域外效力，达到保护本国利益的目的。一方面规定禁止外国机关未经我国主管机关的允许在我国境内调查取证，禁止任何单位或个人向未经我国主管机关允许而在我国调查取证的外国机关提供证据、资料或给予帮助；另一方面禁止本国主管机关和法院承认或执行外国机关作出的有损国家主权、安全和利益的反垄断裁决，从而有效地维护我国的合法权益。当然，这一措施带有明显的抵制性，应以对等原则作为适用前提，以避免或减少这方面的矛盾和冲突。

(3) 完善调查和执行制度。由于我国《反垄断法》于 2008 年 8 月才实施，还没有域外调查和执行的实例，但是在域外调查取证、送达文书及域外执行方面，我国是有立法先例的。《中华人民共和国民事诉讼法》第 8 章司法协助中规定，外国法院可以请求人民法院提供司法协助，也可以由外国法院依照该国与中华人民共和国缔结或者参加的国际条约的规定或者按照互惠原则，请求人民法院承认和执行；人民法院依照中华人民共和国缔结或者参加的国际条约的规定，或者按照互惠原则，请求外国法院承认和执行人民法院作出的发生效力的判决、裁定。同时，人民法院和外国法院可以相互请求代为送达文书、调查取证以及进行其他诉讼行为；由当事人或人民法院请求有管辖权的外国法院承认和执行生效的裁决。

我国《反垄断法》第 2 条关于域外效力的规定非常概括，在第六章对涉嫌垄断行为的调查中也没有关于域外调查的规定，可以说在域外调查取证和域外执行方面完全是空白。但是，伴随着涉外反垄断案件的增多，我国建立域外调查取证和执行制度是必不可少的。

(4) 加强国际合作，协调反垄断法域外效力的冲突。虽然各国纷纷制定了本国的反垄断法，但是作为可以从根本上解决反垄断法域外效力冲突的统一国际竞争法却遥遥无期，并且在短时期内也很难出台。我国作为反垄断法的后起之秀，同时也是最大和最具活力的发展中国家，应该积极地参与和推进统一的国际反垄断法的制定。各国目前所规定的反垄断法域外适用仅仅是国际反垄断统一立法缺失情况下规制国际垄断行为的一种权宜之计，要从根本上解决问题必须依靠国际间的交流与合作，共同促使国际反垄断法形成。我国应顺应这一形势和发展趋势，关注国际反垄断法发展的新动向，通过双边、区域和多边多层面开展同其他国家和组织的交流与合作，以有效维护我国的正当权益。积极参加WTO框架下新一轮"贸易与竞争问题"多边谈判，力求在国际反垄断规则中反映我国的利益，并积极推动国际垄断规则的制定。

(5) 积极推动区域合作。亚太经合组织(APEC)1995年大阪行动纲领中明确提出以竞争政策为行动目标，指出APEC将确保竞争政策和反垄断法律的透明性，促进会员之间的合作，从而改善亚太地区的竞争和消费者利益；在之后的1999年又进行了"贸易政策与解除管制研讨会"。由于这些提议过于原则，又缺乏其他措施的保障，效果并不理想。我国作为亚太经合组织的一个重要成员，又是上海合作组织的发起者，应该担负起自己应有的责任，促进本区域反垄断法域外合作。

第十三章　反垄断法与市场竞争文化

第一节　竞争文化概述

一、文化与竞争文化

文化是一个多义词，一般认为文化是一个群体（可以是国家、也可以是民族、企业、家庭）在一定时期内形成的思想、理念、行为、风俗、习惯、代表人物，及由这个群体整体意识所辐射出来的一切活动。文化是人类生活的反映，活动的记录，历史的沉积，是人们对生活的需要和要求、理想和愿望，是人们的高级精神生活，是人们认识自然，思考自己，是人精神得以承托的框架。它包含了一定的思想和理论，是人们对伦理、道德和秩序的认定与遵循，是人们生活生存的方式方法与准则。思想和理论是文化的核心、灵魂，没有思想和理论的文化是不存在的。任何一种文化都包含一种思想和理论，生存的方式和方法。需要是现实，理想是向往，愿望是想得到的，要求是必须做到的。传统意义上所说的，一个人有文化或者没有文化，是指他所受到的教育程度。后者是狭义的解释，前者是广义的解释。

有学者将文化概括为以下一些特征：

(1) 文化是共有的，它是一系列共有的概念、价值观和行为准则，它是使个人行为能力为集体所接受的共同标准。文化与社会是密切相关的，没有社会就不会有文化，但是也存在没有文化的社会。在同一社会内部，文化也具有不一致性。

(2) 文化是学习得来的，而不是通过遗传而天生具有的。生理的满足方式是由文化决定的，每种文化决定这些需求如何得到满足。

(3) 文化是一种架构，包括各种内隐或外显的行为模式，通过符号系统习得或传递。

(4) 文化的核心信息来自历史传统；文化具有清晰的内在的结构或层面，有自身的规律。

(5) 文化是人自己的生存活动,也是前人生存活动的结果。

(6) 个体的人一旦出生,就已经落入某种文化环境中了,这是他无从选择的。每一个人都是在文化中生存和活动并参与文化的创造的。文化创造比我们迄今所相信的有更加广阔的和深刻的内涵。人类生活的基础不是自然的安排,而是文化形成的形式和习惯。

(7) 人与动物的区别。人与动物不同,支配动物行为的本能,是动物物种的自然特性;人的行为则是靠人自己曾获得的文化来支配。支配人的行为的,表面上看是外在于人的事物及其间的关系,但实际上,它们必须转化为知识、价值、意义才能内在地控制人的行为。前人、他人的生存活动对自己的影响也是如此。

(8) 文化一方面是正在进行、不可停顿的生存活动,另一方面是寓蕴于这种当下的生存活动中并规范、调节、控制、影响着这些生存活动的知识、价值、意义。

(9) 在一定程度上,文化与我们分离,如同自然先予的世界与我们分离一样。我们无法逃脱地站立在我们创造的文化世界中,也就像我们站在自然世界中一样;尽管文化只是源于人类,而且为了保存文化的生命力,人作为承担者使用文化,并用文化来充实自己。但文化并非附属于人,而是外在于人的独立存在。事实上,文化可以与承担者分开,并可以由一个承担者向另一个承担者转化。

任何一种文化都包含了一种生活生存的理论和方式,理念和认识。在社会生活中,人们形成了共同的认识、理念和思想,遵循着一定的规则、规范和秩序,这就是文化。竞争文化属于文化的一种。竞争文化,[①]可以理解为全社会形成的维护竞争机制、尊重竞争规则的一种共识和氛围。竞争文化可以被概括为:"关于市场竞争的一系列思想观念、商业规则和法律制度的总称。"竞争文化体现了人们对竞争的态度、观念或评价。它属于非正式制度的范畴,与竞争规则、竞争政策等正式制度相互影响、相互作用。竞争文化发展水平的高低制约一国竞争法与竞争政策的产生和发展,而竞争法的制定,特别是竞争法的实施,不管一国竞争文化水平的高低,都可以在某种程度上推动其竞争文化的传播和发展,进而有利于该国竞争文化水平的提高。竞争文化的培育和形成是多方面因素综合作用的结果,从消费者的观念、经营者的行为到政府的职能定位,从民族传统文化的继承传播、商事交易规则的理解运用到经济法律的颁布实施,都在潜移默化

---

① 本章内容主要参考徐士英:《竞争文化与和谐社会——兼论中国反垄断立法的基础条件》,经济法网。徐士英主持的2009年中国商务部反垄断局项目"中国竞争政策研究"。亦可参见《现代市场竞争文化的法律分析》,载于漆丹主编:《中国疑难法律问题研究》,吉林人民出版社,2006年版。

地作用于竞争文化的形成和发展。

竞争文化主要是人们对竞争的观念和意识。市场竞争意识是竞争文化的基本内涵。如果市场参与者没有良好的市场竞争意识，市场竞争文化也就失去其存在的底蕴。市场竞争意识是法律主体公平参与或积极创造并维护市场竞争活动秩序的内在自我要求与共性认识。它不仅直接影响有关主体的具体行为，而且还严重影响着有关竞争规则和法律制度的产生进程和具体内容设计以及这些内容的实施。因此，市场竞争意识对竞争文化的建设具有基础性作用。培育竞争文化在很大程度上归结于对人们的市场竞争意识培育。

经济快速发展的社会，是商品激烈竞争的社会。哪里存在着商品生产和商品交换，哪里就会有竞争。没有竞争就没有社会的进步，就没有商品经济的发展。改革开放以来，竞争成为企业生产和发展的动力，它在人与人之间、企业与企业之间形成了一种动力场，特别是随着改革开放的逐步深入，一批极具竞争力的外国强大对手迅速涌入我国市场，与我们争夺国内市场。我们每一个经营者都处于一个竞争的动力场中，一个经营者要想在今后的市场中求得生存和发展，它就必须具有强大的竞争力。市场竞争文化的培养是企业文化着重培养的重要内容，它已成为当今企业文化的主流。我们必须面对和正视竞争。面对竞争现实，惊慌失措，束手无策，畏缩不前，经营者就会遭遇失败，步入末路。如果毫不畏惧，充满信心地迎接挑战，我们获取生存的紧张感、压力感、危机感，就会激励出我们企业职工的积极性和创造性，焕发出竞争精神和创新精神。我们就能抓住战机，采取正确的竞争策略，通过机制创新和科技创新，使经营者在竞争中求得发展。

二、市场竞争文化的特征

市场竞争文化相对于其他文化如饮食文化、建筑文化、园林文化等比较而言所具有独特性的抽象概括。市场竞争文化的特征有多个方面，其中最为突出和最具有现实研究价值的就是市场竞争文化的普遍共同性特征。

所谓市场竞争文化的普遍共同性特征是指市场竞争文化的内容并不因为其存在的空间不同而具有很大差异性，而是往往具有很高程度上的一致性与通用性。例如美国的市场竞争文化与日本的市场竞争文化虽然在具体内容上有点差异，但是两者绝大部分内容是基本相同的，都十分重视市场竞争机制并积极加以维护。市场竞争文化之所以具有这样的特征，其原因在于市场竞争文化建立基础的客观同一性。市场机制是一种客观经济规律，它不因对象改变而发生根本上的变化。因此，以市场机制为基础所产生的不同国家的市场竞争文化在本质与内容上是相同的，尽管其具体表现形式可因不同国家的不同国情而有所差异。

研究市场竞争文化普遍共同性特征的法律意义主要有以下两个方面：

(1) 不同国家和地区可以相互借鉴市场竞争文化的内容与培育方式。例如德国在 1957 年以美国反托拉斯法为蓝本制定本国的《反对限制竞争法》、韩国借鉴日本市场竞争文化培育模式发展本国市场竞争文化。

(2) 可以培育世界范围的市场竞争文化并以此推进 WTO 框架内统一竞争规则的制定与实施。在实践中，有关国际组织和地区组织也正在为此积极努力采取各种措施。例如 2000 年 9 月 25 日在日内瓦召开的联合国贸易和发展第四次会议就将在多个国家和地区进行市场竞争文化的培育列入议程。欧盟也认为多边竞争法协议可以促进全球竞争法制的建立和市场竞争文化的培养。

三、市场竞争文化的产生和发展

市场竞争文化形成的过程，事实上就是市场经济走向成熟、竞争法制不断完善的过程。在通常情况下，市场经济的发展会自然孕育一个国家的市场竞争文化，从而影响竞争法律制度的产生和健全。19 世纪末期，随着自由资本主义向垄断资本主义过渡，垄断和限制竞争行为不仅严重危及中小企业的生存和消费者权益，而且极大地损害了竞争机制的作用，使社会经济陷入重重矛盾之中，几乎把“自由竞争带来效率”的神话彻底粉碎。在缓解和消除垄断及不正当竞争危害的过程中，各市场经济国家展开了大规模的、持续不断的现代竞争立法活动。当年美国的立法者面对企业变得越来越大，消费者口袋里的钱源源不断流入垄断企业的现象，发出了“不能容忍垄断者主宰社会经济”的呐喊，这既是政治家们关于维护民主制度的呼吁，更是企业主们对于公平竞争的渴望。1890 年《谢尔曼法》以形成于 17 世纪的英国判例、贯穿于整个英美法系的“限制贸易应受谴责”的原则为基础，确立了规制垄断、维护经济民主的公平竞争理念，这是法律制度顺应经济发展的必然选择，也是作为与现代市场经济相适应的文化发展的必然产物。此后，市场竞争文化在欧洲、亚洲等国家中随着市场经济的发展相继形成。为了把竞争行为对社会的消极影响限制到最小程度，各国都把维护竞争秩序的法制提到了至关重要的地位，制定了大量的法律法规。这些旨在维护公平竞争、创建经济民主、实现社会实质正义的法律制度又反过来进一步推进了市场竞争文化的建设。在社会经济生活中人们普遍遵守诚信规则、鄙视不正当手段，自觉履行竞争义务，这些都成为了一个国家经济有序发展的最基本的伦理保障。

20 世纪 70 年代以后，随着发展中国家纷纷进行经济体制的转型和改革，竞争政策作为维护国际市场公平竞争为目标的制度设计，提到了国际组织的议事日程。竞争政策的谈判和协调进入 WTO 的视野。在 1996 年 12 月新加坡举行的 WTO 第一次部长会议后成立的 WTO 贸易与竞争政策关系工作组，首次提出其主要任务不仅在于进行竞争法国际协调的必要性和可能性的论证，还应包括在成员中进行竞争法和市场竞争文化的教育。事实上 WTO 本身就是市场竞争文化的一个典型。

在通常情况下，市场竞争文化自然孕育出市场竞争法律制度。竞争法律制度，无论是在立法还是法的实施上，都具有高度的科学性与效率性；而且该竞争法律制度还可以进一步醇化该国的市场竞争文化。值得指出的是，有竞争文化的国家并不一定必然存在竞争法律制度。例如新加坡，虽然新加坡目前没有专门调整竞争的立法，但它始终坚持自由市场经济，并认为竞争(包括国内竞争和国际竞争)是经济发展所必需的以及健康的途径。对于现已存在市场竞争文化而是否有必要建立竞争法律制度这个问题，不同的国家和地区有不同看法。例如中国香港认为其已有市场竞争文化而不需竞争法，欧盟不认为不需竞争法即可建立市场竞争文化。但从目前发展趋势来看，制定成文的竞争法成为大多数国家的理想选择。香港竞争政策委员会也在 2003 年制定了可为评估香港整体竞争环境和界定违反竞争行为等提供客观基准的一套指引。

在很多国家和地区，竞争法律制度通常先于市场竞争文化而存在。在这种情况下，不是市场竞争文化孕育竞争法律制度，而是竞争法律制度培育了竞争文化。这通常发生在竞争法律移植的国家，最为典型的是日本。日本在 1947 年以美国反垄断法为蓝本制定了反垄断法，并以此为基础经过六十多年努力终于培育出日本当前优秀的市场竞争文化。值得指出的是，竞争法律制度对市场竞争文化的培育并不是自发的，其培育过程长短与成熟程度取决于政府对市场竞争文化重要性的认识与工作投入。如果政府对市场竞争文化的重要性认识不到位，竞争法律制度不仅可能培育不出基本必需的市场竞争文化，而且竞争法律制度本身很可能因没有生存土壤而夭折，即法律移植失败。原因在于形式上的竞争规则不能替代市场竞争文化，市场竞争文化是竞争规则得以有效实施的保障。国内外历史经验和现实告诉我们：发展市场经济不仅必须有健全的竞争立法和强有力的竞争执法，还必须培育良好的市场竞争文化。这点对于我国市场竞争法律制度的建立与发展具有非常重要的现实指导意义。

但值得指出的是，从宏观的历史范畴来讲，市场竞争文化与竞争法律制度之间不存在“鸡蛋与母鸡之争”。市场竞争文化先于竞争法律制度存在，竞争法律制度是市场竞争文化发展的结果。后发国家对先发国家竞争法律制度的移植是对人类社会已经客观存在的市场竞争文化的肯定与认定，该行为结果将进一步促进市场竞争文化在世界范围的传播与发展。近年来，随着市场经济的飞速发展和竞争法制的不断建立健全，市场竞争文化的培育和发展问题日益受到各国政府（地区）和有关国际组织的重视。

中国已于2001年12月11日正式加入世界贸易组织，无论从国际竞争环境还是从自身市场经济的发展需求来看，培育与发展良好的市场竞争文化都成为我国必然的选择。我国政府已经清醒地意识到这一点，国家有关部门也在各种官方文件和公开场合提出要大力培育我国的市场竞争文化以促进我国竞争法律制度的发展与完善。但目前为止，我国对市场竞争文化的认识还比较模糊，缺乏系统性与科学性。这在很大程度上严重制约了我国市场竞争文化的培育及其发展进程与市场竞争文化对竞争法制的促进功效的发挥。

第二节　市场竞争文化的价值

一、市场竞争文化价值逻辑起点

竞争不但是一种经济现象，而且是一种文化现象。根据理论研究与发达国家的实践表明，良好的市场竞争文化不仅能够有效地推动一个国家市场竞争法律制度的建立与完善，还可以促进经济的发展与社会全面进步。它具有强大的动力功能，竞争的氛围使每个人不甘落后和停滞。竞争能够极大地调动人们的积极性、创造性，发挥想象力，使人的科学技术和潜能得到全面、充分地发挥，从而使整个国家的竞争能力得到全面地提高。

目前我们在反垄断问题上陷入了现代化制度与传统意识难以耦合的困境。这种困境的一个典型表现是公有制经济与市场经济和反垄断制度难以实现有机结合。为了保障各类市场主体能够在一个统一开放的市场中自由、公平地展开竞争，我国与发达的市场经济国家一样，建立了现代市场经济体制正常运行所必不可少的反垄断制度。但为了巩固和发展国有经济，维护社会主义初级阶段的基本经济制度，国家又在许多领域（包括在一些竞争性领域）维持了公有制的主导地位，并采取了包括立法在内的许多措施支持垄断、保护垄断者的利益，从而使公有制经济不仅成为目前限制竞争的主体势力，而且也成为行业腐败的重要源头。公有制经济与市场经济、与反垄断制度难以耦合，根源不在于公有制本身（欧盟许多成员国有大量国有企业，但这些国有企业不仅与私有企业一样是成员国竞争法与欧共体竞争法的规制对象，而且往往是规制的重点），而在于与公有制紧密相联的各种特权观念和利益链，在于国有经济管理部门缺乏公平竞争的理念。促进公有制经济与市场经济、反垄断制度的有机结合，最务实的措施也不在于私有化，而在于市场竞争文化的培育和传播。

二、市场竞争文化对竞争法的立法价值

市场竞争文化的价值首先表现在市场竞争文化对一个国家市场竞争法律制度建立与完善的促进作用上。市场竞争文化对竞争法律制度的产生具有重要的价值，具体来讲表现在以下三个方面：

(1) 孕育竞争法律制度。意识往往先于制度存在，制度通常是意识成熟的产物。竞争法律制度不是从来就存在的，它是人类社会对市场经济认识不断深化的必然结果。市场竞争文化在其自身形成与发展过程中逐步孕育了竞争法律制度。1890 年在除了授予建筑、铁路用地，通过移民地法，建立邮政系统和一些其他措施外，政府在经济领域几乎是无所作为的自由竞争文化环境中，美国诞生了人类社会第一部反垄断法。从此，伴随着美国市场竞争文化的传播与世界其他国家市场竞争文化的不断形成，《谢尔曼法》不断被移植与发展。市场竞争文化与竞争法律制度也进入了相互促进的良性循环状态。

(2) 保障立法科学性。市场竞争文化是社会对市场规律的把握，它能够有效地保障竞争法律制度立法本身的科学性。到目前已有一百多年历史的《谢尔曼法》之所以仍然能够在美国保持强大生命力的原因就在于其本身立法的高度科学性，而这种高度科学性恰恰得益于孕育其中的美国早期相对比较成熟的市场竞争文化。为了保障市场竞争法律制度立法的科学性，对于缺少市场竞争文化的后发国家来讲，与其闭门造车，不如移植先发国家成熟的内容。

(3) 使立法成本最小化。竞争法律制度的制定本身就是一项巨大的社会工程，其必然存在成本问题。竞争法律制度的立法成本大小与市场竞争文化的存在与否以及成熟度具有密切的关系。通常而言，成熟市场竞争文化所孕育竞争法律制度的成本相对较低；而在缺少市场竞争文化环境下的单独制定或者直接移植竞争法律制度的成本很高，最典型的例证就是我国反垄断法立法成本。虽然我国早在 1987 年就成立了反垄断法起草小组，但由于缺少市场竞争文化氛围，反垄断法的制定工作存在种种阻力；这导致我国反垄断法在经过十多年的漫

长立法过程和付出巨大经济成本后才得以出台的尴尬局面。

三、市场竞争文化对竞争法的实施价值

市场竞争文化对市场竞争法制度的执法、守法与相关纠纷的审判具有一定的积极意义。

(1) 促进竞争执法科学化与效率性。在良好的市场竞争文化熏陶下，竞争执法机关通常会严格依照相关法律的授权和程序对有害于市场健康发展的所有行为进行规制。这从基本层面上保证了竞争执法机制的科学性。在保证竞争执法科学性的前提下，实现执法效率的最大化成为必然的追求目标。执法效率高低依赖于竞争执法主体在法律允许的条件其主观积极性的发挥程度。如果执法者能积极主动地去调查处理违法行为，其执法效率通常比较高；否则，则反之。市场竞争文化通过对竞争执法者意识培养来提高其主观执法能动性，从而为提高竞争执法效率奠定基础。

(2) 降低守法成本。根据法理学研究，守法可以分为三个层次，即守法初级层次、守法中级层次和守法高级层次。不同层次的守法，其成本也是有所不同的。在缺少市场竞争文化环境下，经营者对市场竞争法律制度的遵守通常是处于初级层次。这种情况的守法成本通常很高，原因在于守法主体因对法律的畏惧心理而导致其行为活动范围的自我缩小。例如，虽然反不正当竞争法禁止仿冒行为，但由于模仿式创新的基础，人类社会的发展离不开对前人的模仿。法律并不当然地禁止所有模仿行为。然而，很多经营者由于担心经营行为构成仿冒行为而放弃应有的模仿机会。这实质上以牺牲科学技术创新为代价来换取对法律的遵守，成本是相当惊人的。在存在良好的市场竞争文化环境下，由于守法主体对竞争法律制度认识有所深化，因此可以在一定范围内实现守法与权利合理运用的有效结合，使得相关守法行为成本的最小化。

(3) 推动相关司法工作发展。司法作为社会正义的最后防线，它在竞争法的实施中具有非常重要的地位。市场竞争文化是影响竞争法制司法工作的重要因素之一，它的存在与否在很大程度上直接影响竞争法制的司法效果。在存在良好市场竞争文化的西方国家，一般侵权行为条款中的几个词语就可能形成一种有限的不公平竞争制度的足够依据，这是司法审判采取积极竞争政策的结果。而反观中国社会中公用企业优势地位的滥用与行政垄断的泛滥成灾，我们不能不说中国司法审判机关的消极和对垄断地位的取得及优势地位的滥用的不作为，使中国反垄断法规范成为“没有牙齿的怪物”，客观上助长了垄断，破坏了司

法统一的基础。

四、市场竞争文化对经济发展的价值

经济价值是市场竞争文化价值的深层次内容，它展示了市场竞争文化对人类社会经济发展所做出的贡献。

(1) 内在推动社会财富增长。竞争是市场的灵魂，是社会发展的动力。社会发展实践证明，市场竞争文化通过市场竞争机制有效地推动人类社会财富的迅速增长。在社会化大生产的条件下，资源配置方式主要有计划经济和市场经济两种。虽然计划经济与市场经济本身各有优点与缺点，但历史实践证明：因计划经济中存在着人为过度干预市场缺陷，纯粹或者以计划为主的经济模式最终是行不通的。因此，很多发展中国家根据国内外的发展要求逐步建立了以市场经济为主、政府适度干预为辅的资源配置模式。在市场经济环境中，由于竞争机制的刺激作用，很多经济转型的国家取得举世瞩目的成果，最为典型的就是中国。

(2) 外在最大限度减少社会资源浪费。系统内外的协调是社会发展的最终保障。市场竞争文化通过对竞争机制的科学校正保证了人类社会在发展过程中社会资源浪费的最小化。市场经济机制就是指以价格为唯一信号，促进资源优化配置的经济机制，因此，价格在市场机制中起着基础性的作用。经营者为了取得市场的认可，必须严格控制商品的成本；如果经营者无法实现有限资源的最大程度使用，则其将面临市场竞争机制的淘汰。所以，市场价格竞争机制能够在最大程度上保证了社会发展投入成本的最小化。

五、市场竞争文化对社会发展的价值

社会价值是市场竞争文化的终极价值，它是市场竞争文化法律价值与经济价值在社发展过程中所产生的综合积极效应的概括与总结。

1. 社会发展硬件促进价值

物质是世界的本源，无物质则无人类。物质条件是社会存在的基础，物质内容的丰富与质量的提高是社会发展的绝对标志。离开物质水平的进步来谈一个国家或者社会的发展是无任何实质意义的。因此，无论是现代哲学还是其他学科，都十分强调物质的基础性地位。

市场竞争文化存在的终极价值就是促进人类社会物质水平的不断提高，它是通过竞争传导机制来完成的。竞争表象上是一种资源的争夺，但本质上它是一种社会创新的激励机制。参与竞争的利益主体为了在特定资源的争夺中取胜，必须尽量做到“他无我有，他有我优”；而达到这种状态唯一的方法，就是保持不断的技术创新与革命。社会发展实践证明，个体的技术发明与创新在最终效果上是普遍惠及整个人类社会。也正是如此，科学技术的不断创新与进步造就了人类社会目前相对高度发达的物质文明，而现行的物质水平又为社会的进一步发展奠定了坚实的物质基础。

2. 社会发展软件完善价值

虽然物质对意识形态具有决定的基础作用，但是意识形态对物质也有一定的反作用。物质与意识的辩证关系要求各国在发展经济同时，必须采取各种措施来积极推进精神文明的建设，以实现社会硬件与软件的平衡发展，保证本国社会的稳定。市场竞争文化不仅能够有效地推动一个国家的经济发展与科学技术的进步，而且对一个国家相关的精神文明建设同样具有非常重要的意义。

(1) 竞争本身就是一种积极向上的精神风貌，它能够在内在上驱动个体不断的自我努力与进步，有效克服因人本性懒惰而可能导致的沉沦堕落倾向。

(2) 由于正当竞争的要求本身不仅涵盖了法律公平与正义具体化标准，而且还包含了部分道德成分。因此，它不仅有利于法律制度本身的建设，而且还能够培育出更高层次的商业道德。

(3) 适度竞争的意识能够创造出和谐高效的社会。在市场竞争文化中，竞争是一种适度有效的竞争。无论是过度的竞争还是不正当的竞争都可能导致社会发展秩序的紊乱，人类社会的两次世界大战就是最好的佐证。在某种程度上讲，现代人类社会最迫切需要的是和谐与安宁，而不是恶性的竞争。因此，适度竞争对于现代社会的发展具有非常重要的指导价值。有的学者指出，“竞争文化的内涵与和谐社会本质上是完全一致的，没有成熟的竞争文化，就不可能有和谐的社会建设，反之亦然，社会不和谐，竞争必然是低效的、不公平的。”其道理亦在于此。

第三节　市场竞争文化建设主体与内容

一、政府在市场竞争文化建设中的作用

培养政府机关及其行政官员的竞争意识、市场竞争文化是《反垄断法》有效

实施的前提和基础,更是《反垄断法》能够有效发挥作用的基本保障。《反垄断法》规定了行政垄断,明确规定行政垄断是违法行为。在我国建设法治社会的进程中,依法行政是对政府机关及行政官员的基本要求,在逐步认识到行政垄断是一种违法行为的情形下,政府机关及行政官员的竞争意识必将得以逐步培育和提升。

(1) 积极推行科学的竞争型产业政策。在成熟的市场竞争文化中,政府首先要在宏观的产业政策上贯彻与落实市场竞争原则,积极推进科学的竞争型产业政策。宏观的竞争环境通常带动微观市场竞争机制的发展。诸多发展中国家的实践证明,在缺少科学的竞争型产业政策的宏观环境下,微观市场层面上的竞争通常是难以展开的,常常充斥着各种权力寻租现象和行政垄断行为,导致市场畸形发展。

(2) 合理放松市场进入管制。虽然市场存在失灵的情形,政府有必要对市场进行适度干预,但是现代经济学研究成果表明,在市场经济社会化的进程中,市场也经历着一个逐步发育与成熟的过程,当市场达到一定成熟的阶段,某些传统意义上所谓的市场缺陷就不再是缺陷,一旦发展到这一地步,市场就会基于其先天的资源配置优势在与政府干预比较中占得上风。从目前整个世界来看,市场自由化是一个非常显著的发展趋势。政府应该逐步放松对市场的管制。政府放松对市场管制的核心在于放松行业的进入管制。取得市场准入资格是经营者参与市场竞争活动的必要前提。如果政府过渡的对市场进入加以管制,那么经营者则很难进入该行业市场。

(3) 维护市场竞争环境。政府及其有关部门在创造出良好的宏观竞争环境后,还应该积极通过各种方法来维护这种良好竞争环境下所产生的微观市场竞争环境的持续存在。从目前世界各国实践来看,维护这种良好竞争环境的成熟做法是通过制定相关的竞争法律制度来规范经营者的市场竞争行为。因此,从这个意义上来讲,竞争法律制度通常是一个国家市场竞争文化的基本组成部分。在成熟的市场竞争文化中,法律制度不仅对经营者提出了诸多的法律要求,同时也要求政府及其有关部门不得从事行政垄断行为。行政垄断对市场竞争机制产生了实质性损害,所以,政府及其部门应清醒地意识到行政垄断行为对市场的影响,并自觉地依法定权限和程序行使对市场管理权力,不从事法律禁止的行为。

二、经营者维持有序的市场竞争

经营者的良好竞争意识与竞争行为是市场竞争文化的核心内容,它在很大程度上直接代表着一个国家市场竞争文化的发展水平与程度。

1. 保持市场竞争的存在

竞争是市场的灵魂，没有竞争市场也就失去了发展的动力。因此，保持市场存在竞争是市场竞争文化对经营者的基本要求。根据主观意识与具体行为的差异，可以将经营者对市场竞争的维持分为以下两个大类：

（1）积极型。积极型是指当特定范围内的竞争对手遭遇到经营上严重困难而即将可能被市场淘汰出局的情况下，经营者主动采取各种措施援助竞争对手以帮助竞争对手渡过市场难关，使其可以继续参与市场竞争活动，从而保持相关市场存在竞争活力。积极型维护市场竞争既不是一种法定义务，也不是一种道德层面上的义务，而是经营者对竞争自我认识升华而产生的更高层次的社会价值取向表现。

（2）消极型。消极型是指经营者不从事反垄断法律制度所禁止的各种垄断行为，从而保持市场存在有序的竞争状态。

2. 正当参与市场竞争

经营者不仅要保持市场存在竞争，而且还要正当参与这种市场竞争活动。正当参与市场竞争活动就是要求经营者不从事法律所禁止的不正当竞争行为，即经营者不得为了争夺市场竞争优势而违反法律和公认的商业道德，实施欺诈、混淆等手段扰乱正常的市场竞争秩序并损害其他经营者和消费者合法利益。虽然不正当竞争行为并没有像垄断行为那样直接破坏市场结构，但由于其发生在几乎所有的领域，是大量存在、经常出现的商业现象。这可能使市场经济规律无法发挥作用，对经济秩序造成严重破坏，甚至从根本上动摇一个国家市场经济的基础。因此，其危害性也是不容低估的。

经营者正当地参与市场竞争活动，从根本上说就是在市场中需要存在适度竞争。适度竞争要求经营者做到以下两个方面要求：一是与竞争对手展开适度竞争，避免两败俱伤局面的出现；二是经营者适度促进上下游企业之间竞争。

三、反垄断执法机构积极执法

市场秩序规制法的适用是以被规制对象行为发生偏差为前提，这决定了竞争执法制度在整个竞争法中的重要地位。反垄断执法机构的积极执法不仅是市场竞争文化的重要组成部分，而且也是培育和发展市场竞争文化的重要途径与方式。

1. 科学执法

反垄断执法机构的执法主要有以下三个方面内容：一是查处本国境内违反

法律绝对禁止的经营行为，例如虚假广告宣传。二是对本国法律并不绝对禁止的经营行为进行性质审查并做出合理的决定，例如对垄断协议进行分析并决定其豁免情况。三是合理行使域外管辖权，例如影响到本国市场竞争的跨国公司合并进行合理行使反垄断法管辖权利。

科学地实施竞争执法，严格规制经营者损害市场竞争秩序的行为，应该同时做到以下七点要求：

(1) 依法履行法定职责；

(2) 依法定权限进行执法；

(3) 依法定程序进行执法；

(4) 明确执法标准与细则；

(5) 不滥用行政自由裁量权；

(6) 保持执法整体过程高度透明化；

(7) 保障执法效率。

2. 及时沟通

反垄断执法机构应积极披露与制止有损害于市场竞争的政府决策。虽然竞争政策是产业政策的基础与起点，产业政策是竞争政策的辅助和补充，二者的目的都是为了实现资源的合理配置，但是竞争政策与产业政策在特定的领域与时间往往发生分野。当产业政策与竞争政策分野比较大时，反垄断执法机构则应该认真审视产业政策的科学性。如果产业政策部门推出的产业政策缺乏科学性与合理性并严重影响市场竞争，反垄断执法机构则应该积极通过各种途径向社会公众披露该产业政策对市场竞争的危害性，并通过采取合理的方法来制止影响市场竞争的产业政策或政府行为的继续实施。

3. 积极宣传与完善竞争法律制度

狭义上的竞争执法仅包括对违法行为的监督检查行为，广义上的竞争执法还包括对竞争法律制度的宣传。对竞争法律制度的广泛宣传可以公众提供理解竞争政策的机遇与平台，使他们领悟到竞争执法对其所能带来的好处，从而为竞争执法提供良好的环境。有的国家甚至还将对竞争法的研究与完善纳入竞争执法机关的法定职责范围，例如瑞典。

四、消费者在市场竞争文化中的作用

消费者是市场的有机组成部分，消费者的意识形态与行为表现是市场竞争文化不可缺少的部分。在一个成熟的市场竞争文化中，消费者因具备以下意识并积极践行。

1. 通过合法途径主张消费者权益

在日常的生活中，经营者侵害消费者合法权益的情形经常发生，例如具有市场优势地位的企业在向消费者提供商品或者服务时搭售和附加不合理的交易条件。为保护消费者的合法权益，大多数国家制定了专门的消费者权益保护法，明确规定了消费者的基本权利。因此当消费者在自己合法权益遭到侵害时，可以而且应该积极通过下列途径寻求救济：

(1) 与经营者协商和解；

(2) 请求消费者协会调解；

(3) 向有关行政部门申诉；

(4) 根据与经营者达成的仲裁协议提请仲裁机构仲裁；

(5) 向法院提起诉讼。

考虑到消费者与经营者之间的力量失衡问题，很多国家还成立了消费者组织，支持消费者保护运动。消费者在权利受到侵害时，则应该合理利用这些资源进行自我权利保护。这是市场竞争文化对其最低层次的要求。

2. 积极举报经营者违法竞争行为

虽然消费者与经营者是市场经济中两大利益对立集团，但是特定的侵权行为所涉及的对象并不具有对称性。按照市场竞争文化的内涵要求，受到侵害的消费者应积极通过相关途径主张权利，未受到侵害的知情消费者最理想的表现是积极举报相关经营者的违法行为。例如特定的自然人知道某经营者在制造伪劣商品，虽然该自然人及其家属或者相关利害关系人不会使用该伪劣商品，但其最理想的表现不是持漠视态度，而是积极通过各种途径举报经营者不法行为，使该经营者的不法经营行为所产生的后果得到及时阻止和控制。为了培育消费者这种良好的市场竞争文化，很多国家建立了消费者举报激励机制。其不仅在相关法律中明确规定消费者有权检举、控告侵害消费者权益的行为，有的还规定了举报奖励办法。

3. 拒绝实施不正当竞争行为经营者的商品

在市场营销学理论中，消费者总和等于市场。如果经营者的行为或者商品得不到消费者的认可与支持，那么这些经营者也就失去在市场立足的空间。因此，消费者如果能够放弃自身短期的利益而坚决抵制有害于市场竞争秩序的所有经营者违法行为，那么不正当竞争现象也将不复存在。消费者拒绝实施不正当竞争行为的经营者所提供的商品或服务是市场竞争文化高度发达的表现。在实践中，由于各种利害关系影响，一般很少国家的市场竞争文化能达到这种程度。在很多国家和地区，大量存在消费者购买明知道是仿冒或仿造名牌的商品现象，这就为各种不正当竞争行为提供了滋生与繁衍的生存空间。

以上是市场竞争文化在理论上所应涵盖的内容，具有高度的系统性。但在社会实践中，由于受到各种因素的影响尤其是社会生产力发展水平的制约，包括美国在内的所有国家市场竞争文化都尚未达到我们前面所阐述的理想状态所应具备的内容。当前市场经济比较发达的国家所客观存在的市场竞争文化都有不同程度的残缺。虽然理论与实践常常存在一定的差距，我们可能无法培育出完整的市场竞争文化；但是，市场竞争文化的存在与否和竞争文化发展程度是个“质”的问题，它直接影响一国市场的健康发展。因此，各国政府所要做的是如何建立与如何在可能性条件下去完善本国的市场竞争文化。

培育和传播市场竞争文化，就是要向人们阐述竞争的道德价值及竞争对经济、政治、文化进步的贡献，要揭示垄断的危害，强调保护竞争的重要意义，最终使自由、公平竞争理念深入人心。改革开放以来，学术界特别是法学界、新闻媒体在推动竞争法制建设，传播市场竞争文化方面起了很大的推动作用。《反垄断法》颁布实施之后，培育、传播市场竞争文化的任务，主要应由反垄断执法机构来承担。市场竞争文化的培育对象，首先是直接担负反垄断法实施任务的政府官员、法官、律师，因为只有他们才有可能准确理解和深刻把握现代反垄断法所蕴含的立法精神与立法理念，也只有他们才会萌生传播市场竞争文化的责任感。其次，反垄断执法机构也应经常向企业、消费者宣传竞争的重要性。改革开放三十多年来，尽管广大消费者每天享受竞争带来的好处，但他们并不理解竞争的好处与垄断的危害，因此，反垄断执法机构应注重通过具体事例宣传反垄断知识，调动消费者反对垄断、保护竞争的积极性。21 世纪初，美国曾刮起“反垄断风暴”，严厉打击国际卡特尔活动，但其实美国公众对垄断之危害及反垄断之必要性并不理解。为此，美国政府通过媒体播放了联邦调查局获取的部分录像、录音材料，将卡特尔成员的秘密活动公之于众，普通公众由此真正认识了卡特尔之“庐山真面目”，进而加大了政府对反垄断工作的支持力度，开启了美国反垄断的新纪元。

我国反垄断执法机构应积极营造有效的竞争环境，如经常免费向企业、消费者发放诸如竞争政策与消费者保护之类的手册，建立宣传网站，设立举报信箱和举报电话等。

第四节 市场竞争文化建设的路径

一、美国的内源式路径

市场竞争文化不是从来就有的，它都有一个产生与发展的历史过程。根据产生基础与形成路径的不同，可以将当前世界发达国家的市场竞争文化发育模式分为以美国为代表的内源式、以德国为代表的半内源式和以日本为代表的外源式三大类。研究发达国家市场竞争文化形成过程对于后发国家市场竞争文化培育工程具有非常重要的参考价值与指导意义。

市场竞争文化内源式是指社会在发展过程中逐渐自发形成了有关市场竞争的良好意识形态，并在此基础上催生出相关成文的法律制度或社会政策，从而为市场经济发展提供良好外在环境的一种历史演进过程。这种模式以美国最为典型。

(1) 美国市场竞争文化产生的基础。美国是个移民国家，早期的移民主要来自欧洲大陆。这些原欧洲人不辞千辛万苦漂洋过海前往现在美国的重要原因之一便是为了逃避当时欧洲的封建专制与宗教压迫。尽管封建主义从未在美国出现过，但早期移民及后来美国建国初期的那些政治家们还是非常担心，害怕出现欧洲的那种旧秩序。所以，早期的美国人强烈地将自由的共和体制作为管理程序的重要原则，并在此基础上发展出一个民间而非国家的对各个体价值的关怀，使得社会在自由的基础上维持了延续和一致。这种强烈的政治自由意识造就了经济自由。美国在市场经济的发展过程中，自由竞争的原则一直居于社会的主导理念，并为人们所普遍遵奉，政府很少对市场经济的运行进行大范围内的干预。这些都为美国的市场竞争文化的形成与发展提供了良好的意识基础。

(2) 美国市场竞争文化的形成。虽然英国早在 17 世纪初就以判例的形式确立了“限制贸易应受到谴责”的法律原则；但受到封建主义或重商主义的影响，18 世纪英国法院继续使企业不遭受竞争造成的伤害。美国法院在吸收“限制贸易应受到谴责”的法律原则基础之上，对英国法院所创设的对市场竞争产生制约影响的有关规则作了较大突破。例如在 1794 年 Merimack 案中，马萨诸塞州民事法庭就打破英国先例确定的“授予普通承运人的特权必然意味着排除所有竞争的权利”惯例，采纳了原告桥梁公司的“被告应当承受不是因为任何伤害行为或者不法行为给它造成的损害”辩护意见。法院对竞争的肯定极大促进了美国经济的发展。

19 世纪以后，伴随着经济的飞速发展，各种不正常的竞争现象开始出现。除了法院动用传统的普通侵权法资源来打击不正当竞争行为，很多州逐步开始制定专门的法律来制止限制市场竞争行为。但到 19 世纪后半叶，美国政府面临的最大威胁则是自由竞争所造成的垄断。在 1870 年至 1879 年间，仅洛克菲勒一家公司就兼并了 14 家石油公司，并控制了另外 26 家石油公司的多数股票，从而把美国石油生产 90%集中到了自己的手中。这些大企业一方面采取各种不正当手段打击、排挤中小企业；另一方面采取各种手段侵害消费者的合法权益。这激起了美国民众的不满情绪，各种抗议彼此起伏。在这一背景下，1890 年美国讨论通过了资本主义第一部反垄断法《谢尔曼法》。1914 年，美国通过了《联邦贸易委员会法》与《克莱顿法》两部法律，1930 年通过了《罗宾逊—佩特曼法案》，它们与《谢尔曼法》共同构成了美国反垄断法基本内容。这些法律的出现标志着美国市场竞争文化的初步形成。

(3) 美国市场竞争文化发展与传播。20 世纪 30 年代后，美国的市场竞争文化在本土范围内有了长足的发展。这主要表现在两个方面：一是竞争立法不断完善。从 1938 年到 1980 年，美国先后通过了 1938 年的《惠勒—李法》、1974 年的《反托拉斯诉讼程序和惩罚法》、1975 年的《马格纳森英斯联邦贸易委员会改进法》、1976 年的《哈特斯各特鲁迪南反托拉斯改进法》、1977 年的《禁止对外贿赂法》、1980 年的《联邦贸易委员会改进法》等，这使整个美国竞争法律制度更趋完善。二是相对严格的竞争执法。例如 1960 年，美国通用电器公司和其他重要电器厂商的秘密定价活动被揭露时，这些公司的高级职员中有些锒铛入狱，有些被罚巨款；1984 年 1 月 1 日美国司法部正式分拆了 AT&T；20 世纪末的微软案件也是一个很好的例证。“微软以自己的实力损害了一种机制，一种能让更多的微软诞生的机制，那就是市场经济公平自由竞争的机制。正是这种机制造就了微软，美国人可能还想有更多、更大的微软，基于这种观念，忍痛牺牲一个微软也就没什么可惜的了。”

二战以后，美国的竞争法律制度尤其是反垄断法在世界范围内得到了广泛的传播。传播途径一般有两种：一是强制式推行相关竞争法律制度，例如美国对日本和德国的经济体制和法律制度的改造；二是法律移植，这多数表现为发展中国家积极采取各种措施借鉴美国相关的竞争法律制度内容来建立健全本国的立法。从某种意义上来讲，美国竞争法律制度的广泛传播也是美国市场竞争文化发展的重要组成部分，它推动了市场竞争文化在更广范围内的弘扬，对各国和世界市场竞争秩序的健康发展具有重要的现实意义。

二、德国的半内源式路径

市场竞争文化半内源式是指社会虽然存在一定的自由竞争意识基础，但是由于受到各种因素的影响和制约，其未能在该意识基础之上自我独立孕育出竞争法律制度，而借助了一定外在力量来完成的历史演变模式。这以德国最为典型。

(1) 德国市场竞争文化产生基础与制约因素。德国作为古老欧洲的一个重要成员，本身浸透着自由主义。希汉（J. J. Sheehan）在《十九世纪的德国自由主义》一书中，把1770—1847年确定为德国自由主义的起源时期。19世纪初期法国大革命以来的自由主义政治思想对德国的影响日盛，鉴于数千年专制统治的惨痛教训，德国新兴的资产阶级政治家、思想家和法学家对极力反对君主专制的统治制度，大力推行自由主义。这种自由主义思潮的兴起，为德国的市场竞争文化的最终形成奠定了意识基础。这也是德国在其市场经济发展的早期阶段奉行古典自由主义经济理念的重要原因。

竞争作为一种观念和价值，是自由主义“观念家族”中的重要一员。它同自由主义的历程难分难解，并受着自由主义传统和制度的影响。由于在19世纪上半叶，自由主义的政治和经济观念被英法两国的思想和经验所吸收，而在德国的土地上依然处于边缘以及日耳曼传统的军国主义专制等影响；在19世纪的德国，这些传统和制度从来未像它在英国或法国那样获得广泛而深切的尊重。因此，德国的自由主义的根基比较脆弱。这在很大程度上影响和制约了德国市场竞争文化的独立形成。

(2) 德国市场竞争文化的形成。在古典自由主义经济哲学的影响下，德国早期长期奉行自由竞争的竞争政策和原则。为了规范当时日趋混乱的竞争秩序，德国早在1896年就制定了世界上第一部专门的反不正当竞争法。垄断作为自由竞争的必然结果之一，自然也不可避免地在德国社会经济生活的各个领域逐渐兴起，并逐步对自由竞争的市场机制构成阻碍乃至破坏。因此，在20世纪初的1923年，德国曾以传统的自由主义经济理论为指导，制定了一部反垄断法——《卡特尔条例》，授权有关部门对滥用经济强权的行为进行追诉。然而由于第一次世界大战的影响，该条例并未实际发挥作用。其后不久，纳粹党于1933年上台执政，利用德国深厚的普鲁士军国主义和国家主义传统，将德国社会迅速纳入国家统治轨道,德国市场竞争文化发展受到了严重的阻碍。

二战以后,在英美联军的强制管理下,德国逐步摆脱了传统的束缚。以著名经济学家路德维希·艾哈德为核心的新自由经济学派领导的西德政府极力主张坚决抑制卡特尔等垄断形式,在"自由+秩序"的基础之上重建德国经济。1957年,德国以美国反托拉斯法为蓝本,制定了《反对限制竞争法》。该法律的颁布,标志着德国市场竞争文化的基本形成。

(3) 德国市场竞争文化的发展与传播。在"自由+秩序"的基础上,重建德国经济成为此后历届政府的基本政策。在这种社会市场经济政策强制推动下,从1965年到1998年,德国议会先后对《反对限制竞争法》进行了六次修改,加强了对具有市场优势地位企业的监督,增加了有关经营者集中的控制规则,并逐步缩小了卡特尔豁免适用的范围。在这一期间,为了适应经济的发展需求和消费者保护,德国先后对传统的《反不正当竞争法》作了多次修改,其中,1986年5月和7月对有关条款进行了较大幅度的修改、增补与废除。另外,德国还新颁布了相关配套法规如《关于附加赠送物品条例》、《折扣法》等。竞争法律制度的不断健全大大促进了德国市场竞争文化的发展。德国联邦卡特尔局局长奥尔夫·博格指出,竞争管理机构在执行竞争法时,要做的应该是竞争的拥护者,通过适当的竞争倡导创造和维持竞争文化。

德国作为大陆法系国家重要成员之一,其市场竞争文化也对其他国家产生了重要的影响。例如,日本为了适应加入《保护工业产权巴黎公约》需要而在1934年制定的《不正当竞争防止法》,就是以德国的《反不正当竞争法》为蓝本而制定。

三、日本的外源式路径

市场竞争文化外源式是指社会在缺少自由竞争意识的情况下,通过移植先发国家竞争法律制度并以此为基础培育出本国市场竞争文化的一种发展模式。这以日本最为典型。

(1) 日本市场竞争文化的社会基础分析。虽然依据1858年日本与西方国家签订的通商及航海条约,日本不得限制进口并且进口关税限制在5%或更低,这意味日本市场是对世界开放的。但是受根深蒂固的政治文化传统的制约,日本的经济立法并非一开始就完全以对与市场经济自身内在要求和客观规律的反映为圭臬的。自明治维新到二战结束前,日本一直保持着政府主导型的宏观经济管理体制。二战前的日本市场经济是在政府的直接扶植和保护下逐步发展起来的,反映在法律领域,无论在维新之初废除封建经济体制、开辟商品经济发展的法律空间,还是在二战前各个时期出于军国主义扩张战争需要对于社会经济强制推进,立法首先考虑的并非经济运行规律自身的内在需求,而主要是基于国家政治战略对于社会经济的主观愿望与要求,并以此为终极指归。客观地讲,二战以前的日本是没有市场竞争文化孕育基础的。

(2) 日本市场竞争法律制度的建立与完善。二战以后,日本在美国的托管下,开始了所谓经济民主化进程。为消除日本资本主义经济中的封建残余、实现经济的现代化、促进其市场经济的健康发展,1947 年,日本以美国反托拉斯法为蓝本制定了《禁止私人垄断和确保公平交易法》。出于对垄断势力在国家法西斯化进程中的特殊作用和垄断势力对市场经济运行构成的严重抑制与阻碍的重新认识,该法律对于限制竞争行为和垄断的规制与禁止程度非常严厉。由于法律移植存在土壤适应问题,仅在该法律颁行两年后,日本就对其作了修改。此后,日本在 1953 年、1977 年和 1996 年先后对该法作了修改与完善以适应社会发展需求。

在反垄断法日趋成熟的同时,日本不断对反不正当竞争法进行完善。一方面,对原先的《不正当竞争防止法》进行了多次修改、补充,使其内容不断得到丰富与健全;另一方面,日本还制定相关的配套法律制度,如 1962 年的《不正当赠品及不当表示防止法》、1982 的《不正当的交易方法》等。

(3) 日本市场竞争文化的培育。虽然日本通过法律移植很早就建立了本国的竞争法律制度,但是竞争政策在很长一段时间内得到的认可微乎其微。在这种背景下,日本公正交易委员会在经过了近半个世纪的艰辛努力才培育出日本当前的市场竞争文化。

从一开始,日本公正交易委员会在一般公共关系方面投入了巨大的努力,为反垄断政策辩护,特别是强调反垄断法通过保障自由公平的竞争,对保护中小企业、改善消费者福利所起到的重要作用。在对违法行为提起诉讼时,公正交易委员会总是公开对其行动进行解释,以此警示其他企业。

从 1953 年起,除了惩治卡特尔以外,也对大银行滥用市场优势地位的行为(如银行干涉借债公司的人事事务)、其他容易为公众所了解的不公平经济行为(如大公司滥用购买力量)以及大公司对小公司所实施的不公平行为进行了严厉的处理。

在 1957 年,产业政策的鼓吹者建议大幅度放松反垄断法时,公正交易委员会在其年度报告中指出,反竞争行为或垄断行为正在增加,并介绍了西方国家的反垄断法是如何制定的。此后，公正交易委员会经常向公众揭示有关豁免卡特尔的活动，包括政府对某一行业所作的建议如缩减产量。

在20世纪60年代，由于各产业的销售竞争变得更加激烈，有关商品和服务的虚假陈述以及使用不合理的奖励以刺激购买的情况增加。公正交易委员会开始对此进行管制，认定上述虚假陈述和不合理奖励为反垄断法上的不公平行为，并于1967年制定了《奖励和陈述法》，对反垄断法予以补充。

1979年经济发展与合作组织理事会通过了一个“关于竞争政策以及受豁免或管制部门的建议”，将其推荐给各成员国。日本公正交易委员会以该建议为基础，开始研究政府管制的领域、放松管制方式并建议政府机构放松管制。

20世纪80年代日本与西方国家之间爆发了贸易争端，日本与美国展开了寻求解决“结构性障碍的初步行动”，其焦点是造成贸易摩擦的主要原因——日本市场的封闭性，并且敦促政府放松管制，消除产业政策，强化反垄断政策。利用这一机会，日本公正交易委员会积极寻求加强反垄断政策和减少政府管制，其主要目的是刺激竞争，这也成为了90年代日本经济政策的核心。

四、我国市场竞争文化建设的思考

市场竞争文化的价值分析表明了市场竞争文化在市场经济发展中的重要地位。培育与发展良好的市场竞争文化成为现代市场经济国家的必然选择。自改革开放以后，我国的市场经济取得长足的发展，竞争法制也不断建立健全，但由于其他因素的影响，与之相匹配的市场竞争文化水平还有待于进一步的提高。

国内外历史经验和现实告诉我们:公平竞争理念的树立，首先是一个文化的问题，并不是单靠创建几部法律所能迅速解决的。发展市场经济不仅必须有健全的竞争立法和强有力的竞争执法，还必须培育良好的市场竞争文化。制度的精神重于形式，没有市场竞争文化的竞争法律制度很可能因没有生存土壤而夭折。形式上的竞争规则不能替代市场竞争文化，市场竞争文化是竞争规则得以有效实施的保障。

我国历史上长期缺乏竞争和市场竞争文化，传统文化中的有些“特色”是与公平竞争的理念格格不入的，如等级观念、所有制观念、内外有别等，这在市场经济条件下必须加以克服和摒弃。经济体制改革之后，市场竞争以前所未有的势态展开，由利益争夺引起的竞争随着产权改革主体独立而日益激烈，公用企业利用其垄断地位排斥竞争以独占市场利益，行业联合限制竞争的行为频频发生，跨国公司在力量悬殊的国内市场中称霸获利。不仅如此，政府层面也开展了“利益争夺战”，条块分割的现象普遍存在，成为市场经济中的不和谐音符。这样的竞争状态实际上反映了我国不成熟的市场经济现实，是严重缺乏市场竞争文化的表现。因此，我们必须考虑要把“竞争”从一个行为过程迅速提高到“竞争机制”的高度加以认识，从推进市场竞争文化建设的层面来解决问题。

市场竞争文化是当今经济文化的主流，它培养企业的科学主义精神，锤炼劳动者的聪明才智，创造企业文化的新内容，在物质文明建设和精神文明建设中发挥着强大的力量。市场竞争文化的基本内涵是市场竞争意识，如果市场参与者没有良好的市场竞争意识，市场竞争文化也就失去其存在的基础。市场竞争意识是法律主体公平参与或积极创造并维护市场竞争活动秩序的内在自我要求与共性认识。它不仅直接影响有关主体的具体行为，而且还影响着有关竞争规则和法律制度的产生进程和具体内容设计以及实施。因此，市场竞争意识对市场竞争文化的建设具有基础性作用。培育市场竞争文化在很大程度上归结于对人们的市场竞争意识培育。市场竞争文化与市场经济紧密联系在一起。市场竞争文化是一种生机勃勃的文化，一种充满活力和自我创新能力的文化。

文化本身就是人类社会活动的产物，是人类思想的历史集成，是人类历史的积淀。文明文化渗透在人们日常生活的方方面面，是一个民族精神的血脉传承，反过来，文化又影响人类自身的思想和行为。文化的制造者就是使用者，文化的使用者同时也是制造者。文化产生的过程就是运用的过程，文化运用的过程就是其形成的过程。文化优秀与否，一个重要的判断依据就是能否促进社会发展和文明进步。

在市场经济发育初期，市场主体的竞争法律意识还比较淡薄。在我国社会经济生活中，国内经营者普遍缺乏竞争的法律意识，特别是对于联合限制竞争行为的违法性认识严重不足。很多经营者坐在一起公开讨论限制价格、限制产量的行为已见怪不怪，甚至作为正面宣传称之为“限产保价”，目的是为了防止所谓“恶性竞争”。在市场经济中，维护市场的正常秩序和规则，防止和制止破坏市场正常秩序和规则的行为发生，一方面要靠各市场主体的自律，培养市场经济竞争文化，市场主体的自律主要依靠正确的竞争意识，意识的形成需要整个市场经济环境的净化；另一方面要靠他律，其中包括法治，即制定和实施法律、法规，强制地约束各市场主体的行为，使其遵守市场规则。法律的制定和实施，是市场经济有序的保证，市场活动越是发达和完善，法治越是健全，市场也越有序。

市场竞争文化的培育和形成是多方面因素综合作用的结果，从消费者的观念、经营者的行为到政府的职能定位，从市场主体交流的思维方式、商事交易规则的理解运用到经济法律的颁布实施，经济运行的每一个细节都潜移默化地作用于竞争文化的形成。应当大力倡导竞争法律意识，使社会公众和国内企业充分认识联合限制竞争行为的违法性，形成全社会对联合限制竞争行为的舆论监督和举报机制。在反垄断法执行的初期，应当突出强调在全社会建立反垄断法的市场竞争文化，这在我国显得尤为必要。

第四编

反垄断法的国际化

第十四章　经济全球化与反垄断法国际化

第一节　反垄断法国际化的内生因素

一、全球化呼唤反垄断法的国际化

经济全球化包含着丰富的内涵。我们在这里主要是指市场的全球化，特别强调技术的进步和世界范围内贸易和投资的自由流动的障碍的消除。自由贸易和开放的竞争，既是人类社会发展到一定程度的一种自然的现象，同时也是一个政治选择的过程，是与各国的态度与其政治选择密切有关的。“贸易自由化和和全球化已经导致越来越多的国际竞争。就竞争法的有限的国界已经变得越来越不重要了。”[①]然而，国内竞争当局的主要作用仍然局限于一国境内，国内竞争的适用范围仍然受到严格的限制。市场机制的选择和市场开放的结果必然导致大量的反垄断政策法律的跨越国界的现象。当市场和竞争日益地成为国际性时，伴随着的是国际性的反竞争行为、垄断性行为的出现。这些行为无论是立足于国内市场还是国际市场，其经济影响都是非常容易超越国界的。

一个世纪前，只有美国在市场活动中全面地实施了反垄断法，用以保护有效的市场竞争。随着二次世界大战后重建的开始，西欧的许多国家，还有日本和一些拉丁美洲的国家也开始在某种形式上推行了竞争法或反垄断法。[②]“现在约有

---

① 美国一位经济学权威 Keniche Ohmae 早在十多年前就指出：“从政治版图上看，国家与国家间的疆界清晰依旧；但从经济竞争的意义上说，在一个反映金融和工业活动的地图上，那种边界已经消失殆尽了。”D. D. 埃利斯，美国反托拉斯法刑事制裁的域外适用，转引自王晓晔、[日]伊从宽主编：《竞争法与经济发展》，中国社会科学文献出版社，2003 年版，第 269 页。

② The final report to the Attorney General and Assistant Attorney General for Antitrust. 2000, Ch. 1. It is available from：http://www.justice.gov/atr/icpac/finalreport.htm.

100个国家已经制订了反垄断的法律文件，至少还有约30个国家也正在制订反垄断法律文件。”①不论是已经制订了的反垄断法，还是正在制订的反垄断法，各国的反垄断法律文件都是以国内法的形式存在。但是在全球化的进程中，这种地域上的标记不能再局限于一个国家的范围，反垄断法所保护的市场竞争不可能完全局限于一个国家的经济活动，“从政治版图上看，国家与国家间的疆界清晰依旧；但从经济竞争的意义上说，在一个反映金融和工业活动的地图上，那种边界已经消失殆尽了”。②从全球化的政治视野看，反垄断法的形成和发展必将走在时代的前列。

现代经济活动的基本特征是自由化和充满着技术进步的活力。经济全球化不但导致了自由化和技术进步的可能性，而且其本身也是自由化和技术进步的“引擎”。经济自由化和技术进步这两种现象正在交叉地相互推动着全球经济的一体化。这种正在变化的国际性环境将会对各国，包括不发达国家，产生着积极的影响，使各国有更多的基于自身优势的经济机会。但是，这种建立于经济自由化基础上的机会可能是不平等的。各国推动技术进步和利用进步技术的能力的不同，更加剧了这种经济机会的不平等。毫无疑问，正在发生着的这种国际性的变化也同时产生着令人恐惧的威胁。

随着商业活动的日益国际性，这种全球性的趋势已经对反垄断法的各个方面都产生了影响。这种影响首先反映在各国反垄断法对自由竞争的保护所面临的市场范围，即由国内市场转向国内和国际两个市场。所以，各国反垄断法所面对的将是如何实施对全球市场竞争的保护。基于对新时代市场经济活动的上述判断，各国在反垄断法领域也必然面临着共同的经济自由化环境和技术进步的影响。

二、反垄断领域的新现象

虽然市场经济发达的国家一般都已经制定了国内的反垄断法，并且也开展

---

① See D. Valentine, Antitrust in Global High Tech-Economy, paper delivered before the American Bar Association of the District of Columbia at the 8th National Forum for Women Corporate Council 30 April 1999, available at http://www.ftc.gov/speeches/other/dvatspeech.htm. Also see Frederic Jenny, ‘International Cooperation on Competition: Myth, Reality and Perspective’ the Antitrust Bulletin/Winter 2003, p. 985; Ky P. Ewing, Competition Rules for the 21st Century, Kluwer Law International, 2003, p. 1. 详见附件二。

② 转引自王晓晔、[日]伊从宽主编:《竞争法与经济发展》，中国社会科学文献出版社，2003年版，第204页。

了较大范围的反垄断合作；发展中国家和转型中的国家也在纷纷制定国内的反垄断法。但是，随着经济全球化涉及的范围日益广泛和新技术对经济活动影响的日新月异，国内的反垄断法面临着一些前所未有的挑战。经济全球化对反垄断领域所产生的影响可以概括为以下几个方面：

（1）反垄断的成本越来越庞大。经济全球化其实就是市场的国际化，当市场活动在全球范围内展开时，反对私人企业的限制性竞争活动也必将在全球范围内展开，由此而导致的反垄断成本相比较于国内市场的反垄断成本必然会更大。反垄断法的实施也将在全球范围内开展，反垄断法律专家、经济学专家也将在全球范围提供自己专业服务。所有这些，都是经济全球化而给各国带来的、必须面对的反垄断领域的新问题之一。

（2）合并控制的范围越来越大。"世界贸易一体化和全球化已经刺激了前所未有的国际性合并浪潮。合并的规模越来越大，合并的手段越来越复杂，合并影响所涉及的国家越来越多。"公开资料显示，1990 年世界范围内公开的经营者集中金额为 4 000 亿美元，到 1999 年增加到了 3 万亿美元。我们正面临着各国合并控制体制多样化的问题，并不断有新的合并控制规则出台。最近的统计显示有六十多个国家制订了各种形式的合并控制规则，还有更多的国家在他们所采用的反垄断规则中融入合并控制规则。

（3）国际卡特尔受到更广泛的关注。根据经济发展与合作组织"关于有效地打击核心卡特尔推荐意见"，认为卡特尔行为有害于、有时候表现为威胁着消费者的福利。特别是对"核心卡特尔"的危害性，已经得到了国际社会的共识。核心卡特尔损害不同国家消费者的利益，被视为是对反垄断法的最赤裸裸的违反。在美国，卡特尔被认为是一种犯罪。卡特尔的危害极大，并且随着经济的全球化，国际卡特尔日益增多。国际反垄断法领域，反卡特尔无疑可以成为国际社会最为关注的对象。

（4）宽大和赦免计划不断应用。近几年美国司法部为了更有效地对付卡特尔的损害行为，采取一项称为"宽大和赦免计划"，并已经取得了很大的成功。所谓宽大和赦免计划即是指对那些虽然参与了卡特尔行动，但能够积极配合反垄断执法机构实施其所参与的卡特尔行动，而给予这些参与者的一种"优惠"或者"豁免"。其目的是为了提高对卡特尔案件的发现和调查的有效性。实施"宽大和赦免计划"的目的都是为了提高反卡特尔的效率。但是，实践中出人意料的是卡特尔的"宽大和赦免计划"却导致了另一个消极的结果——刺激了卡特尔行动。反卡特尔问题上的宽大和赦免计划，对于发达国家可用作保护本国公司利益的一种手段，而对发展中国家却没有这样的好处。

(5) 市场优势地位滥用的判定标准不确定。在实践中并没有足够的智慧来正确地回答什么是“滥用”。当然，人们一般认为，任何已经取得垄断地位者的行为如果阻止或者阻碍了其他竞争者的挑战，可以归为“滥用”。但是这种看似直观的、一般性的定义并没有提供真正的答案。哪些竞争行为应该被禁止，哪些竞争行为应该被鼓励，在实践中要清楚地回答这个问题并不容易。

(6) 纵向限制规则成为新的市场进入障碍。一个矛盾的现象是，竞争规则处理商品或者服务的销售问题(也有称为纵向限制问题)可能对世界范围内企业的影响比任何其他方面的影响更大。如何处理批发与零售的关系？表面上处理分销、经销、代理等这些销售规则只是跨国公司自己的事。其实我们讨论的是各国反垄断法中所做出的哪些销售行为是允许的，哪些销售行为是不被允许的。在纵向限制领域还有一个引人注目的问题是关于知识产权法与反垄断法的交叉问题。在世界范围内的关于反垄断法是否应当优先于知识产权法的争论，也已经越来越激烈。

(7) 取消豁免还是保留豁免。各国从产业政策出发，对一些经济部门从反垄断法中豁免出去，这是无可厚非的。但是，哪些豁免是合理，哪些豁免是不合理的？如果将豁免政策用来保护本国产业而同时损害其他国家的利益，用来作为“让邻国更穷”的工具，那么，从长远来看，无论是对本国消费者福利的提高，还是对国际消费者福利的提高，同样都是有害而无益的。

(8) 能力建设和技术援助。发展中国家和转型中国家面临着新制度建设的困难。反垄断法律在相当大部分的国家还是一桩新事物。每个正在探索新的反垄断体制的国家首先面临着一个“模式”选择的问题。虽然有一百多个国家已经实施了反垄断法和采取了积极的反垄断政策法律，但是这其中有近一半的国家，他们的反垄断法律是在最近十年间颁布的，在这一领域的实践活动相对是生疏的，或者缺乏理论的研究和实践的操作经验。为了开展实施有效的反垄断政策法律、提高实施的效率，掌握反垄断法中的一些诀窍和获得专家的帮助是非常有必要的。

三、国内反垄断法面临挑战

面对全球化所产生的反垄断法的新现象，国内反垄断法能否有效地胜任国际性的反垄断行动？从客观结果来看是力不从心的。虽然一些发达国家(地区)的反垄断法在国际反垄断领域被屡次(域外效力的)应用，但是并没有同时能够避免由此而产生的新的矛盾和冲突。另外,从世界范围来看,一些发展中国家及转型中国家(在某些情况下也包括某些发达国家),在选择反垄断体制或者修改反垄断法,特别是在参与国际反垄断案件中,也确实面临着下面一些困难:

(1)反垄断法的滞后性。在大多数情况下,发展中国家及转型中国家的反垄断法出台和实施落后于市场经济发展的进程。在经济体制改革中,这些国家往往先对外开放,将对外贸易部门放在改革的前沿,减少国际贸易和投资的障碍;然后,实施经济的私有化和自由化,取消国家对国内经济部门的调控,搞活市场;当市场发展到一定程度后,才开始实施反垄断法。因此,反垄断政策法律已经被其他市场自由化措施领先了。在这样的情况下,反垄断法可能会面临着一些结构性的问题,包括市场集中的问题、政府垄断行业的私有化问题、对已经形成垄断地位的企业所持有市场优势地位的限制问题,甚至还涉及行政垄断问题。我们还可以因此而解释,为什么经济体制改革在一些国家成功了,但是在另一些国家却失败了的原因。其中与各国反垄断法与其他自由化政策缺乏同步性,并导致了某些产业领域的市场过度集中,某些企业滥用市场优势地位,实施垄断性经营,使市场在无效率状态下运行,造成资源的极大浪费,收入分配的极不平衡等不正常现象密切相关的。

(2)资源分配的不公平性。早期的制度化市场的发展,在很多发展中国家和经济转型中国家导致了资源分配方面的严重扭曲。特别是在"双轨制"持续期间,不是按照公平获取市场资源,而是"不择手段"地侵占各类市场资源。在那些计划经济转型的国家,这些问题特别尖锐。它们的市场和价格还没有在自由的市场分配资源的有效运行下,产生对稀缺资源的不正当、过度集中的问题,进而带来过高的价格和市场的集中问题。反垄断政策法律作为一个有效的工具,本来是能够有效地用来发展和完善竞争性市场的。但是,它必须在初始阶段就应当与其他的自由市场政策保持同步。对发展中国家和转型中国家来说,在目前的市场条件下,如何有效地实施反垄断法,是一个值得思考和探索的新问题。不论是在反垄断体制模式的确定上,还是在反垄断实体法内容的规范上,都应当结合各国的现实状况,而任何照搬别国的模式,必然会"水土不服"。

(3)认识的不一致性。经济自由化政策并没有非常神奇地医治发展中国家和转型中国家已经存在的不良经济问题。经济自由化措施的结果在有些国家并没有带来原先那些支持者们所希望的快速和有利的发展。在很多情况下,改革政策的效果被那些错误的实施措施和其他相关制度的缺陷所抵消。因此,导致很多国家的改革进程毫无结果,并不断地威胁着这一进程;有些国家的改革措施只好半途而废。这些国家所面临的这些严重问题中,包括了反垄断法律问题。有些人提出经济自由化改革"水土不服",应放弃自由竞争,即回到政府计划调节经济中去。当然,我们不能将这些问题,这些想法都归入到反垄断法律中去。但是,由于在前进中出现了问题,人们还无法选择任何一条道路,就像"一枚硬币"仍在空中。我们自然希望那些敏感的问题获得成功的解决,政府能够有效地纠正经济自由化进程中的一些问题,以便于全力推进全球化的进程。

(4) 缺乏国际性。各国在实施反垄断法律时,主要是考虑本国的经济因素,而很少考虑这些行为是否会冲击国际性的或者是全球的水平。各国反垄断法的实体规则和程序规则都存在着不一致性。这种不一致性会严重阻碍全球贸易和投资活动,最终抵消全球范围内竞争所能给消费者带来的真正好处。在缺乏统一的国际性反垄断体制下,各国要做的是尽力参与和促进反垄断法的国际化。努力形成有效的国际性反垄断法作为各国普遍的经济政策来促进和适应全球化的要求,并作为保证和调整全球范围的商业竞争的有效途径。

第二节　各国反垄断法体系比较

一、各国反垄断法体系的共同规范

从各国反垄断法体系来看,一般主要规范了三个方面的内容:

(1) 反垄断法的实体性规范;

(2) 反垄断法程序性规范;

(3) 反垄断法的实施机关。

其中就反垄断法的实体规范来看,基本包括了禁止横向联合行为(如分割市场的卡特尔、固定价格、限制生产、操纵招投标等等。其他的横向联合行为,如统一商品质量标准、合作研究开发、生产标准化等,虽然也可能会影响竞争,但是应否予以禁止,则根据各国在不同时期的市场条件及其对竞争产生的影响而确定);禁止某些纵向限制行为(如控制经销活动的协议,这类行为可能会导致市场商品价格的提高,商品质量的下降,阻碍市场进入和技术革新等。有些国家将纵向联合和横向联合统称为"协议行为");以及禁止垄断化行为(有些国家称为"市场优势地位的滥用")等。绝大部分国家的反垄断法体系中还包括关于合并的控制(具体的包括获得资产、联合投资、交叉持有公司股份、关联董事等)。在反垄断法的执行机构的设置方面，可归纳为由行政机构执行、司法机构执行和行政与司法机构共同执行这样几种模式。[①]在反垄断法实施程序领域，由于各国的法律传统和法律文化方面的差异而存在较大的不一致性，但也正在努力实现和谐和趋同性。

二、各国反垄断法体系的主要区别

各国反垄断法体系中所包括的实体法内容上所形成的这些共同性，并不意味着反垄断法的实体性规范在世界范围内的统一。更何况各国在反垄断法的程序性规范和执行机构的设置及运行机制的设计上还存在着较大的差异性。各国反垄断法的发展也不可能保持在某一个平等的水平上。从而形成了不同的反垄断体制(模式)。由于反垄断法本身的产生和发展都有非常深厚的社会、政治、经济和文化等影响因素，因而反垄断体制并不是完全按照立法者的偏好而任意选择的。各国反垄断体制之间所存在着的主要区别，可以归纳为如下几个方面：

(1) 对保护竞争的手段的认识不一。从各国对竞争保护所采用的法律名称来看就不十分一致，[②]由于名称的不一致必然会引导人们对法律内容作“望文生义”的理解。如有些国家用反限制竞争法来保护竞争，但从其名称的表达来看，人们(专业人员除外，如经济学家、律师)必然会联想到这是对大公司利用自己的市场优势地位而对市场进行限制性控制，而不是对自由竞争的保护，不是对贸易和投资的障碍消除的法律。从各国的反垄断法体系中所呈现出的不同名称的背后，我们有理由认为对“竞争的保护”的手段并没有形成一致的认识。“法律名称虽不是重要的实质性问题，但各国的命名也反映了各国竞争政策的特点和立法体例。”[③]我们也有理由怀疑各国是否已经对这些名称的含义真正地理解了。即使各国的反垄断法体系中已经对这些概念进行了定义，但是在司法实践中能否做恰当的解释，也往往取决于法官对这些概念的理解。各国之所以采取不同的

---

① 参见李国海：《反垄断法实施机制研究》，法律出版社，2006 年版。

② 反垄断法在不同的国家有不同的习惯名称，如美国称“反托拉斯法”，欧共体称“竞争法”，德国称“卡特尔法”或“反限制竞争法”，日本称“公平贸易法”，英国由“竞争法”和“企业法”共同组成等。法国称之为“公平交易法”，俄罗斯称之为“限制垄断活动的法律”，欧洲许多国家也称之为竞争法，在前南斯拉夫称之为“防止不正当竞争和垄断协议法”，在匈牙利称之为“不正当竞争法”。本书为叙述的方便一般统称为反垄断法。联合国贸易与发展会议的《竞争法范本》对法律名称的建议有三种推荐意见：消除或者控制限制性的商业行为；反垄断法，竞争法。参见 Model Law of Competition, TD/PBP/CONF, 5/7, United Nation, Geneva, 2003，详见附件一。

③ 漆多俊：《中国反垄断立法问题研究》，《法学评论》1997 年第 4 期(总第 84 期)。

名称，其实是与它们努力想要实现的特殊的目的相一致的。①另外，还有一些国家更重视产业政策的运用，认为在保护和促进竞争方面，产业政策比反垄断法更加有效。②

(2) 关于反垄断法的目标各不相同。从各国的反垄断法的历史角度来看，以及从各国引进竞争机制的深层次角度看，各国的反垄断法的目的就不是单一的。“如欧洲人在一百多年以前，就提出了保护竞争的一般性法律的设想。这一概念形成于19世纪80年代的奥地利，是当时维也纳的不同寻常的创造性精神生活的产物。反垄断法提案的出现，是为了保护竞争过程免于政治和意识形态的抨击。”③又如，“战后，许多欧洲国家都转向反垄断法，将它作为促进经济发展、巩固刚刚获得但仍很脆弱的自由、争取赢得战后艰难处境的政治谅解的一种手段……但是在大多数情况下，反垄断法自被纳入经济管制的框架。”欧洲的第一部“反垄断法”，是德国为了应付战后通货膨胀危机而于1923年颁布的。欧共体的反垄断法，则是为了达到各种目标，如经济成长、政治稳定和经济一体化，因此它已经成为规范经济和政治关系的一个核心手段。还有美国，被誉为现代第一部反垄断法的《谢尔曼法》的出台，即是在政治自由压力下，④其后形成的反垄断法体系也是与一定的政治相联系的(而不是纯粹经济上的原因)。

(3) 各国的反垄断法实施及其机构设置，也存在着非常大的差异。有些国家虽然已经颁布了反垄断法，但是由于其动机的不同，所以对反垄断法是否积极地实施，以及实施的强度如何，采取何种反垄断法实施机制等方面都存在着不同。有些国家虽然已经实施了反垄断法，但它们的实施激情仍然会受到来自于外界的影响。当反垄断法执行机构能够独立自主地，不受其他政府部门调节地实施反垄断法时，其实施反垄断法的激情可能会高；反之，如果反垄断法的实施受制于政治目的，受制于政府的控制，那么反垄断法执行机构实施反垄断法的激情就会受到压制。有些国家在实施反垄断法的机构设置上实行的是行政管理体

---

① 不同的反垄断法名称所体现的不同国家的反垄断目标，将在后面专门讨论。

② M. Maher, the Internationalization of Antitrust Policy, Cambridge University Press, 2003, p. 19.

③ 它严重依赖官僚在这样做时遵守“公共利益”的标准。这些提案之一获得了相当大的政治支持，差一点就颁布了一部竞争法——完全是因为奥地利议会过程的断裂才使它搁浅。[美]戴维 J. 格伯尔：《二十世纪欧洲的法律与竞争：捍卫普罗米修斯》，冯克利、魏志梅译，中国社会科学出版社，2004年版，第8页。

④ 引自王晓晔、[日]伊从宽主编：《竞争法与经济发展》，社会科学文献出版社，2003年版，第205页。D. J. 格伯尔指出：美国反托拉斯法是1890年在民众的政治压力下制定的。由于几个大的“托拉斯”被发现滥用其经济优势，排挤竞争对手，强迫其供货商采取不合理的交易条件，并提高商品的价格，从而引起民众的愤慨，要求制止这些大企业的限制竞争行为。

制，有些国家则实行司法管理体制，也有些国家则同时采用行政和司法体制。

(4) 关于跨国实施反垄断态度的差异。市场竞争以全球市场为基础，这既是现代竞争的前提，也是现代竞争的必然的结果。反垄断法对竞争的保护也必然以全球化为基点。在以各国国内反垄断体制为基础的全球反垄断法的实施，各国将会采取什么样的方式？我们不难发现，有些国家偏好采取“单边主义”的方法，也就是说这些国家更愿意“出口”本国的反垄断法到其他的主权国家中去，使本国的反垄断法具有了“域外的效力”。也有些国家认为各国之间形成一些共同的反垄断实施合作会更好，所以就努力采取“双边的反垄断合作”，或者“地区的反垄断合作”，也有的更是直接向“国际化”多边反垄断合作方向努力。

第三节　反垄断法国际化历史回顾

一、反垄断法的最早实践

国际反垄断政策法律问题虽早在 20 世纪 20 年代就已经被国际社会所注意，但是直到 40 年代才被纳入比较系统考虑的议事日程。二战后世界的政治经济秩序格局被重新划分。尽管当时还没有充分地认识到“全球化”这个词，但“全球化”的现象事实上已经显现了出来。在这样的环境下，不可避免地要面临着国际反垄断机制方面的问题。但是，在当时的整个国际政策关系层面上，反垄断政策法律的国际性问题并没有被明确地提出更没有被系统性地对待。当时，除了加拿大和美国外，①绝大多数参与国际贸易关系的国家都没有任何形式的国内反垄断政策法律制度。②相反，卡特尔却被看作是一种合法的经济组织形式，是对付经济萧条的有效的工具。

在 20 世纪的前四分之一时间见证了一些一般性的对限制性竞争行为的憎恨的倾向。这样的憎恨可以从国家联盟(the League of Nations)认为国际卡特尔作为“世界贸易的敌人”这方面看出来。在那个年代，卡特尔被一些国家，特别

---

① 加拿大早在 1889 年，美国早在 1890 年就已经出台了反垄断方面的法律。

② 虽然奥地利在 19 世纪 90 年代出现过运用法律手段保护竞争的思想。但是其最终却没有形成相应的法律。[美]戴维·J. 格伯尔：《二十世纪欧洲的法律与竞争：捍卫普罗米修斯》，中国社会科学出版社，2004 年版，第 7 页。

是德国、意大利和日本，用来作为促进经济发展和对外扩张的一种手段，最终导致了第二次世界大战。作为概括性地处理国际卡特尔和限制性竞争行为的努力，最早是在 1927 年的国家联盟框架下的世界经济大会开始的。在这次大会上，提出应制裁限制性商业行为。但是，由于各国态度存在分歧，妨碍了国际标准的建立，也因所提议的体制可能损害国家主权。因此，并没有在国际反垄断政策法律问题上产生任何结果。

二、战后重建时的国际性反垄断

二战后的 1948 年签署的《哈瓦那宪章》提议应成立一个对公共方面（如关税）和私人组织方面（如卡特尔等）的限制性竞争行为都能够发挥作用的国际贸易组织（简称 ITO）。二战之前的 20—30 年代，德国、日本和意大利均将卡特尔组织作为战争动员的战略；二战之后，美国的国会与反垄断机关调查发现了上述战争根源所在，因此美国对国际卡特尔有了极为厌恶排斥的态度。1944 年罗斯福总统宣称，卡特尔由于限制了对外经济中货物的自由流动，必须对其进行控制。在此背景下，美国支持建立一个维护国际贸易竞争秩序的国际贸易组织，美国提出的国际贸易组织宪章草案（即后来的《哈瓦那宪章》）对限制竞争的商业行为进行合作控制作了规定。

《哈瓦那宪章》的框架内容中包括了对成员国的限制竞争和阻止市场进入的禁止性商业行为的需要。该宪章第五章指出，“缔约国必须采取适当的措施，并与本组织合作，管制国际贸易中限制竞争的商业实践，如分割市场或者增强垄断势力，而不管它们是由私人企业还是国营企业所为”。该宪章强调了成员国应履行的一个主要国际性义务，即确认国际贸易组织的任务是为了保护企业从事自由贸易行为，反对限制竞争、限制市场进入或者国际贸易中的垄断控制，认为这些限制干涉了贸易自由。宪章表示成员国可以对这些限制向国际贸易组织投诉。后者将根据宪章第 48 条的规定，有权在那些企业所在国开展对限制性行为开展调查并进行劝告。宪章其实包括了一个简单的国际反垄断守则。

这一提议虽然是由美国和英国所发起的，但是，当具体进入实际需要采纳规则和形成制度的时候，美国却对形成国际竞争规则的时机是否成熟有了另外的想法。美国认为如果形成国际竞争规则完全有可能降低美国的反垄断水平。因此，在第二次草案中要进一步细化时，因美国方面提出增加“本身违法”原则和严格的调查执行程序要求而遭到西欧各国的强烈反对，而致联合国经济和社会委员会，建议和起草的统一管制限制性商业行为立法终未成功。美国后来依然认为，当时国际上缺乏反垄断政策法律上的一致性条件，发展地区性和国内的反垄断规则应先于联合国的守则。由于上述诸方面的原因，《哈瓦那宪章》最终没有被通过，从而使有关国际反垄断政策法律方面的努力也随之夭折。虽然《哈瓦那宪章》没有被通过，但该宪章的第四章关于反对公共市场障碍部分却被保留了下来。[①]

三、关贸总协定与反垄断

1948年关税与贸易总协定（简称GATT）是在没有反垄断规则的情况下诞生的。此后，人们对反垄断规则的多边主义一直处于两难选择的境地。特别是美国，它虽然支持在国际贸易领域实施反垄断规则，但是却怀疑多边规则是否就是一条最佳的实现国际反垄断目标的途径。这个问题在1958年由《关税与贸易总协定》的专家小组重新提出来。但是，《关税与贸易总协定》成员认为形成全球性的反垄断规则的时机不够成熟。认为国际贸易争端解决机制应将私人企业的行为排除在外，由于在这方面缺乏政策的一致性，以及经验上的不足。直到1960年《关税与贸易总协定》采纳了一个机制，国际反垄断政策法律方面才真正有了一点进步。即当一个成员认为其受到了限制性行为的损害，并认为另一个成员应对此负责的话，鼓励成员之间的相互磋商。此后，有关反垄断政策法律方面的规定也逐渐开始在《关税与贸易总协定》的个别协议中出现，诸如《与贸易有关的知识产权协定》、《服务贸易总协定》等。

1995年，《世界贸易组织》（简称WTO）承继了《关税与贸易总协定》。但是，当时确定的WTO的主要职责仍以对政府行为（公共市场障碍）进行规范作为最主要的内容。对政府的阻止外国私人企业进入国内市场的限制性行为可以进行指控。而对私人企业的限制性商业行为的处理，则是到1996年的新加坡部长会议时，才正式开始这方面的具体工作。

---

① 徐士英：《中国入世与竞争政策的国际协调》，载丁潫多俊主编：《经济法论丛》，中国方正出版社，2004年版。

第十五章 反垄断法国际化路径

第一节 WTO 的反垄断法国际化努力

一、WTO 面临的新使命

在 1996 年的 WTO 新加坡会议上，市场准入成为国际贸易自由化发展中深受关注的问题。市场准入成为新的自由贸易壁垒，是一种对国内市场实施垄断的限制性竞争行为。将反垄断政策法律纳入谈判议程是在多哈召开的 WTO 部长会议①中，这是由于全球贸易自由化得到了进一步发展的结果。

为确保 WTO 贸易自由宗旨的实现，其成员认为有必要建立一个在贸易和反垄断政策法律之间的互相作用的工作小组。于是，1996 年 12 月新加坡部长会议成立了一个“贸易和反垄断政策法律互动工作小组”。这个小组的主要任务是考虑由 WTO 成员提出的关于贸易和垄断这两个政策领域的互动的问题。在反垄断政策法律谈判正式提出之前，这个小组的功能并不是为 WTO 成员讨论竞争问题提供一个平台，它只是一个成员交换在这一领域的观点和经验的论坛。为了繁荣经济和更加开放，以及确保外国企业与国内企业有同样的利益，形成可竞争性的和竞争性的市场，已经成为国际市场调整改革的目标。同时，在 WTO 下的反垄断政策法律的讨论也折射出长期以来人们的一个基本认识，即私人限制性竞争行为可能会对双边贸易谈判利益和多边自由贸易的发展产生消极的效

---

① 部长级会议是世贸组织的最高决策机构。世贸组织的成立宪章《马拉喀什建立世界贸易组织协定》订明，应至少每两年召开一次部长级会议，讨论和决定涉及世贸组织职能的所有重要问题，并采取行动。自 1995 五年成立以来，世界贸易组织已先后举行过六次部长级会议。第一次部长级会议：1996 年 12 月 9 日至 13 日在新加坡召开。第二次部长级会议：1998 年 5 月 18 日至 10 日在瑞士日内瓦举行。第三次部长级会议：1999 年 11 月 30 日至 12 月 3 日在美国西雅图市召开。第四次部长级会议：2001 年 11 月 9 日至 14 日在卡塔尔首都多哈举行。第五次部长级会议：2003 年 9 月 10 日至 14 日在墨西哥坎昆举行。第六次部长会议：2005 年 12 月 13 日到 18 日在中国香港举行。

果，从而减少由于成功的谈判而给各成员方带来的自由贸易的利益。同时也可能对未来的进一步发展产生潜在的障碍。特别是在跨国公司的经济力量日益加强的今天，这种超政治的力量更有可能使自由贸易的条件受制于这些私人企业，即私人限制性竞争行为有可能抵消国家在实现贸易和投资流通自由、取消公共障碍方面的努力。

工作小组成立以来，已经就贸易和反垄断政策法律方面陆续形成了一些工作报告。这些报告的主题之一是对 WTO 下的反垄断政策法律和贸易政策交叉问题的考虑。表现这些考虑成果的一个非常重要的报告是 1997 年的年度报告。这个报告包括了对反垄断政策法律和贸易政策之间的关系的检验依据，以及对反垄断政策法律在多边贸易体系中的重要地位进行了阐述。

另外，从国际贸易政策和反垄断政策法律互动工作小组的 1998 年的年度工作报告中，我们也可以看出 WTO 成员在调整贸易政策和反垄断政策法律关系中所做的努力。这个报告特别强调指出了 WTO 成员就这两个政策关系达成了一定的共识。WTO 成员一致认为贸易政策和反垄断政策法律本质上是互补的。虽然也存在一些冲突，如反倾销与贸易自由化的矛盾性。但是无论是贸易自由政策还是反垄断政策法律，它们共同的目标都是为了促进和保护国际市场的自由竞争。建立在这样的共同目标基础之上的政策之间必然存在着互补关系。否则，如果任何一个政策能够独立地实现一个全球开放的竞争性市场，那么另一个政策的存在就会缺乏基础。从各国反垄断政策法律的建立目标来看，都是将保护自由贸易作为自己的主要目标之一。因此，从一个完整的国际自由贸易环境来看，贸易政策和反垄断政策法律并不能相互替代。在国际市场活动中，政府和私人的市场参与行为是缺一不可的。“贸易政策与反垄断政策法律已经成为确保开放性市场的互补性的工具。因为，巨大的经济贸易机会与政府减少在市场活动中的干涉是具有互补性的。”无论是国内市场还是国际市场都是如此。

虽然国际贸易自由化已经取得了很大的成功，但是无论是《关税和贸易总协定》，还是 WTO 规则都没有覆盖对私人企业的限制性竞争行为的规制。也即在国际贸易自由化领域的各项贸易规则中，没有直接处理私人企业的限制性竞争行为的国际规则。但是，由于私人的限制性竞争行为完全有可能抵消政府之间的贸易自由的政策利益。因此，对私人限制性竞争行为，特别是大的跨国公司的“经济帝国主义”实施的垄断性行为进行国际一致的限制，变得越来越重要，越来越迫切。如何实现贸易政策与反垄断政策法律的互动性，也就成为了 WTO 需要实现的目标之一。

二、欧共体的WTO反垄断政策法律提议

在1992年的多佛世界经济论坛上，当时的欧共体竞争委员会委员 Leon Brittan 先生在他的讲演中提出了全球竞争框架。欧共体委员会将采取积极的措施来推动形成全球反垄断政策法律。在1996年，当时已经从竞争局调任到贸易局的 Leon 先生与他在欧共体竞争委会上的继任者 Karel Van Miert 先生一起，成功地促使欧共体委员会形成一个正式认可的努力在 WTO 中进行反垄断政策法律谈判的提议。

欧共体委员会提出，应当在 WTO 框架下引入一个关于反垄断政策法律的多边协议。并且对"反垄断政策法律是否应当引入世界贸易组织体系以及应采取何种模式"等问题阐明了自己的立场。欧共体总体上认为，为了推动 WTO 成员反垄断执行机构之间的合作和信息交流，更好地解决人们所共同关心的国际市场上的私人限制性竞争问题，多边合作是非常必要的，从而应当通过有法律约束力的协议将反垄断政策法律纳入世界贸易组织的体系。欧共体还指出，应当通过协商和礼让的原则来解决管辖权的冲突和贸易冲突，通过提供一般的技术援助和加强各国反垄断执行机构之间的合作来提高发展中国家反垄断执行机构的工作能力，通过在案件调查和法律援助方面更好的合作来降低国际交易成本。

欧共体委员会对最初的这些提议抱有非常大的信心。他们提议要求 WTO 成员制订、实施和合作实施反垄断法，并且要与共同的、最低的国际反垄断标准保持一致性。但是，这种在欧共体看来非常美妙的提议受到了来自发展中国家的抵制，而且还受到了来自"一直主张国际性反垄断"的美国的抵制。在坎昆会议期间，欧共体委员会不得不实质性地减少他们的提议内容。特别是对发展中国家，在所要求它们实施反垄断法的时间和适用的范围方面有了一些弹性。对 WTO 成员的反垄断实体法上的规定被限于透明原则、程序公正和非歧视（但只是法律上的而不是事实上的非歧视，因为事实上的非歧视不可能从自主的实施权利行为的合理性中区别开来）原则方面。另外，还要求对核心卡特尔的处理做出规定。关于 WTO 成员之间的自愿合作和能力建设（也有称为技术帮助）方面也可做出规定。对于建立反垄断法实体性规则的其他方面，或者是由于要求具有更为广泛的经济分析为基础，或者是由于太复杂和缺乏达到一致同意的可能性而放于一边了。

欧共体的 WTO 反垄断政策法律的最初动议在很大程度上受到了 WTO 的

贸易自由理念的启发。同时，共同体内部的法治化成就也推动了这一动议的提出。自欧洲一体化初期，欧共体就利用严厉的反垄断法禁止成员国之间的贸易壁垒，绝不允许私人团体实施抵消政府贸易自由化措施的行为。欧共体的反垄断法对共同体统一市场的实现做出了巨大的贡献。从1956年欧共体条约出台时起，欧共体法律就已经确立了确保私人团体不会侵犯由于成员国间贸易壁垒的打破而形成的自由贸易原则。鉴于欧共体法的历史和其具有的宪法性特征，欧洲人感到乌拉圭回合所取得的缺乏普遍竞争规则的贸易自由化和知识产权保护制度是不完善的。欧共体最初的动议遵循了传统的贸易法原则，仅仅强调了自己的企业在别国的市场准入问题。认为应当形成WTO的反垄断政策法律以促进全球竞争观念的确立，以确保贸易自由化的优势不会被私人的限制性竞争行为所抵消。

三、欧共体的WTO反垄断政策法律框架内容

WTO贸易政策和反垄断政策法律工作小组的1998年工作报告出台后，WTO总理事会对工作小组的工作做出了一些新的指示。主要是要求工作小组考虑以下一些新的问题：①

(1) WTO的国民待遇原则、透明度原则、最惠国待遇原则和反垄断政策法律的相互关系；

(2) WTO成员之间加强交流与合作的方法(包括技术合作)；

(3) 反垄断政策法律对于实现WTO目标(包括促进国际贸易)的作用。

根据总理事会的指示，WTO工作小组继续对WTO反垄断政策法律的框架及其与投资的关系作全盘讨论。在工作小组随后的讨论中，欧共体得以提出WTO多边框架协议的建议。该建议包括了总理事会决议的内容，例如把WTO核心原则运用于反垄断政策法律、执法机构的合作、对发展中国家的能力援助等。早在2000年，欧共体委员会就提出了包含上述三个方面内容的多边协议框架。欧共体十分谨慎地提出了其建议的司法性。欧共体的建议不同于协调各国国内反垄断法，而是提出反垄断法的核心原则。WTO成员可以保留、制订其国内(地区内)的法律制度。②这一建议得到了2001年的多哈部长会议的支持，形

---

① Josef Drexl, International Competition Policy after Cancun: Placing a Singpore Issue on the WTO Development Agenda. World Competition 27(3):419—457, 2004, p. 431.

② Communication of 21 September 2000 from the European Community and its Member States to the WTO Working Group, WT/WGTCP/W/152, 25 September 2000, at Para. 5.

成多哈部长宣言，列入2003年坎昆部长会议的讨论议程。

1. WTO反垄断政策法律的核心原则

根据WTO总理事会的指示，WTO反垄断政策法律中涉及的核心原则包括国民待遇原则、透明度原则、最惠国待遇原则等。根据这些原则，WTO成员应作如下的承诺：

(1) 建立一个有充分执法权力的反垄断法执行机构；

(2) 反垄断法应对不同国籍的企业实行非歧视原则为基础。欧共体对此的解释是：为了避免成员方的反垄断法存在任何恶意歧视的规定，有必要将此确定为一个具有法律约束力的原则；

(3) 关于法律制度的透明度，包括对某些行业从反垄断法中给与豁免的规定；

(4) 保证合理的法律程序，特别是保证当事人对反垄断执行机构所作的行政裁决享有提出申诉的权利；

(5) 将核心卡特尔包括固定价格、串通投标、限制产量或者分割市场的协议视为严重的限制竞争行为。

2. 合作模式

WTO成员之间的合作模式可以是多种形式的，但是作为最基本的合作要求来看，合作的内容应该包括：

(1) 在具体案件中的合作，一个成员在对同时影响WTO其他成员重大利益的反垄断案件进行调查等实施程序中，应相互交流与案件有关的信息和证据，即适用"消极礼让"原则；

(2) 反垄断领域的一般信息和经验交流方面的合作，即通过依据WTO反垄断政策法律多边协议所建立的反垄断政策法律委员会这一平台，进行各国各地区的反垄断信息交流和经验交流，共同分析具有全球影响的竞争问题。因此，欧共体委员会的一个重要建议是，在WTO内建立一个反垄断政策法律委员会，能够为WTO成员提供一个发现新的、需要规制的、与贸易有关的反垄断政策法律问题的机构，[①]探讨与贸易有重大影响的反垄断政策法律问题，以推动WTO成员之间在相关问题上的统一和协调。

---

① Communication from the European Community and is Member States：WT/WGTCP/W/229，14 May 2003，Communication from the European Community and its Member States，Dispute Settlement and Peer Review；Options fro a WTO Agreement on Competition Policy. WT/WGTCP/W 222. 19 November 2002. at Para. 1.

3. 能力援助

欧共体的 WTO 反垄断政策法律框架提议中还非常强调对发展中国家提供在反垄断政策法律及其实施领域的能力建设援助，具体包括：

(1) 加强对发展中国家反垄断立法方面的技术援助；

(2) 加强对发展中国家反垄断执行机构的执法援助。

欧共体的提议(包括多哈宣言)更多地强调在反垄断法领域的技术帮助和能力建设。这是对发展中国家特别关心的关键性问题所做出的积极反应。这表明国际社会必须要形成这样一个基本的共识：简单地要求发展中国家(还没有建立反垄断体制的国家)采纳相关的反垄断法律而没有长期的制度建设的支持，是不可能产生满意的或者是适当的结果。另外，欧共体的提议也希望这种能力建设不是由 WTO 本身来实施。相反，它主要应通过 WTO 成员之间的合作和其他相关国际组织的合作作为基础来完成，但 WTO 可以发挥“催化剂”的作用。①

自 WTO 国际反垄断政策法律框架建议的提出，至今已经走过了十多年的历程。其中有令人鼓舞的“宣言”，也有令人失望的结果。自坎昆会议失败后，欧共体 WTO 反垄断政策法律框架建议是否还能继续获得成功，确实不能做出任何肯定性的判断。如果说坎昆会议的失败是 WTO 反垄断政策法律的失败，那么也只能说是对欧共体的反垄断政策法律框架建议的失败，而不能说是 WTO 反垄断政策法律本身的失败。所以，国际社会仍然在不断地探索反垄断法的国际化途径，特别是包括在 WTO 下的反垄断法国际化途径。与其他国际组织相比，WTO 这一国际组织具有自身非常明显的优势，如成员的广泛性、对促进国际自由贸易的成功经验、WTO 基本原则的可接受性、对贸易争端的处理的经验、对各成员政府或管理当局的约束力等。所有这些优势，对国际反垄断法的实施也是具有关键性的作用的。

第二节 国际竞争网(ICN)

一、国际竞争网的产生背景

自 2003 年坎昆部长会议破裂后，欧共体所提出的 WTO 反垄断政策法律多

① Harry First, Evolving Toward What? The Development of International Antitrust. 转引自：Tzong-Leh Hwang & Chiyuan Chen ed. The Future Development of Competition Framework, Kluwer Law International 2004, p. 24。

边框架协议的前景变得十分暗淡。[①]而早在1997年，作为WTO反垄断规则主要反对者的美国，则选择了一条走向跨国竞争的新的国际化途径——国际反垄断政策法律顾问委员会（简称ICPAC)。ICPAC是由美国司法部牵头于1997年11月设立，由其国内的一些反垄断方面的专家学者，反垄断方面的实务工作者和一些行业的代表所组成的。[②]其设立的目的是为了探索如何最有效地处理日益增长的经济全球化而产生的对国际反垄断规则实施的冲击。他们在2000年2月发布的最终报告中，[③]对被认为具有象征意义的多边的有约束力的WTO反垄断政策法律的国际化的解决方案，明确予以拒绝。[④]他们声称美国将探索产生一个新的领域——“全球竞争动议（简称GCI)”，在这个新领域，各国政府官员、私人企业和非政府组织都可以参与讨论反垄断问题，从而实现反垄断政策法律方面的最大程度的趋同性，包括对反垄断法的解释、共同的理解和共同的文化。根据ICPAC的最终报告，我们可以看出，美国政府在国际反垄断政策法律方面的立场有了一些明显的变化，主要表现在对原来一概否定的关于多边解决国际反垄断方案的固执态度，有了一些转变。[⑤]显然，美国也认识到其一直提倡的单边主义（即反垄断法的域外效力）这一工具的运用有其明显的不足之处。

ICPAC建议形成的“全球竞争动议”，即形成一个反垄断领域的自愿的多边主义的国际化的新类型。它在国际反垄断政策法律领域形成一种不同于WTO的全球反垄断政策法律论坛，用以解决国际反垄断领域的问题。ICPAC建议形成的全球竞争动议有两个主要的动机：一是在过去几年中所出现的合并控制体制的多样化，以及日益加强的世界经济一体化和跨国合并数量的大幅度提高，使得合并的成本不断提高，商业企业的负担日益加重。[⑥]另一方面，各国的反垄断执行机构如何在跨国交易活动中有效地实施反垄断法也面临着一些严重的问题。在面临着经营者的跨国交易活动受到多国管辖的情形日益发展的趋势，各国的国内法已经明确地证明不能够有效地规制这种趋势。另外，对同一的交易

① Josef Drexl, International Competition Policy after Cancun: Placing a Singapore Issue on the WTO Development Agenda. World Competition 27(3):419—420, 2004.

② 包括两个反垄断方面的专家，一名退休的劳动经济学专家，一名商业管理学教授，五名律师和其他法律工作者，三名行业代表，一名Markle基金的代表，但没有经济学专家参加。

③ 这个委员会在2000年被正式解散。

④ ICPAC的这种态度是与美国历来对具有约束性的多边协议，以及依此而建立的跨国机构、国际性组织能否胜任国际反垄断政策法律任务的怀疑态度相一致的。

⑤ 美国一直坚持反垄断政策法律的域外效力。但自1976年后，陆续地与8个国家或地区签订了双边的反垄断合作协议。这说明了其对双边反垄断合作的重视。

⑥ 据估计，合并的成本约占合并交易总额的0.2%。

行为由几个国家的反垄断执行机构同时行使管辖权，不可避免地会引起控制方面的重叠和决定方面的冲突。而大西洋对岸，基于上述所描述的同样理由，欧共体委员会一直在努力促进进一步加强反垄断领域的国际合作的工作，以便于确保反垄断执行机构之间不但在国际卡特尔方面，还包括在其他领域国际交易，在受到多国管辖时能够得到更好的协调。由此，在2000年9月布鲁塞尔的竞争大会上，前美国司法部长助理Joel Klein和欧共体竞争委员会委员Mario Monti都表示支持在国际反垄断领域加强合作的全球动议。①

这一建议最终被美国当局所采纳，其直接的结果是2001年10月25日在美国纽约成立的“国际竞争网”（简称ICN）。ICN设立的基本目标是建立一个全球性的、反垄断机构的网络，促进全球反垄断政策法律的趋同性。与其他积极推动反垄断法国际化努力的国际组织，如WTO、OECD、UNCTAD等相比，ICN最显著的特点是只集中于反垄断主题这一较窄的领域范围内。只要是对国际反垄断问题感兴趣的，无论是政府机构，国际性组织，还是以私人身份，都可以进入这个网络。参加者相互之间都可以就国际反垄断问题发表自己的意见。ICN的近期工作主要是促进反垄断程序方面的国际性，从其长远目标来看，也包括反垄断实体法方面的国际性。ICN是通过推荐“最佳行为”和提供非约束性的“指南”作为实施其目标的着眼点。到2006年7月，已经有来自84个国家和地区的反垄断机构参加到ICN中了。②尽管欧共体仍然坚持它们的偏好——WTO下的反垄断政策法律的国际化方案，但是它们并不反对由美国发起ICN，并且也参加了ICN。③

二、ICN的运行机制及其原理

ICN是一个虚拟的组织，因为ICN没有设立类似其他一般国际组织这样的组织机构，而是由一个“指导小组（Steering Group）”来负责ICN的运行。④这个

---

① J. Klein, Time for a Global Competition Initiative; M. Monti, the Main Challenge for a New Decade of EC Merger Control. EC Merger Control, 10th Anniversary Conference, Brussels, 14—15 September 2000.

② 其中大洋洲2个国家；南美洲8个国家；北美洲7个国家；非洲6个国家；欧洲43个国家；亚洲18个国家和地区。

③ Davison, L. & Johnson, D. The EU's Evolving stance on the International Dimension of Competition Policy: A Critical Commentary, Intereconomics, 37, 2002, pp. 244—252.

④ Tesauro, G., International Competition Internet, First Annual Conference, Naples, 28 Sept. 2002, World Competition, 26(2) pp. 277—281, 2003.

指导小组兼有秘书机构的功能，指导小组的成员每两年一轮回。最初（临时）的指导小组是由澳大利亚、加拿大、欧盟、法国、德国、爱尔兰、意大利、日本、韩国、墨西哥、南非、英国、美国和赞比亚所组成。加拿大反垄断局的 K. Von Fincken-stein 局长作为指导小组的临时主席。指导小组确定工作项目，以及对每个经 ICN 同意的项目设计具体的工作进程计划。指导小组也向为完成项目工作而形成的工作小组推荐领导人和其他工作人员。最后，指导小组还起草大会或者其他会议的议程。根据 ICN 的结构设计，指导小组并不是决策机构。ICN 的决策主体是每年的年会。①

ICN 关于反垄断政策法律方面的提议完全是非约束性，即是否采用这些政策完全是由各国自愿的。ICN 的运行机制是以项目为导向，以全体一致为基础，集中于国际反垄断领域的问题，在指导小组的指导下开展工作。其中在合并控制方面的合作成为 ICN 工作中的重点项目。

ICN 采取了一种新型的运行机制，这种运行机制的最大的特点是能够大大地降低运行成本和减少官僚主义。②但是，它的支持者认为“是否有效地实施这些反垄断政策法律，最终取决于我们所产生的政策成果是否具有可采用性，还有就是成员国之间的相互促进（来自同行的压力）和其他非政府组织的推动和支持的程度”。③当然，ICN 的工作成效还有待于实践检验。但是，其与众不同的运行机制，至少为其成功做了制度上的保证。因此，有必要对这种耳目一新的 ICN 运行机制作一简单的了解。我们可以将 ICN 的实施机制的基本原理描述为：认识的趋同性和最佳行为与同行压力。④

（1）认识的趋同性。这是指成员之间经过持久的相互作用而形成的对反垄断政策法律问题的共识。ICN 各成员及各国反垄断执行机构之间通过对一些观

---

① Mario Todino, International Competition Network—the State of Play after Naples, World Competition 26(2):283—302, 2003, p. 285, n. 8.

② Mario Todino, International Competition Network—the State of Play after Naples, World Competition 26(2):283—302, 2003, p. 301.

③ Todino, M., International Competition Internet, the State of Play after Naples. World Competition 26(2), pp. 283—302, 2003.

④ ICN members address common antitrust enforcement and policy issues by formulating proposals for procedural and policy convergence, encouraging the dissemination of antitrust experience and best practices, and facilitating international cooperation on competition issues among developed and developing countries. The ICN can be broadly characterized as an advocacy forum; it is a transparent body that cultivates open discussions and a sharing of experiences through a project-oriented, consensus-based operational platform. 摘自 International Financial Law Review; 2003 Competition and Antitrust, pp. 5—8, 4p, http://search.epnet.com/login.aspx? direct=true&db=buh&an=13222968&scope=site。

点、数据、事实等方面的交换和理解，逐渐地对相应的反垄断政策法律形成一致的认识。这意味着这种长期的交流，使各国反垄断机构之间对于跨国反垄断案件的评价更为客观和认同。有些反垄断法领域的实务工作者认为，很大一部分国际反垄断案件的冲突，并不是由于相关国家之间所存在的反垄断实体法层面上的分歧而产生的，而恰恰是由于人们对于一些行为是否具有反垄断性，存在着不同的理解和选择不同的理论指导，以及对案件事实的不同评价，有时候仅仅是由于所能搜集到的事实本身的不同而产生的。①

(2) 最佳行为与同行压力。同样，最佳行为的形成和推广将会对成员国反垄断执行机构形成一种必须实施这种最佳行为的压力(来自于其他国家反垄断执行机构这些"同行"之间的压力)，从而不得不也采取这些"最佳行为"。当反垄断政策法律在程序方面的趋同性逐渐增强，其必然的结果即是反垄断政策法律实体方面的趋同性也将逐渐形成。如果某一成员国反垄断机构拒绝采取这种广泛认可的最佳行为，那么它将要承担受到来自整个网络成员的无形的压力和来自于国内公众的压力。

三、ICN 的工作机构

ICN 的具体工作是以项目的形式展开的。根据不同的项目内容形成不同的工作机构。为了有效地开展工作，目前 ICN 已经建立了四个实体方面的工作部门和三个负责行政方面的工作部门。实体方面的工作部门是：跨国合并审查部；反垄断政策法律实施部；监管行业的反垄断实施部；卡特尔部。三个行政部门是：成员部；资金部(即对那些因财政负担上的困难而不能参加网络的成员机构提供的财政上的支持)；日常运行部。②

1. 跨国合并审查部

由于跨国合并控制是一个最容易发生冲突的国际性反垄断问题，因此，在 ICN 当中，跨国合并审查部也是目前最为重要和建制最为完整的一个工作部门。加强对跨国合并的过程控制，是实现跨国合并的有效性、减少合并过程所产生的

---

① Oliver Budzinski, the International Competition Network: Prospects and Limits on the Road Towards International Competition Governance. Competition & Change, Vol. 8, No. 3, September 2004, p. 228.

② The International Competition Network: Achievements so far. International Financial Law Review; 2003 Competition and Antitrust, pp. 5—8, 4p,可以从下面网址获取:http://search.epnet.com/login.aspx?direct=true&db=buh&an=13222968&scope=site。

各种交易成本的重要手段。无论是对拟合并的公司,还是对参与合并过程的各国反垄断执行机构来说,避免或减少合并过程中的各类冲突都是非常重要的目标。跨国合并审查部内部设有三个小组:

(1) 合并公告和程序审查小组。这个小组设立的目的是为了寻求各国合并控制体制下的程序规则上的趋同性。

(2) 分析审查小组。这个小组的主要工作是收集和编辑涉及禁止反竞争合并的实体标准化方面的信息。它的主要目标之一是为了向各成员国提供一个合并控制方面的模式指南(最佳行为)。

(3) 调查技术小组。这个小组正在努力为成员国提供一个针对合并调查的最佳行为手册。其基本内容包括:一是搜集可靠信息的方法;二是有效地设计合并调查;三是对相关的经济证据进行评估;四是如何协调机构之间的信息共享以及对商业秘密数据的保护等方面的技术性措施。

2. 反垄断政策法律实施部

这个部主要帮助各国反垄断机构(实施反垄断法)的能力建设、帮助处理与消费者的关系以及其他推动竞争方面的工作。下面设有三个小组:

(1) 技术和能力帮助小组。该小组负责帮助反垄断法在发展中国家的有效实施。它为发展中国家提供反垄断法方面的咨询性意见和帮助建立有效的反垄断政策法律体制和行之有效的反垄断法执行机构。

(2) 消费者协调小组。该小组是为了加强反垄断机构与消费者之间的沟通而常设的机构。

(3) 竞争推动小组。该小组的目的是强化各国反垄断机构的地位,促进发展中国家和发达国家的竞争,为商业社会和现代文明社会带来竞争的氛围。最终的目的是为了向 ICN 成员提供的推荐最佳行为。

3. 管制行业反垄断实施部

这个部主要是针对一些特殊情况下的反垄断问题,即反垄断机构如何有效处理管制行业的限制性竞争行为。为了有效地发挥其功能,这个部分为以下三个小组:

(1) 限制和约束小组。即当对管制行业进行干涉时,反垄断机构所面临的问题的处理。

(2) 综合性的审查小组。即行使对管制行业反垄断法实施经验的评价审查工作。

(3) 反垄断机构与行业管制机构协调小组。主要是就这两个部门之间涉及的一些交叉性问题，如人员配备、机构设置、部门功能制度模式设计等进行特定化而开展相应的一些工作。

4. 卡特尔工作部

建立于2004年5月，它主要针对核心卡特尔问题。卡特尔工作部在一定情况下可以成为提起卡特尔诉讼的专门小组，或者是成为反核心卡特尔提供实施技术的专门小组，包括发起对某一卡特尔是否给予恩惠的程序。卡特尔工作部下面设有以下两个小组：

(1) 第一小组。总体目标是处理在与国际卡特尔的战争中大家承诺共享的法律和概念性的挑战。核心是研究对制度框架有影响的一些基础性因素，诸如侦查、调查和处罚核心卡特尔方面的。

(2) 第二个小组。为技术实施小组，其目标是促进反卡特尔实施的效率，通过确定和分享特别的调查技术和先进的教育和通过国际卡特尔研究的日程来分享信息。

四、对ICN目前情况的评价

各个成员参加ICN的动机并不相同。尽管从表面上看，它们的目的似乎是相同的，其实它们之间仍然存在着很大的差异。

(1) 在ICN背后存在着不同的政治动机。美国所关心的是由于全球多样化的合并控制体制，以及国内法律不能满足对日益增长的全球交易活动，而使合并控制领域的国家主权“缩水”。[①]特别是各个反垄断执行机构之间决定的冲突，最坏的情况是导致几个反垄断执行机构同时对同一个全球性的交易行为都做出决定，更为严重的情况是某一个反垄断执行机构的决定被另一个反垄断执行机构完全地推翻。这种关心主要体现在发达国家，尽管它们的程度和侧重点有所不同。

(2) 商业社会的动机，即ICN的形成受到了实践部门的支持。这主要是由于商业社会在涉及跨国交易活动中所引起的成本和提供商业文件负担的不断增加，另外，对同一个交易行为由于不同的反垄断体制而导致的各个反垄断执行机构对同一交易的评价不同从而导致的法律的不确定性。然而，私人企业在ICN

---

① 当处理跨国交易或者是限制性竞争行为时，由反垄断执行机构所实施的单边主义，已经证明在很多情况下是无效率的，因为它们没有相应的资源和能力来调查这类案件。另外，它们也没有能力在其他国家主权领域内来实施已经做出的决定。

的角色主要是在发起阶段。发起以后的主要工作只是由某些国家来决定了。因此，ICN 的重心就向制度上的成分转移。ICN 也就据此成为一个公共网络机构，同时，私人企业和其他组成者的作用主要被限于咨询的角色。

(3) 还有一些国家，主要是欧共体及其成员国，与上述描述的动机是相矛盾的，而且与许多发达国家日益增强的公共选择的趋势有某种联系的，全球化的影响的不正当方面相关的。特别是社会生活的很大方面，似乎不能够有效地控制。在这种背景下，在国际反垄断领域的综合性的、主动的合作显现出是朝着更加合理的世界治理的某种明智的努力方向。

ICN 的优势之一是通过程序上的趋同性，从而可以提高处理国际反垄断案件的效率，特别是可以提高合并控制方面的效率。虽然 ICN 就国际反垄断的实体法方面还缺乏趋同性努力，但是在程序方面，如对合并的公告，合并申请表格的填写，合并的时间表等的趋同性，以及加强对信息的共享和交换，对案件事实的调查等方面的合作，都将有利于提高合并控制的效率。通过程序上趋同性的不断努力，还可以产生其他方面的利益，如减少国际反垄断相关国家的平行调查事务，从而减轻了反垄断当局的管理成本；由于程序上的趋同性而使多个主权国家减少对合并公司的平行合并审查程序，从而相应地减少了各国的行政负担。

在目前各国的合并控制体制下，不同国家对跨国合并的控制程序存在着明显的差异，因此，合并控制的成本是非常高的。同样，我们也可以看到由于各国不同的合并控制体制所形成的程序上的不同，反垄断机构的行政管理负担方面也存在着明显的问题。这对于整体的促进保护竞争并没有什么益处。另外，对参与国际市场活动的企业来说，各国合并控制程序上的多样性也自然会产生更多的企业管理成本(包括法律的不确定性和关于总体的审查程序上的时间表的不确定性而产生的成本)，而且这类成本可能会比因实体法上的不同所导致的成本更高。所以，我们在讨论反垄断法律国际化过程中，不能轻视程序趋同性的意义。

程序趋同性的努力正是目前 ICN 的主要工作目标之一。特别是 ICN 的合并控制工作小组正在努力实现合并控制程序上的趋同性。这些程序上的趋同性，通过国际反垄断实践中的实施已经取得了一些经验，并日益得到推广度。这一点可以从参加 ICN 的机构的不断增长中可以得到证明，同时也明显地表明了 ICN 方法无论是从政治还是从经济上都具有可接受。直到现在，我们还没有发现一个抵制或者反对 ICN 的案例。当然，这可能归因于 ICN 到现在为止所提出的建议都是一般性，也可能是因为还没有一个更好的解决方案被提出来，从而能够取代 ICN 所提议的目前的这种解决方案。

但是，我们必须注意到 ICN 在各国提高反垄断政策法律实施的效率方面也会遇到一些阻力，即由于网络成员之间力量的不对称，完全有可能导致 ICN 偏好于强权的国家(如美国或者是欧共体)提议，而其他(如发展中国家或小国家)国家的提议可能被歧视。如果还有其他非竞争利益因素渗透到 ICN 中，那么，就更有可能导致美国或者是欧共体成为一个在国际反垄断领域的霸权地位。尽管 ICN 的反垄断措施是非强制约束力，允许力量较小的国家拒绝这种带有歧视性质的提案，但是由于产生非正式的相互依赖性，对这些弱小国家，如果放弃了网络也就意味着完全失去了自己的地位，所以从某种程度上不得不以“强国”的马首是瞻。我们也有理由提出这样的怀疑：ICN 是由美国提议发动的结果，这就不能排除美国将通过 ICN 而实现自己的反垄断霸权地位(即通过 ICN“出口”其反垄断政策法律)。欧共体和其他在国际反垄断领域已经确立一定地位的国家似乎形成了一个共识：美国之所以提议 ICN，其最核心的动机之一是放弃“单边解决方案”，而转向多边的、自愿的国际反垄断合作理念。当然有人认为，美国还存在着其他动机，即 ICN 的自愿多边合作途径可能导致美国所欣赏的国际反垄断的解决方案具有更加突出的地位，甚至比有约束力的在 WTO 框架下的多边主义解决方案的影响还要大。①但是，从网络理论角度考虑，一旦网络发挥了作用，这种出自网络本身内在动力的作用，是任何一个成员都无法有效控制的，不论这个成员在网络中的地位是如何的重要或不重要。因此，就上述对美国的各种动机的判断可能是由于对网络功能的错误认识而产生的。

第三节　经济合作与发展组织的反垄断法国际化努力

一、经济合作与发展组织基本介绍

经济合作与发展组织(OECD)成立于 1960 年，由 30 个国家组成，包括大部

---

① Wood, D. P., Cooperation and Convergence in International Antitrust: Why the light is Still Yellow, in R. Epstein & M. S. Greve(Eds) Competition Laws in Conflict: Antitrust Jurisdiction in the Global Economy, pp. 177—182, Washington DC: The AEI Press, 2004.

分欧洲国家，以及美国、加拿大、澳大利亚、新西兰、日本、土耳其、墨西哥和韩国。它有几个机构同时从事于反垄断政策法律方面的工作。其中有两个机构尤其重要。一是竞争政策法律委员会（简称 CLP）；另一个是贸易和竞争联合小组（简称 JGTC）。

CLP 是由 30 个成员国的反垄断执行机构的代表所组成的。其主要目的是促进各国反垄断执行机构之间的共同理解和合作。其工作方式是通过各国反垄断执行机构官员的会议形式。这种会议在促进各国反垄断法的趋同性方面起着十分关键的角色。另外，CLP 通过发行定期报告和组织讨论会的形式，为 OECD 成员国提供了一个对各国反垄断政策法律原则相互理解的机会。CLP 以定期会议为基础，在某些反垄断领域进行专门研究，形成相关领域的反垄断研究报告，向成员国推荐。各成员国对 CLP 的推荐意见，完全可以根据自愿原则，决定是否采纳。尽管如此，由于这些推荐意见具有很大的实用价值，所以为各国自愿采纳的意见越来越多。不但包括在各国的国内立法层面，还包括在反垄断双边合作协议的具体内容方面，也吸收了大量的推荐意见内容。

JGTC 所追求的目的与 CLP 并不相同。它主要集中于加强成员国之间关于反垄断政策与贸易政策之间的相互交叉问题的相互理解。在这方面，它已经发布了几个报告。主要的内容是关于这两个政策之间的相互关系，以及各国国内反垄断法关于豁免的法律和规则。JGTC 也已经为反垄断执行机构的官员和贸易政策的决策者，就促进对贸易和反垄断方面双方都感兴趣的一些领域，实现共同的相互理解进行交流组织了一些会议。

二、经济合作与发展组织的反垄断努力

经济合作与发展组织在国际反垄断合作方面一直起着非常重要的领导角色。它不但已经成为涉及各国反垄断体制的一个重要的咨询性机构，而且对许多国家在它们的国内法律体制中引进或者准备引进反垄断政策，提供了技术帮助的重要资源。特别是对这些国家的法官和反垄断执行机构的官员在形成反垄断案件的决策机制和具体案件的处理实践活动中，提供了非常大的帮助。

自 20 世纪 60 年代，经济合作与发展组织的理事会已经发行了特别推荐给成员国，为它们之间在进行国际贸易有影响的反垄断行为合作的建议意见。如 1967 年，经济合作和发展组织就提出了“成员国间就影响国际贸易的限制性商业行为进行合作的推荐意见”，这在很大程度上推进了西方国家间在反垄断领域的合作。在这个推荐意见的基础上，美国在 1977 年、1982 年和 1984 年分别与

联邦德国、澳大利亚和加拿大订立了关于限制性商业行为的双边合作协定。[①]还有1986年理事会的"关于成员国之间就贸易政策和竞争政策之间的潜在冲突领域的合作"的推荐意见，这个推荐意见提倡各国不应通过滥用不公平贸易法扭曲竞争，当采取这些不公平贸易措施时，应考虑对竞争和贸易伙伴之间的出口和进口的限制性影响。另外，1995年的"各国反垄断执行机构之间的国际合作"的推荐意见和1998年的"关于有效实施反对核心卡特尔"的推荐意见，[②]对促进反垄断领域的国际合作都起了非常重要的影响。

经济合作与发展组织于1995年发布的《各国反垄断执行机构之间的国际合作推荐意见》是反垄断国际合作领域的最基本的推荐意见。这一推荐意见既是因为其专门集中于反垄断领域，又是因为其所产生的影响非常大，特别是对一些反垄断国际合作中面临的迫切需要解决的问题，提出了非常有实践意义的建议意见。

三、经济合作与发展组织反垄断具体内容

1. 1995年的推荐意见

推荐意见的第一部分包括：

(1) 成员国在根据它们本国的反垄断法进行调查和其他程序过程中，可能影响其他成员国的重大的利益，应该并尽可能早地通知后者。通知国将考虑被通知国的意见，即被通知国希望获知的情况以及对这些情况的一些补救措施。在根据其本国法来处理这些限制性竞争行为时，考虑其他国家的同样的更为灵活的处理措施；同时保留全部的最后决定的自由权。

(2) 有两个或者更多的成员国在实施处理同一个国际贸易中的限制性竞争

---

① 受该推荐意见的影响，1991年9月，美国与欧洲共同体订立的反垄断政策法律合作协定则是这方面迄今最引人注目的双边合作协议。它除了类似其他的合作协议将相互通告信息和协商作为合作和避免冲突的重要措施外，还在以下方面进行超过一般意义上的合作建议：(1)对双方都有管辖权的案件，必要情况下可联合审理；(2)一方可要求另一方制裁损害了本国出口商同时也违反对方反垄断法和损害对方国家消费者利益的限制竞争行为；(3)一方在适用法律时，采取的手段和措施须考虑另一国的利益。这些合作建议都是具有建设性的。有些已经成为反垄断法领域国际合作的新的原则，如积极的国际礼让原则。在另一方面，由于国际经济关系发展的需要，一些国家也逐步改变了过去对其他国家反垄断法域外适用一味抵制的态度，制定了这方面相互援助的法规，从法律上提供在一定情况下与其他国家进行合作的可能性。例如，澳大利亚在1992年颁布了商业管制相互援助法。根据这个法规，澳大利亚当局可以为刑事诉讼的目的向外国当局提供信息或者与外国当局交换情报，在决定是否与外国当局合作时，需要考虑的主要因素是国家的利益、国际礼让和所提供信息的使用目的。

② 参见 http://www.oecd.org。

行为时,它们应努力进行协调。

(3) 成员国在发展中的合作和运用互惠互利的措施处理在国际贸易中的限制性竞争行为时,应通过磋商或者其他途径。这些途径包括互相之间提供这些相关的信息。

推荐意见的第二部分,提出在进行磋商时应深入合理地考虑其他成员国的意见,找出相互可以接受的处理这种限制性竞争行为的解决方案。在这方面,许多成员国"同意,位于它们国内的企业实施限制性竞争行为损害其他国家利益,应努力确保这些企业采取补救措施,或者它本身采取一些他自己认为适当的补救措施……"如果不能达成满意的结果,如果相关的成员国同意的话,也可考虑从 CLP 获得一些安抚性的建议意见。在这个推荐意见的附录中还包括了通知、信息交换、合作、磋商和安抚等的指导性原则。

2.《关于有效实施反对核心卡特尔的推荐意见》

经济合作与发展组织 1998 年发布的推荐意见指出核心卡特尔是"最异乎寻常地危害竞争法",特别是许多国家通过提高价格和限制供应而损害消费者的利益。将核心卡特尔分类为固定价格、操纵招标、限制产量和分割市场。迫切要求各成员国的国内反垄断法能够对这种卡特尔行为进行有效的制裁和威慑。它也向成员国推荐其他途径,使它们能够在防止和反对这类卡特尔的行动中可以促进更好的合作,"通过积极礼让原则的应用,对这种给两个国家都有损害的限制性竞争行为请求另一国采取补救措施。当对另一国家的重大利益有影响时,应协调他们的行动,并考虑礼让原则。"

经济合作与发展组织在促进成员国之间在反垄断法领域的软和谐方面起着特别重要的作用。

由于经济合作与发展组织主要是由发达国家所组成的,所以人们有理由预期经济合作与发展组织在推动反垄断法国际化方面,特别是在反垄断法律领域的实体趋同性方面起着非常重要的作用。当然,我们也要意识到经济合作与发展组织在这方面的作用依然受到某些制度上的限制,从而约束了它在发展反垄断法国际化方面的所能发挥的作用。而且,许多非成员国认为这个组织是一个发达国家的组织,是专门针对发达国家的。同时,由于受到经济合作与发展组织在多边投资协议谈判失败的影响,国际社会对经济合作与发展组织能否真正地成为一个实现反垄断法的国际化的渠道,以及是否能最终引发反垄断法国际谈判和最终达成协议国际反垄断协议的能力产生了怀疑。尽管有这些不利于影响的限制,我们仍然认为经济合作与发展组织在反垄断法和贸易政策方面有非常丰富的经验，这些经验对反垄断法的国际化仍然是非常有价值的。

第四节　反垄断法的双边合作

一、反垄断双边合作概述

反垄断法上的域外管辖权的行使突破了传统的公权力行使上的国界限制。但是，当本国利益受到域外限制性竞争行为的影响时，单方面行使反垄断法的管辖权常常是无能为力的。尽管在目前情况下，反垄断法的域外效力作为"次好"的途径运用于国际反垄断领域，但是，这种途径的运用也同时面临着巨大的困难。反垄断执行机构在实施域外管辖权时既不能有效地收集到充分而有力的证据，也无法直接对行为者采取有效的限制性措施，从而无法完全达到反垄断的预期目标。而且，行使反垄断法的域外管辖权还会引起其他相关的消极影响。因此，通过相关各国政府之间或者各国的反垄断执行机构之间的协调与合作成为减少国际反垄断管辖权冲突和有效地遏制国际市场上的限制性竞争行为的必然选择。

在国际反垄断领域，反垄断双边合作协议逐渐成为一种广为接受的现象。之所以被越来越多的国家所接受，是由于在缺乏国际反垄断统一规则的情况下，反垄断双边合作协议已经成为避免国际反垄断法实施冲突的最主要的有效工具之一。促使各国之间的双边反垄断协议的形成，除了减少国际冲突，还在于通过这些合作，能够有效地提高本国的反垄断实施水平。对一些国家来说，如美国，其更热衷于双边反垄断协议的谈判，而不是非常积极地参与多边反垄断协议的谈判。①美国坚持双边反垄断协议的主要理由是双边反垄断协议反映了签字国之间的特殊利益关系，比一个多边反垄断协议更能够有助于实现合作。

二、反垄断双边合作的价值

反垄断双边合作在反垄断法的国际化进程中变得越来越引人注目。不但对于正在形成和发展国内反垄断体制的国家，就是那些长期坚持反垄断法域外效

---

① 参见徐士英：《中国入世与竞争政策的国际协调》，载于漆多俊主编：《经济法论丛》，中国方正出版社，2004 年版。

力的国家也日益重视并积极推动和寻求与其他国家订立双边反垄断协议。“在以前，这类协议是被那些已经建立了国内反垄断体制的国家所排斥。”我们知道，在尚未建立多边国际反垄断规则的情况下，各国反垄断法规则在国际反垄断活动中的应用，往往会对同一个国际性的限制性竞争行为引起两个或多个反垄断执行机构共同实施调查和寻求救济的现象。在这种“同共”实施中难免会发生冲突和资源上的浪费。为了避免反垄断法实施中的冲突和提高反垄断法实施的效率，许多政府之间或者他们的反垄断执行机构之间已经签订了双边的反垄断合作协议。这些协议已经成为避免国际反垄断冲突的主要工具。①从理论分析来看，建立多边反垄断国际合作协议更具有合理性，能够使国际反垄断实施更有效果和效率。从实践努力来看，即使如经济合作与发展组织提供了为多边反垄断国际合作的推荐意见，即《成员国之间就影响国际贸易的限制性竞争行为进行合作的推荐意见》。但是，我们仍然能够看到经济合作与发展组织的成员国之间以及成员国与非成员国之间，已经达成了可观的反垄断双边协议，而且进一步的双边反垄断协议谈判正在进行。

经济合作与发展组织的多边国际反垄断合作推荐意见固然具有相当的吸引力，但是在目前形势下，反垄断双边合作协议仍然存在着非常清晰的优势。反垄断双边合作协议的一些基本原理和原则，直接来自于多边反垄断合作的思想，如经济合作与发展组织的推荐意见中提供了很多反垄断国际合作的基本原则。但是，这些原理和原则的落实带有表面性，缺乏针对性。而双边反垄断合作却能够根据谈判双方的特殊利益需要，以及他们之间存在的特殊关系，对这些原理和原则进行合理地取舍限定，从而实现最佳的合作水平。从这一点讲，多边反垄断国际合作协议是不可能考虑到每个谈判参与国的利益的，即使考虑了也不可能达到公平的结果，更何况要达成一个谈判的结果所需要的期间将是相当漫长的。虽然，反垄断双边合作协议也不可能达到绝对的公平。但是，至少从理论上讲，双边协议将给特定的国家之间避免反垄断法实施方面的冲突提供了最佳的选择机会。与多边协议相比，多边协议则是所有签字国所寻求的共同的利益要求而进行调和、妥协的结果，而不是建立在最佳选择基础上的结果。

反垄断双边合作协议具有非常大的优势：

(1) 与多边协议相比，双边协议更容易达成；

(2) 一个双边协议能够处理一些对双方来讲都是非常重要的、具体的问题；

---

① 这一点，我们将通过对各国的反垄断双边合作协议的具体内容的讨论中进行证明。

(3) 多种形式的双边协议将会产生一个协议网络，并能够为积累和推广在反垄断法律事务方面的更深入的国际合作积累经验铺平道路；

(4) 也有利于在各国的反垄断执行机构的官员之间产生合作精神。

因此，尽管不能完全否认双边合作协议有其内在的局限性，但是，它在促进反垄断法的国际化方面，仍然被视为是在反垄断法国际化合作中的一个重要渠道。

三、反垄断双边合作协议的形式

我们可以从协议双方主体的角度，将目前国际上所存在的反垄断双边合作协议非常清楚地分为两类。一类是指一国政府与另一国政府之间进行合作谈判并为本国政府所接受的反垄断双边合作协议，我们简单地称之为国家间反垄断协议；另一类是一国反垄断执行机构与另一国反垄断执行机构之间所达成的协议，即反垄断执行机构之间的协议，我们简单地称之为机构间反垄断协议。有人认为机构间的反垄断合作协议不应该包括在双边反垄断合作中，因为它们不具有正式的属性，而只是一种合同的形式，所以不一定具有授权性质的约束力。当然，机构之间的反垄断协议的效力，我们并不能简单地通过不同的术语将他们与政府间反垄断协议区别开来，而是要根据各国机构所得到的授权及其协议的内容才能成为判断的依据。但是，有一点却是客观存在的，即各国反垄断执行机构之间的协议往往是国家之间的正式反垄断双边合作协议的信号。

一般来说，国家之间的双边反垄断合作往往比较精练，在篇幅上不是很长，在内容上相对比较原则，而不可能非常详细具体。而反垄断执行机构之间的协议则会比较详细，往往会涉及具体的合作措施和实施内容。但是，由于我们设定的讨论范围主要是反垄断双边合作协议的原则性规定，而不是侧重于一些实施细节上的研究。再说机构之间的协议往往带有合同的性质，与一般意义上的国际协议并不完全相同。因此，我们将以目前正在实施的国家之间的反垄断双边合作协议作为主要的讨论对象，而对反垄断执行机构之间的协议只作简单的介绍。

目前所存在的国家间反垄断协议，非常显著地表明，它们是各个相关国家之间单独谈判的结果，而不是对别人的协议的简单移植。我们可能通过各个国家间反垄断协议的签订时间证明这一点。当然，之所以要强调协议的独立性，则是为了更好地证明协议内容的关联度。之所以要证明协议内容的关联度，则是为了说明双边协议内容的趋同性，以及实现趋同性的程度。如果各国的反垄断双边合作协议在形式上和内容上已经达到了较高水平的趋同性，甚而成为一种基本的模式，那么，无论是对未来国家间提高反垄断合作谈判的效率，还是最终实现多边的国际反垄断合作模式，都是非常有益的。

四、反垄断双边协议的主要内容

各国的双边反垄断协议既确定了相互之间已经实现了趋同性的范围，又确实能够反映协议国之间的特殊的双边关系。我们通过对 1991 年以来的 10 个国家间反垄断协议，可以看出其在篇幅上一般都是在 11—13 条之间，其中的第一条都是由目的和定义所构成，最后一条都是关于所签订协议的效力和终止期限的规定。对其余各条的规定，虽然在排序上不完全一致，但其所规定的主要目的却是相同或者相似的，有些仅仅是在文字表达上的有些差异，而实质内容上是完全相同的。下面我们进行具体讨论。

（1）关于通知。国家间反垄断协议的第 2 条都规定了关于“通知”的基本原则。即双方应对各自所采取的、可能对另一方的重要利益产生影响的行动时，应相互通知对方。

（2）关于合作和协调行动的规定。双方承诺在他们实施反垄断行动时，并在符合双方的法律和重要利益的情况下，反垄断执行机构之间相互提供帮助的“合作原则”和在实施与具体案件有关的反垄断行动中的“协调原则”。

（3）关于积极礼让。[①]根据协议，任何一方当其实施行动的时候都应通知另一方，并与另一方就协议中所确定的事项进行磋商。如果一国的重要利益受到发生于另一国境内的限制性竞争行为所影响，则受影响的一方（请求方）可以通知并要求另一方（被请求方）的反垄断执行机构发起适当的反垄断实施行动；该通知必须尽可能详细准确地将有关的限制性竞争行为和该行为对自己的（请求方）重要利益所带来的影响的情况提供给被请求方。

（4）关于冲突的避免。双边协议双方承诺在实施反垄断行动中的各个阶段，在与他们的法律和重要利益相适应的情况下，应考虑对方的重要利益。避免冲突是国际公法的礼让概念在反垄断领域中的具体表现。避免冲突的原则理当成为反垄断双边合作协议中所包含的最主要的目标。

---

① 这个原则是指，一个国家将(a)对另一个国家的请求给予全面的和合意的考虑，即对发生于本国境内的但可能给请求国的利益产生实质性的和消极影响的行为，被请求国通过开放或者扩大法律的实施程序，实施补救措施；(b)自愿地、并考虑自身的合理利益的情况下，采取任何他认为是合适的补救措施。

(5) 关于磋商的规定。在国家间反垄断合作协议中所规定的另一个基本原则是磋商原则,即协议双方都可以通过提议磋商程序来处理与协议中相关的任何事项。一般地来说,磋商是在外交层面上进行的。因此,相对于非正式的相互讨论来讲,磋商具有更重要的象征性意义。

(6) 关于技术援助。反垄断协议中规定实施这个规则,其目的是能够让发达国家的反垄断执行机构来支持其他国家的反垄断执行机构,特别是在没有统一的实体标准和程序规范的情况下,对那些正在发展国内反垄断体制的国家具有重要的意义。技术援助规则也是反垄断法律国际化进程中所面临的最主要的规则之一。大量的国家正在发展和完善各自的国内反垄断法体系和实施机构,而提供这方面的技术援助不但可以提高这些国家的反垄断法律水平,而且也有助于各国反垄断法的趋同性。

(7) 例会。国家间反垄断协议一般都规定了反垄断执行机构官员之间举行定期会议。交流他们当前正在努力的和先前在实施反垄断法方面的各种信息。举行例会的目的包括如下内容:一是交换当前正在实施的和先前已经实施的反垄断方面的信息;二是交换与各方共同利益有关的经济产业部门的信息;三是对他们正在考虑的政策修改进行讨论;四是讨论与各国的反垄断法执行相互利益有关的其他事项。

(8) 保密信息的提供及使用。如何处理各国关于保护信息秘密的法律规定与反垄断执行机构之间的信息互通互享问题,是国际反垄断领域需要解决的重要困难问题之一。大量的双边协议中都有关于保密信息的提供和使用方面的规则。这种规则是要求协议的一方在被请求时专门能够向另一方提供相关证据。当这些证据或者信息,根据国内法的规定属于保密信息的时候,提供这些信息或证据的请求是否具有一定程度的约束力,以及如何处理协议与国内法之间的适用关系。

(9) 国内法律优先适用。在实施反垄断合作行动时,不能影响已经由国内法律和法规所赋予的权利和义务。确立国内法律优先适用的规则,即当反垄断协议中的条款约定与国内法律规定不一致时,优先适用国内的法律,对建立国际反垄断体制具有非常重要的意义,因为它可以大大地提高各国对趋同性的认可度。

(10) 沟通。国家间反垄断协议都详细地规定了根据协议如何与对方进行交流沟通。其规定了这种交流沟通的基本要求,即根据协议规定、与积极礼让和磋商有关的、以书面的形式的并通过外交渠道提出的通知,应当予以立即确认。

参考文献

盖尔霍恩、科瓦契奇、卡尔金斯:《反垄断法与经济学》(第5版),任勇、邓志松等译,法律出版社,2009版。

郭宗杰:《关于行政性垄断的反垄断法律定义与具体规制》,《武汉大学学报》(哲学社会科学版)2005年第2期。

贺婧:《试论新形势下我国竞争政策与产业政策协调的可能性》,《内蒙古农业大学学报》(社会科学版)2006年第4期。

胡甲庆、李昌麟:《反垄断法的经济逻辑》,厦门大学出版社,2007年版。

黄勇:《中国法下的垄断协议》,《中国法律》2009年第2期。

李国海:《反垄断法实施机制研究》,中国方正出版社,2006年版。

李国海:《反垄断法实施维度论析》,《法治研究》2007年第5期。

李建伟:《创新与平衡:知识产权滥用的反垄断法规制》,中国经济出版社,2008年版。

刘大洪、谢琴:《自然垄断行业改革研究》,《当代法学》2004年第4期。

刘桂清:《反垄断法中的产业政策与竞争政策》,北京大学出版社,2010年版。

漆多俊:《经济法基础理论》(第4版),法律出版社,2008年版。

漆多俊:《中国反垄断立法问题研究》,《法学评论》(双月刊)1997年第4期。

齐虹丽:《例外与豁免:中国〈反垄断法〉适用除外之观察》,《法学杂志》2008年第1期。

尚明:《主要国家(地区)反垄断法律汇编》,法律出版社,2004年版。

沈敏荣:《法律的不确定性:反垄断法规则分析》,法律出版社,2001年版。

盛杰民、叶卫平:《反垄断法价值理论的重构——以竞争价值为视角》,《现代法学》2005年第1期。

时建中、陈鸣:《反垄断法中的准司法制度构造》,《东方法学》2008年第3期。

时建中、王伟炜:《论反垄断法中相关市场的含义及其界定——兼论我国部分行业相关市场的界定》,《重庆社会科学》2009 年第 4 期。

孙晋:《反垄断法:制度与原理》,武汉大学出版社,2010 年版。

孙晋:《反垄断法适用除外制度构建与政策性垄断的合理界定》,《法学评论》2003 年第 3 期。

王炳:《管制行业反垄断执法权配置分析——以管制度为视角》,《河北法学》2009 年第 1 期。

王健:《反垄断法的私人执行:基本原理与外国法制》,法律出版社,2008 年版。

王健:《反垄断法私人执行制度初探》,《法商研究》2007 年第 2 期。

王健:《中国反垄断法应确立二元执行体制》,《法治研究》2007 年第 5 期。

王俊豪:《反垄断与政府管制:理论与政策》,经济管理出版社,2009 年版。

王先林,《知识产权与反垄断法——知识产权滥用的反垄断问题研究》,法律出版社,2008 年修订版。

王先林:《论反垄断法实施中的相关市场界定》,《法律科学》2008 年第 1 期。

王先林:《论滥用市场支配地位行为的法律规制》,《法商研究》2007 年第 4 期。

王先林:《论我国反垄断法在知识产权领域的实施》,《上海交通大学学报》2009 年第 6 期。

王先林:《知识产权与反垄断法的冲突与协调》,《法制日报》2000 年 12 月 17 日。

王先林:《中国反垄断法应如何对待知识产权问题》,《科技与法律》2007 年第 3 期。

王先林等:《知识产权滥用及其法律规制》,中国法制出版社,2008 年版。

王晓晔:《反垄断法中的相关市场》,《国际贸易》2004 年第 2 期。

王晓晔:《规范公用企业的市场行为需要反垄断法》,《法学研究》1997 年第 5 期。

王晓晔:《美国反垄断法的域外适用》,《国际贸易》2002 年第 1 期。

王晓晔:《欧共体的竞争法及其新发展》,《外国法译评》1993 年第 3 期。

王晓晔:《欧共体的竞争政策与产业政策》,《国际贸易》2001 年第 10 期。

王晓晔:《欧共体竞争法》,中国法制出版社,2001 年版。

王晓晔:《欧共体企业合并控制》,《国际贸易》2000 年第 10 期。

王晓晔:《知识产权滥用行为的反垄断法规制》,《法学》2004 年第 3 期。

吴宏伟、金善明:《论反垄断法适用除外制度的价值目标》,《政治与法律》2008 年第 3 期。

肖竹:《论竞争法主管机关与产业监管机关的管辖权划分》,《行政法学研究》2009 年第 2 期。

徐士英、丁茂中:《论自然垄断行业中企业合并的法律控制标准问题》,《时代法学》2008 年第 4 期。

徐士英、郑丙贵:《欧盟竞争法的现代化及对我国的启示》,《经济法学家》2003 年。

徐士英:《反垄断法在日本实现"本土化"的启示》,《法商研究》1999 年第 4 期。

徐士英:《竞争法新论》,北京大学出版社,2006 年版。

徐士英:《竞争法与竞争政策——中国的视角》,2008 年 10 月在香港出版。

徐士英:《论企业合并反垄断法律控制的权衡》,《法律杂志》2006 年第 1 期。

许光耀:《欧共体及其成员国竞争法的协调》,《江汉论坛》2003 年第 6 期。

许光耀:《欧共体竞争法通论》,武汉大学出版社,2006 年版。

薛克鹏:《行政垄断的非垄断性及其规制》,《天津师范大学学报》(社会科学版)2007 年第 3 期。

叶卫平:《产业政策对反垄断法实施的影响》,《法商研究》2007 年第 4 期。

郑鹏程:《行政垄断的法律控制研究》,西南政法大学出版社,2002 年版。

钟刚:《反垄断法豁免制度研究》,北京大学出版社,2010 年版。

图书在版编目（CIP）数据

反垄断法教程/阮赞林主编. —上海：上海人民出版社,2011
ISBN 978-7-208-10374-0

Ⅰ. ①反… Ⅱ. ①阮…… Ⅲ. ①反垄断法—教材
Ⅳ. ①D912.29

中国版本图书馆 CIP 数据核字(2011)第 227337 号

责任编辑　顾兆敏
封面装帧　陈　楠

反垄断法教程

阮赞林　主编

世纪出版集团
上海人民出版社出版
(200001　上海福建中路 193 号　www.ewen.cc)
世纪出版集团发行中心发行
常熟市新骅印刷有限公司印刷
开本 720×1000　1/16　印张 19.5　插页 4　字数 329,000
2011 年 12 月第 1 版　2011 年 12 月第 1 次印刷
ISBN 978-7-208-10374-0/D·2003
定价 36.00 元